Духовна Подготовка За
Новопоявящия Се Свят

∞

СТЪПКИ към ЗНАНИЕТО

∞

Книга за
Вътрешното Познание

Духовна Подготовка За
Новопоявящия Се Свят

СТЪПКИ КЪМ ЗНАНИЕТО

Книга за
Вътрешното Познание

Маршал Виан Самърс

СТЪПКИ към ЗНАНИЕТО:
Книга за Вътрешното Познание

Copyright © 1999 by The Society for the New Message.
Всички авторски права са запазени. Никаква част от тази публикация не може да бъде възпроизвеждана, съхранявана или предавана под каквато и да е форма или по каквито и да е средства, електронни, механични, фотокопиране, запис или по друг начин, без предварителното писмено разрешение на издателя.

Редактирано от Дарлийн Мичъл
Дизайнът на книгите е от Арджент Асоциация в Боулдър, Колорадо.
ISBN: 978-1-884238-77-2 *Steps to Knowledge: The Book of Inner Knowing*
NKL POD Version 4.5
Library of Congress Catalog Card Number: 00551019
Това е третото издание на Стъпките към Знанието
ЗАГЛАВИЕТО Е ПУБЛИКУВАНО НА АНГЛИЙСКИ

Publisher's Cataloging-in-Publication
(Provided by Quality Books, Inc.)

Summers, Marshall Vian.
  Steps to Knowledge : the book of inner knowing : spiritual preparation for an emerging world / Marshall Vian Summers—third edition.
    pages cm
    LCCN 00551019
    978-1-884238-18-5 (English print legacy)
    978-1-884238-77-2 (English print pod)
    978-1-942293-69-9 (Bulgarian print)
    978-1-884238-67-3 (English ebook)
    978-1-942293-70-5 (Bulgarian ebook)

  1. Society for The Greater Community Way of Knowledge. 2. Spiritual exercises. I. Title
BP605.S58S84 2014   299'.93
                                       QBI14-334

Стъпките към Знанието е Книга за изучаване и практическо приложение на Пътят на Знанието на Великата Общност. *Стъпките към Знанието* е книга на Новото Съобщение от Бог, която е публикувана от Библиотеката на Новото Знание, издателския печат на Общността на Новото Съобщение. Общността е религиозна организация с нетърговска цел, която е посветена на представяне и обучение на Новото Съобщение на човечеството. Книги от Библиотеката на Новото Знание могат да се поръчват на: www.newknowledgelibrary.org, от местната книжарница и от много други интернет сайтове.

Новото Съобщение е изучавано на повече от 30 езика в над 90 страни по света. *Стъпките към Знанието* са преведени на толкова много световни езици от предани групи доброволци, които са едновременно и ученици на Новото Съобщение по света. Тези преводи ще бъдат достъпни онлайн на: www.newmessage.org

The Society for the New Message
P.O. Box 1724 • Boulder, CO 80306-1724
(303) 938-8401 • (800) 938-3891 011
303 938 84 01 (International). (303) 938-1214 (fax)
www.newknowledgelibrary.org society@newmessage.org
www.newmessage.org www.newmessage.org/bg

ВЪВЕДЕНИЕ

Стъпките към Знанието е Книга за Вътрешното Познание. Това е едногодишен учебен план, който е разделен на 365 "стъпки" или уроци и е предназначен да помага на учениците да учат, да изпитват и прилагат тяхното Самопознание или Духовна Сила на света. *Стъпките към Знанието* имат за цел да изпълнят тази задача стъпка по стъпка, тъй като учениците се запознават с основните идеи и практики, които правят възможно подобно начинание. Всекидневното им практикуване осигурява здрава практическа основа и развива мисленето, възприятието и мотивацията на всеки, което е необходимо както за напредъка на света, така и за духовното развитие на отделната личност.

Какво е Знание?

Стъпките към Знанието определят Знанието по следния начин:

> "Знанието представлява Истинския ви Аз, Истинския ви Ум и Истинските ви Връзки във вселената. То също така притежава големия зов за вас на света и перфектното използване на вашата същност, всички ваши унаследени качества и умения, дори вашите ограничения, които да бъдат отдадени за доброто на света". (Стъпка 2)

Знанието е дълбокия духовен ум, който Творецът е дал на всяка личност. То е източник на всички смислени действия, връзки и приноси. То е нашата естествена Вътрешна Направляваща система. То е наистина мистериозно, но неговото Присъствие може да бъде директно изпитано. Знанието е изключително мъдро и ефективно в това да направлява всяка личност в намирането на неговите или нейните правилни връзки, дейности и съдействия. То е еднакво ефективно в това да подготви някой да познае многото клопки и заблуди, които съществуват по пътя. То е основата за виждане, знание и действие със сигурност и сила. То е основата на живота.

За какво са Стъпките към Знанието?

Стъпките към Знанието са осигурени като Път за индивидите, които чувстват появата на духовен зов и цел в живота си, но които се нуждаят от нов възглед, за да разберат напълно значението му. Често тези индивиди са чувствали този зов от дълго време. Стъпките осигуряват основа, върху която може да се откликне на този зов. Единствената необходимост за участие е определянето на нечия цел, значение и посока.

Какво трябва да се постигне?

Стъпките към Знанието представляват както път към Бога, така и път на отдаване на света. Те позволяват на ученика да разреши два от най-основните въпроса в живота си: Кой съм аз? Защо съм тук? Стъпките адресират тези въпроси във връзка с целта, връзките и общността. Те акцентират, че всеки търси това на света и че този стремеж е в основата на всички желания и начинания, които се считат за значими тук. Изживяването на целта, връзките и общността дават на всяка личност чувство за смисъл и идентичност, които тя може да има във всеки един момент. Стъпките показват, че тези нужди са присъщи на всеки и че всеки е донесъл отговора на тези нужди със себе си от своя Древен Дом. Те казват, че всеки човек носи, без да знае, собствената си реализация в себе си и в своето Знание.

Чрез практика и откровение, *Стъпките към Знанието* дават на учениците необходимата структура за откриване на Знанието, за ангажиране със Знанието и за следване на Знанието във всяка ситуация. С това учениците започват да откриват истинската си посока в живота. Всекидневното изучаване на Стъпките изгражда уменията и увереността, които единствено самостоятелното прилагане може да осигури.

Възстановяването и прилагането на Самопознанието е целта на тази книга за духовна практика и учения. Акцента на всяка стъпка е развиване на вътрешния и външния живот на учениците, защото Знанието (Самореализацията) и Мъдростта (Самоприлагането) трябва да възникнат заедно. Така, чрез учене и прилагане на Пътя на Знанието, ученикът развива естествено търпение, обективност, проницателност, сила и чувство за собствено достойнство.

Как е дадено това

Стъпките към Знанието са разкрити на учителя Маршал Виан Самърс през пролетта на 1989 г. Те са получени през двадесет дневен период в състояние на откровение. *Стъпките към Знанието* са предадени от група невидими духовни учители, които определят себе си като Учители от Великата Общност. Тяхното послание е универсално, въпреки че методите им са уникални за нашия свят и нашето време.

Защо са написани

Нашият свят е на прага на присъединяване към една по-голяма Общност на интелигентния живот във вселената около нас. Следователно, в този момент е необходимо по-универсално разбиране и по-широка гледна точка за взаимоотношенията, духовността и човешкия напредък. *Стъпките към Знанието* се предоставят за онези, които обещават да бъдат основни участници през следващия велик период от човешката история, когато човечеството започва срещи с други интелигентни раси от Великата Общност. Това е най-големият праг, с който сме се сблъсквали досега. И все пак, от гледна точка на Великата Общност е ясно, че човечеството не е подготвено. Това е поставило основата за ново духовно разбиране и учение, което да бъде дадено на света, тъй като Създателят няма да ни остави сами и неподготвени за появата ни във Великата Общност. Така е дадена уникална духовна подготовка, която може да даде възможност на мъжете и жените да придобият силата, състраданието и умението, необходими, за да служат на свят в преход. За да подготвят тези хора да намерят своето по-голямо призвание в живота, *Стъпките към Знанието* и придружаващите ги книги са предоставени като ръководство и ресурс.

Как да работите със Стъпките

Моля, имайте предвид следните препоръки, за да имате максимална полза от изучаването на *Стъпките към Знанието*:

☯ *Стъпките към Знанието* е пълна и завършена програма за обучение. Всяка стъпка ви отвежда все по-нагоре и все по-близо до вашето себеоткриване.

☯ Следователно, планувайте да преминете по целия път. Ако не спрете, вие ще напреднете.

☯ Въпреки че *Стъпките към Знанието* е програма за самообучение, препоръчително е да намерите и други, с които да споделяте вашата практика и опит. Това увеличава максимално възможностите ви за учене и ви дава смислена основа за формиране на нови взаимоотношения.

☯ Следвайте "стъпките" в *Стъпки към Знанието* точно по начина, по който са дадени. Не променяйте практиките по никакъв начин. Това е много важно. Можете да останете на един урок повече от един ден, ако желаете, но не се задържайте на нито един урок твърде дълго или може да загубите темпото с учебната програма.

☯ Не препускайте напред и не променяйте последователността, за да практикувате уроци, които намирате за привлекателни. Всеки урок е предназначен да ви води напред стъпка по стъпка. Това осигурява безопасно и успешно преминаване във вашия подход към Знанието. Следвайте и използвайте стъпката за деня. Тя е идеална за този ден.

∞ Четете дадения урок както сутрин, когато станете, така и по-късно през деня. Можете също така да прочетете урока от първо лице в един от тези случаи, ако искате да персонализирате съобщението за себе си.

∞ *Стъпките към Знанието* ще ви научат да практикувате и да развивате ефективни учебни навици. В даден момент може да откриете, че да останете с практиките ще бъде голямо предизвикателство. И все пак не забравяйте, че *Стъпките* ще изградят както вашата сила, така и вашето самосъзнание чрез своите практики. Вие сте в състояние да правите тези практики и изпълнението им ще хармонизира и трансформира вашия живот.

∞ Всеки ден отделяйте време за практикуване. Не позволявайте на обстоятелствата да диктуват готовността ви да практикувате. Практиката е от съществено значение за изграждането на среда за поява на Знанието. Часовете за упражнения са добавени в долната част на всяка стъпка, за да ви помогнат да интегрирате практиката през деня.

∞ Воденето на дневник е изключително ценно за проследяване на напредъка ви и за наблюдение как всяка стъпка ви служи през деня. Дневникът е мощен инструмент за себеоткриване и ще ви помогне при прилагането на стъпките. Воденето на дневник също така ще ви помогне за Обобщителните практики от учебната програма.

∞ Бъдете търпеливи и позволете на стъпките да работят за вас. Те са невероятно мощни, ако следвате последователността, в която са дадени. Това отнема време. Едно страхотно пътуване се състои от много малки стъпки и всяка от тях е необходима.

∞ Ако пропуснете един ден, просто се върнете към тренировката. Не осъждайте себе си (или програмата). Трябва само да продължите със *Стъпките*, за да получите пълната им полза.

∞ *Стъпките към Знанието* могат да оспорят скъпите ви вярвания и предположения. Ако това се случи, приемете това предизвикателство и вижте какво ви носи то. Трябва да наблюдавате отвъд ограничената гледна точка, за да постигнете по-голяма такава. Това е мястото, където се постига удовлетворение.

∞ *Стъпките към Знанието* са дар от Бога за вас чрез невидимите учители, които служат на човечеството. Това е подарък, който трябва да получите и да дадете.

Заключение

Силата и обхватът на *Стъпките към Знанието* са толкова големи, колкото и тяхната цел. Източникът им е отвъд този свят. Те учат, че светът е в процес на поява във Великата Общност на световете. Те предлагат ново духовно разбиране и подготовка, които са необходими за активиране на духовните сили и светските способности на всеки човек. Това ще изкупи миналото ви и ще ви подготви за вашето бъдеще. *Стъпките към Знанието* застъпват по-широка перспектива от хората, в сравнение с обикновената човешка гледна точка, за разбиране на събитията в света и извън него. Би било уместно да се каже, че учебната програма в *Стъпките към Знанието* представлява Универсалната Мъдрост в най-истинския смисъл.

Както *Стъпките* толкова често посочват, Истината, колкото и концептуална да е, трябва да бъде напълно изпитана, за да бъде реализирана и правилно приложена. Това е процес, който се осъществява стъпка по стъпка. *Стъпките към Знанието* са дадени да служат на онези, които са призвани да осъзнаят своето духовно наследство и цел в света в този момент.

СТЪПКИ към ЗНАНИЕТО

ПЪРВА ЧАСТ

∞

СТЪПКА 1: АЗ СЪМ БЕЗ ЗНАНИЕ СЕГА
СТЪПКА 2: ЗНАНИЕТО Е С МЕН, КЪДЕ СЪМ АЗ?
СТЪПКА 3: КАКВО НАИСТИНА ЗНАМ?
СТЪПКА 4: ИСКАМ ТОВА, КОЕТО МИСЛЯ ЧЕ ЗНАМ
СТЪПКА 5: ВЯРВАМ В ТОВА, В КОЕТО ИСКАМ ДА ВЯРВАМ
СТЪПКА 6: АЗ ИМАМ ЗДРАВА ОСНОВА НА СВЕТА
СТЪПКА 7: ПРЕГОВОР

∞

СТЪПКА 8: ДНЕС ЩЕ БЪДА СПОКОЕН
СТЪПКА 9: СЪС СПОКОЙСТВИЕ ВСИЧКО МОЖЕ ДА БЪДЕ РАЗБРАНО
СТЪПКА 10: КАКВО Е ЗНАНИЕ?
СТЪПКА 11: НЕ СЪМ ОТДЕЛЕН ОТ ЖИВОТА
СТЪПКА 12: МОЯТА ЛИЧНОСТ Е, ЗА ДА ПРОЯВИ САМИЯ ЖИВОТ
СТЪПКА 13: ИСКАМ ДА СЪМ РАЗЛИЧЕН, ЗА ДА БЪДА УНИКАЛЕН
СТЪПКА 14: ПРЕГОВОР

∞

СТЪПКА 15: ДНЕС ЩЕ СЛУШАМ МОЕТО ИЗЖИВЯВАНЕ

СТЪПКА 16:	ЗНАНИЕТО Е ЗАД МИСЪЛТА ВИ
СТЪПКА 17:	ДНЕС ИСКАМ ДА ЧУЯ ИСТИНАТА
СТЪПКА 18:	ДНЕС АЗ ЧУВСТВАМ, ЧЕ ИСТИНАТА СЕ НАДИГА В МЕН
СТЪПКА 19:	ДНЕС ЖЕЛАЯ ДА ВИЖДАМ
СТЪПКА 20:	НЯМА ДА ПОЗВОЛЯ НА СЪМНЕНИЕТО И ОБЪРКВАНЕТО ДА ЗАБАВЯТ МОЯ ПРОГРЕС
СТЪПКА 21:	ПРЕГОВОР

СТЪПКА 22:	ЗАОБИКОЛЕН СЪМ ОТ УЧИТЕЛИТЕ НА БОГ
СТЪПКА 23:	АЗ СЪМ ОБИЧАН, ЗАОБИКОЛЕН И ПОДКРЕПЯН ОТ УЧИТЕЛИТЕ НА БОГ
СТЪПКА 24:	АЗ ЗАСЛУЖАВАМ БОЖИЯТА ЛЮБОВ
СТЪПКА 25:	АЗ СЪМ ЕДНО С ВЕЛИКАТА ИСТИНА НА ЖИВОТА
СТЪПКА 26:	МОИТЕ ГРЕШКИ ПОСТАВЯТ НАЧАЛОТО НА МОЕТО ЗНАНИЕ
СТЪПКА 27:	ПРИТЕЖАВАМ МЪДРОСТ, КОЯТО ИСКАМ ДА ОТКРИЯ
СТЪПКА 28:	ПРЕГОВОР

СТЪПКА 29:	ЩЕ СЕ САМОНАБЛЮДАВАМ ДНЕС, ЗА ДА УЧА ОТ ЗНАНИЕТО
СТЪПКА 30:	ДНЕС АЗ ЩЕ НАБЛЮДАВАМ МОЯ СВЯТ
СТЪПКА 31:	ЖЕЛАЯ ДА ВИДЯ СВЯТ, КАКЪВТО НИКОГА ДО СЕГА НЕ СЪМ ВИЖДАЛ

Стъпка 32:	Истината е с мен, аз мога да я почувствам
Стъпка 33:	Имам цел в живота си, която трябва да изпълня
Стъпка 34:	Аз съм начален ученик/ученичка на Знанието
Стъпка 35:	Обобщение

∽

Стъпка 36:	Моят живот е мистерия, която да разкрия
Стъпка 37:	Съществува път към Знанието
Стъпка 38:	Бог знае пътя към Знанието
Стъпка 39:	Силата на Бог е с мен
Стъпка 40:	Днес ще почувствам силата на Бог
Стъпка 41:	Не се страхувам от силата на Бог
Стъпка 42:	Преговор

∽

Стъпка 43:	Моята воля е да позная Бога
Стъпка 44:	Желая да разбера собствената си сила
Стъпка 45:	Нищо не мога да направя сам
Стъпка 46:	Трябва да съм малък, за да съм голям
Стъпка 47:	Защо се нуждая от учители?
Стъпка 48:	Истинското обучение е възможно за мен
Стъпка 49:	Преговор

∽

СТЪПКА 50:	Днес ще съм със Знанието
СТЪПКА 51:	Трябва да разбера страховете си, за да видя истината зад тях
СТЪПКА 52:	Аз съм свободен да открия източника на моето знание
СТЪПКА 53:	Моите дарове са за другите
СТЪПКА 54:	Няма да бъда идеалист
СТЪПКА 55:	Ще приема светът такъв, какъвто е
СТЪПКА 56:	Преговор

СТЪПКА 57:	Свободата е с мен
СТЪПКА 58:	Знанието е с мен
СТЪПКА 59:	Днес ще се уча на търпение
СТЪПКА 60:	Днес няма да обвинявам света
СТЪПКА 61:	Любовта се предава чрез мен
СТЪПКА 62:	Днес ще се уча да слушам живота
СТЪПКА 63:	Преговор

СТЪПКА 64:	Днес ще слушам другите
СТЪПКА 65:	Дошъл съм на света, за да работя
СТЪПКА 66:	Ще престана да се оплаквам от света
СТЪПКА 67:	Не зная какво искам за света
СТЪПКА 68:	Няма да губя вяра в себе си днес
СТЪПКА 69:	Днес ще практикувам спокойствие
СТЪПКА 70:	Преговор

Стъпка 71:	Аз съм тук, за да служа на велика цел
Стъпка 72:	Днес ще вярвам на най-дълбоките си влечения
Стъпка 73:	Ще позволя на грешките ми да ме учат
Стъпка 74:	Днес спокойствието е с мен
Стъпка 75:	Днес ще слушам себе си
Стъпка 76:	Няма да съдя никого днес
Стъпка 77:	Преговор

Стъпка 78:	Нищо не мога да направя сам
Стъпка 79:	Ще позволя на съмненията да ме обземат днес
Стъпка 80:	Мога да практикувам
Стъпка 81:	Днес няма да се заблуждавам
Стъпка 82:	Няма да съдя никого днес
Стъпка 83:	Оценявам Знанието над всички неща
Стъпка 84:	Преговор

Стъпка 85:	Днес ще открия щастието в малките неща
Стъпка 86:	Аз почитам тези, които са ми дали нещо
Стъпка 87:	Няма да се страхувам от това, което знам
Стъпка 88:	Моят Истински Аз не е личност

СТЪПКА 89:	МОИТЕ ЕМОЦИИ НЕ МОГАТ ДА РАЗУБЕДЯТ МОЕТО ЗНАНИЕ	
СТЪПКА 90:	ДНЕС НЯМА ДА ПРАВЯ ПРЕДПОЛОЖЕНИЯ	
СТЪПКА 91:	ПРЕГОВОР	

∞

СТЪПКА 92:	ИМАМ РОЛЯ В СВЕТА, КОЯТО ТРЯБВА ДА ИЗПЪЛНЯ	
СТЪПКА 93:	ИЗПРАТЕН СЪМ ТУК С ЦЕЛ	
СТЪПКА 94:	СВОБОДЕН СЪМ ДА ОТКРИЯ МОЯТА ЦЕЛ	
СТЪПКА 95:	КАК ДА РЕАЛИЗИРАМ СЕБЕ СИ	
СТЪПКА 96:	БОЖИЯТА ВОЛЯ Е ДА БЪДА НЕОБРЕМЕНЕН	
СТЪПКА 97:	НЕ ЗНАЯ КАКВО Е РЕАЛИЗАЦИЯТА	
СТЪПКА 98:	ПРЕГОВОР	

∞

СТЪПКА 99:	ДНЕС НЯМА ДА ОБВИНЯВАМ СВЕТА	
СТЪПКА 100:	ДНЕС ЩЕ БЪДА НАЧАЛЕН УЧЕНИК/УЧЕНИЧКА НА ЗНАНИЕТО	
СТЪПКА 101:	СВЕТЪТ СЕ НУЖДАЕ ОТ МЕН, НО АЗ ЩЕ ЧАКАМ	
СТЪПКА 102:	ИМА ТОЛКОВА МНОГО НЕЩА, КОИТО ТРЯБВА ДА ЗАБРАВЯ	
СТЪПКА 103:	АЗ СЪМ ПОЧЕТЕН ОТ БОГА	
СТЪПКА 104:	БОГ ВИ ПОЗНАВА ПО-ДОБРЕ, ОТКОЛКОТО ВИЕ САМИТЕ	
СТЪПКА 105:	ПРЕГОВОР	

∞

СТЪПКА 106:	НЕ СЪЩЕСТВУВАТ УЧИТЕЛИ, ЖИВЕЕЩИ НА СВЕТА
СТЪПКА 107:	ДНЕС ЩЕ СЕ УЧА ДА БЪДА ЩАСТЛИВ
СТЪПКА 108:	ЩАСТИЕТО Е НЕЩО, КОЕТО ТРЯБВА ДА УЧИМ ОТНОВО
СТЪПКА 109:	ДНЕС НЯМА ДА БЪРЗАМ
СТЪПКА 110:	ДНЕС ЩЕ БЪДА ОТКРОВЕН СЪС СЕБЕ СИ
СТЪПКА 111:	ДНЕС ЩЕ БЪДА СПОКОЕН
СТЪПКА 112:	ПРЕГОВОР

∞

СТЪПКА 113:	НЯМА ДА ДОПУСНА ДА БЪДА УБЕЖДАВАН ОТ ДРУГИТЕ
СТЪПКА 114:	МОИТЕ ИСТИНСКИ ПРИЯТЕЛИ СА С МЕН, АЗ НЕ СЪМ САМ
СТЪПКА 115:	ДНЕС ЩЕ СЛУШАМ СИЛАТА НА ЗНАНИЕТО
СТЪПКА 116:	ДНЕС БИ ТРЯБВАЛО ДА СЪМ ТЪРПЕЛИВ СЪС ЗНАНИЕТО
СТЪПКА 117:	ПО-ДОБРЕ ДА БЪДЕТЕ ОБИКНОВЕНИ, ОТКОЛКОТО БЕДНИ
СТЪПКА 118:	НЯМА ДА ОТБЯГВАМ СВЕТА ДНЕС
СТЪПКА 119:	ПРЕГОВОР

∞

СТЪПКА 120:	ДНЕС ЩЕ ПОМНЯ МОЕТО ЗНАНИЕ
СТЪПКА 121:	ДНЕС СЪМ СВОБОДЕН ДА ДАВАМ
СТЪПКА 122:	ДНЕС ДАВАМ, БЕЗ ДА ГУБЯ
СТЪПКА 123:	ДНЕС НЯМА ДА СЕ САМОСЪЖАЛЯВАМ

СТЪПКА 124:	ДНЕС НЯМА ДА СЕ ПРЕСТРУВАМ, ЧЕ СЪМ ЩАСТЛИВ
СТЪПКА 125:	ДНЕС НЕ ТРЯБВА ДА СЕ ОПИТВАМ ДА БЪДА НЯКОЙ/Я
СТЪПКА 126:	ПРЕГОВОР

∞

СТЪПКА 127:	ДНЕС НЯМА ДА СЕ ОПИТВАМ ДА СЕ СРАВНЯВАМ С БОГ
СТЪПКА 128:	МОИТЕ УЧИТЕЛИ СА С МЕН. НЕ ТРЯБВА ДА СЕ СТРАХУВАМ
СТЪПКА 129:	МОИТЕ УЧИТЕЛИ СА С МЕН. АЗ ЩЕ БЪДА С ТЯХ
СТЪПКА 130:	ВРЪЗКИТЕ ЩЕ СЕ ПОЯВЯТ, КОГАТО СЪМ ГОТОВ/А ЗА ТЯХ
СТЪПКА 131:	ДНЕС ЩЕ ТЪРСЯ ОПИТА НА ИСТИНСКАТА ЦЕЛ В ЖИВОТА
СТЪПКА 132:	ЩЕ СЕ УЧА ДА СЪМ СВОБОДЕН, ЗА ДА МОГА ДА УЧАСТВАМ
СТЪПКА 133:	ПРЕГОВОР

∞

СТЪПКА 134:	НЯМА ДА ОПРЕДЕЛЯМ МОЯТА ЦЕЛ САМО ЗА МЕН
СТЪПКА 135:	НЯМА ДА ОПРЕДЕЛЯМ СЪДБАТА СИ ДНЕС
СТЪПКА 136:	МОЯТА ЦЕЛ Е ДА ВЪЗСТАНОВЯ ЗНАНИЕТО СИ И ДА МУ ПОЗВОЛЯ ДА СЕ ПРОЯВИ НА СВЕТА
СТЪПКА 137:	ЩЕ ПРИЕМА МИСТЕРИЯТА НА ЖИВОТА
СТЪПКА 138:	ТРЯБВА САМО ДА СЛЕДВАМЕ СТЪПКИТЕ, КАКТО СА ДАДЕНИ

СТЪПКА 139:	**ДОШЪЛ СЪМ НА СВЕТА, ЗА ДА СЛУЖА**
СТЪПКА 140:	**ПРЕГОВОР**

∞

СТЪПКА 141:	**ДНЕС ЩЕ БЪДА УВЕРЕН**
СТЪПКА 142:	**ДНЕС ЩЕ БЪДА ПОСЛЕДОВАТЕЛЕН**
СТЪПКА 143:	**ДНЕС ЩЕ БЪДА СПОКОЕН**
СТЪПКА 144:	**ДНЕС ЩЕ ПОЧИТАМ СЕБЕ СИ**
СТЪПКА 145:	**ДНЕС ЩЕ ПОЧИТАМ СВЕТА**
СТЪПКА 146:	**ДНЕС ЩЕ ПОЧИТАМ МОИТЕ УЧИТЕЛИ**
СТЪПКА 147:	**ПРЕГОВОР**

∞

СТЪПКА 148:	**МОЯТА ПРАКТИКА Е МОЯ ДАР ЗА БОГ**
СТЪПКА 149:	**МОЯТА ПРАКТИКА Е МОЯ ДАР ЗА СВЕТА**
СТЪПКА 150:	**ДНЕС ЩЕ УЧА КАК СЕ УЧИ**
СТЪПКА 151:	**НЯМА ДА ИЗПОЛЗУВАМ СТРАХА, ЗА ДА ПОДКРЕПЯМ МОИТЕ ВЪЗГЛЕДИ**
СТЪПКА 152:	**НЯМА ДА СЛЕДВАМ СТРАХА НА СВЕТА**
СТЪПКА 153:	**МОЯТ ИЗТОЧНИК ЖЕЛАЕ ДА СЕ ПРОЯВИ ЧРЕЗ МЕН**
СТЪПКА 154:	**ПРЕГОВОР**

∞

СТЪПКА 155:	**СВЕТЪТ МЕ БЛАГОСЛАВЯ, КОГАТО ПОЛУЧАВАМ**
СТЪПКА 156:	**ДНЕС НЯМА ДА СЕ БЕЗПОКОЯ ЗА СЕБЕ СИ**
СТЪПКА 157:	**НЕ СЪМ САМ/А ВЪВ ВСЕЛЕНАТА**

Стъпка 158:	Аз съм богат/а и затова мога да давам
Стъпка 159:	Бедните не могат да дават. Аз не съм беден/бедна
Стъпка 160:	Светът е беден, но аз не съм
Стъпка 161:	Преговор

∞

Стъпка 162:	Днес няма да се страхувам
Стъпка 163:	Ще чувствам Знанието днес
Стъпка 164:	Днес ще почитам това, което знам
Стъпка 165:	Моите задължения са малки, но мисията ми е голяма
Стъпка 166:	Мисията ми е голяма. Следователно мога да върша малки неща
Стъпка 167:	Със Знанието съм свободен на света
Стъпка 168:	Преговор

∞

Стъпка 169:	Аз знам, че света е в мен
Стъпка 170:	Днес аз следвам Древният Ритуал на подготовката
Стъпка 171:	Моето даване е потвърждение на моето богатство
Стъпка 172:	Трябва да възстановя моето Знание
Стъпка 173:	Днес ще върша това, което е необходимо
Стъпка 174:	Моят живот е нужен
Стъпка 175:	Преговор

СТЪПКА 176:	Днес ще следвам Знанието
СТЪПКА 177:	Днес ще се уча да бъда честен
СТЪПКА 178:	Днес ще си спомням тези, които са ми давали
СТЪПКА 179:	Днес ще благодаря на света, че ме учи кое е истинско
СТЪПКА 180:	Аз се оплаквам, защото ми липсва Знанието
СТЪПКА 181:	Днес аз получавам любовта на Знанието
СТЪПКА 182:	Преговор

ВТОРА ЧАСТ

СТЪПКА 183:	Аз търся опит, не отговори
СТЪПКА 184:	Въпросите ми са по-големи, отколкото предполагах
СТЪПКА 185:	Дошъл съм на света с цел
СТЪПКА 186:	Аз съм потомък на Древно Наследство
СТЪПКА 187:	Аз съм гражданин/ка на Великата Общност на Световете
СТЪПКА 188:	Моят живот в този свят е много по-важен, отколкото съм си представял/а
СТЪПКА 189:	Моето Духовно Семейство е навсякъде

Стъпка 190:	Светът се присъединява към Великата Общност на Световете и затова съм дошъл/дошла в него
Стъпка 191:	Моето Знание е по-велико от милосърдието ми
Стъпка 192:	Днес няма да пренебрегвам малките неща
Стъпка 193:	Днес ще слушам другите без да ги оценявам
Стъпка 194:	Днес ще бъда там, където съм нужен
Стъпка 195:	Знанието е по-силно, отколкото предполагах
Стъпка 196:	Преговор

☙

Стъпка 197:	Знанието трябва да бъде изживяно, за да бъде разбрано
Стъпка 198:	Днес ще бъда силен
Стъпка 199:	Светът, който виждам се присъединява към Великата Общност на световете
Стъпка 200:	Моите мисли са прекалено малки, за да съдържат Знание
Стъпка 201:	Моят ум е създаден, за да служи на Знанието
Стъпка 202:	Аз виждам Великата Общност днес
Стъпка 203:	Великата Общност влияе на света, който виждам
Стъпка 204:	Днес ще бъда спокоен/спокойна
Стъпка 205:	Днес няма да съдя света
Стъпка 206:	Любовта се излъчва от мен сега

СТЪПКА 207:	Прощавам на всички, за които мисля, че са ме наранили
СТЪПКА 208:	Всички ценни неща за мен ще се проявят чрез Знанието
СТЪПКА 209:	Днес няма да бъда жесток към себе си
СТЪПКА 210:	Преговор

∞

СТЪПКА 211:	Имам велики приятели отвъд този свят
СТЪПКА 212:	Аз черпя сила от тези, които практикуват с мен
СТЪПКА 213:	Аз не разбирам света
СТЪПКА 214:	Аз не разбирам себе си
СТЪПКА 215:	Моите Учители са с мен. Аз не съм сам/а
СТЪПКА 216:	Съществува Духовно Присъствие в моя живот
СТЪПКА 217:	Днес се отдавам на Знанието
СТЪПКА 218:	Ще пазя Знанието в мен днес
СТЪПКА 219:	Няма да позволя на амбицията да ме заблуди днес
СТЪПКА 220:	Днес ще бъда сдържан, за да може величието да расте в мен
СТЪПКА 221:	Днес съм свободен да се объркам
СТЪПКА 222:	Светът е объркан. Аз няма да го съдя
СТЪПКА 223:	Днес ще получа Знанието
СТЪПКА 224:	Преговор

∞

СТЪПКА 225:	ДНЕС ЩЕ БЪДА СЕРИОЗЕН И ВЕСЕЛ
СТЪПКА 226:	ЗНАНИЕТО Е С МЕН. АЗ НЯМА ДА СЕ СТРАХУВАМ
СТЪПКА 227:	ДНЕС НЯМА ДА СИ МИСЛЯ ЧЕ ЗНАМ
СТЪПКА 228:	ДНЕС НЯМА ДА СЪМ БЕДЕН
СТЪПКА 229:	НЯМА ДА ОБВИНЯВАМ ДРУГ ЗА МОЯТА БОЛКА
СТЪПКА 230:	ИЗМЪЧВАМ СЕ, ЗАЩОТО СЪМ ОБЪРКАН
СТЪПКА 231:	ПОВИКАН СЪМ НА ТОЗИ СВЯТ
СТЪПКА 232:	МОЯТ ЗОВ В ЖИВОТА ИЗИСКВА РАЗВИТИЕТО НА ДРУГИТЕ
СТЪПКА 233:	АЗ СЪМ ЧАСТ ОТ ВЕЛИКА СИЛА ЗА ДОБРОТО НА СВЕТА
СТЪПКА 234:	ЗНАНИЕТО ПОМАГА НА ХОРАТА ПО ВСЯКАКЪВ НАЧИН
СТЪПКА 235:	СИЛАТА НА ЗНАНИЕТО Е ОЧЕВИДНА ЗА МЕН
СТЪПКА 236:	СЪС ЗНАНИЕТО ЗНАМ КАКВО ТРЯБВА ДА ВЪРША
СТЪПКА 237:	ЕДВА ЗАПОЧВАМ ДА РАЗБИРАМ ЗНАЧЕНИЕТО НА МОЯ ЖИВОТ
СТЪПКА 238:	ПРЕГОВОР

෴

СТЪПКА 239:	СВОБОДАТА Е МОЯ ДНЕС
СТЪПКА 240:	МАЛКИТЕ ИДЕИ НЕ МОГАТ ДА ЗАДОВОЛЯТ НУЖДАТА МИ ОТ ЗНАНИЕ
СТЪПКА 241:	МОЯТ ГНЯВ НЕ Е ОПРАВДАН
СТЪПКА 242:	МОЕТО ЗНАНИЕ Е НАЙ-ГОЛЕМИЯ МИ ДАР ЗА СВЕТА

Стъпка 243:	Не трябва да сме специални, за да даваме
Стъпка 244:	Аз съм почетен/а, когато другите са силни
Стъпка 245:	Когато всички се провалят, ще си спомня за нуждата от Знание
Стъпка 246:	Няма извинение за провала да възстановим Знанието
Стъпка 247:	Днес ще слушам моите Вътрешни Учители
Стъпка 248:	Ще се надявам Мъдростта на вселената да ме обучава
Стъпка 249:	Нищо не мога да сторя сам/а
Стъпка 250:	Днес няма да стоя настрана от другите
Стъпка 251:	Ако се придържам към Знанието, няма да има объркване в моите отношения
Стъпка 252:	Преговор

∽

Стъпка 253:	Всичко, от което наистина се нуждая, ще ми бъде осигурено
Стъпка 254:	Вярвам на моите Учители, които са с мен
Стъпка 255:	Грешките в този свят няма да ме разубедят
Стъпка 256:	Светът се присъединява към Великата Общност на Световете
Стъпка 257:	Животът е по-велик, отколкото някога съм си представял/а
Стъпка 258:	Кои са моите приятели днес

СТЪПКА 259:	Дошъл съм да преподавам на света
СТЪПКА 260:	Днес съм приятел на света
СТЪПКА 261:	Трябва да се уча да давам с прозорливост
СТЪПКА 262:	Как мога да се самообвинявам, когато не знам кой съм
СТЪПКА 263:	Със Знанието всички неща се изясняват
СТЪПКА 264:	Днес ще уча за свободата
СТЪПКА 265:	Съществува велика свобода, която ме очаква
СТЪПКА 266:	Преговор

∞

СТЪПКА 267:	Има обикновено решение на всички проблеми, с които се сблъсквам днес
СТЪПКА 268:	Сложностите няма да ме заблудят днес
СТЪПКА 269:	Силата на Знанието ще расте чрез мен
СТЪПКА 270:	С властта идва и отговорността
СТЪПКА 271:	Днес ще поема отговорност
СТЪПКА 272:	Моите Учители ще ме напътстват по пътя ми
СТЪПКА 273:	Моите Учители пазят спомена за Древния ми Дом
СТЪПКА 274:	Днес искам да се освободя от колебанието
СТЪПКА 275:	Днес искам да се освободя от неувереността
СТЪПКА 276:	Знанието е моето спасение

СТЪПКА 277:	МОИТЕ ИДЕИ СА МАЛКИ, НО ЗНАНИЕТО Е ВЕЛИКО
СТЪПКА 278:	ТОВА, КОЕТО Е НЕПРОМЕНЛИВО ЩЕ СЕ ПРОЯВИ ЧРЕЗ МЕН
СТЪПКА 279:	ТРЯБВА ДА ИЗЖИВЕЯ СВОБОДАТА СИ, ЗА ДА Я РАЗБЕРА
СТЪПКА 280:	ПРЕГОВОР

∞

СТЪПКА 281:	АЗ ТЪРСЯ ЗНАНИЕТО ПОВЕЧЕ ОТ ВСИЧКО
СТЪПКА 282:	ЩЕ СЕ УЧА НА ОТГОВОРНОСТ ЗА НОСЕНЕТО НА ЗНАНИЕТО НА СВЕТА
СТЪПКА 283:	СВЕТЪТ Е ПРОТИВОРЕЧИВ, НО АЗ НЕ СЪМ
СТЪПКА 284:	СПОКОЙСТВИЕТО Е МОЯ ДАР ЗА СВЕТА
СТЪПКА 285:	В СПОКОЙСТВИЕТО ВСИЧКИ НЕЩА БИВАТ РАЗБРАНИ
СТЪПКА 286:	ДНЕС АЗ НОСЯ СПОКОЙСТВИЕ НА СВЕТА
СТЪПКА 287:	КОГАТО СЪМ СЪС ЗНАНИЕТО НЕ МОГА ДА БЪДА ВЪВ ВОЙНА
СТЪПКА 288:	ВРАГОВЕТЕ СА ПРОСТО ПРИЯТЕЛИ, КОИТО НЕ СА НАУЧЕНИ ДА УЧАСТВАТ
СТЪПКА 289:	ДНЕС АЗ СЪМ УЧЕНИК/УЧЕНИЧКА НА ЗНАНИЕТО
СТЪПКА 290:	МОГА ДА БЪДА САМО УЧЕНИК. СЛЕДОВАТЕЛНО ЩЕ БЪДА УЧЕНИК НА ЗНАНИЕТО
СТЪПКА 291:	БЛАГОДАРЕН СЪМ НА МОИТЕ БРАТЯ И СЕСТРИ, КОИТО ГРЕШАТ КЪМ МЕН
СТЪПКА 292:	КАК ДА СЕ СЪРДЯ НА СВЕТА, КОГАТО ТОЙ МИ СЛУЖИ

СТЪПКА 293:	Днес не желая да страдам
СТЪПКА 294:	**Преговор**

∞

СТЪПКА 295:	Сега се докосвам до мистерията на моя живот
СТЪПКА 296:	Наси Новари Корам. (Nasi Novare Coram.)
СТЪПКА 297:	Новре Новре Комей На Вера Те Новре. (Novre Novre Comey Na Vera Te Novre)
СТЪПКА 298:	Мавран Мавран Конай Мавран. (Mavran Mavran Conay Mavran.)
СТЪПКА 299:	Nome Nome Коно На Вера Те Nome.(Nome Nome Cono Na Vera Te Nome.)
СТЪПКА 300:	Днес ще приема всички, които са част от моето Духовно Семейство
СТЪПКА 301:	Днес няма да се тревожа
СТЪПКА 302:	Днес няма да се съпротивлявам на света
СТЪПКА 303:	Ще се въздържам от убежденията на света днес
СТЪПКА 304:	Днес няма да съм ученик на страха
СТЪПКА 305:	Днес чувствам силата на любовта
СТЪПКА 306:	Ще почивам в Знанието днес
СТЪПКА 307:	Знанието живее в мен сега
СТЪПКА 308:	**Преговор**

∞

Стъпка 309:	Светът, който виждам се опитва да се превърне в единна общност
Стъпка 310:	Аз съм свободен/свободна, защото желая да давам
Стъпка 311:	Светът ме зове. Трябва да се готвя да му служа
Стъпка 312:	Има по-големи проблеми на света, които трябва да реша
Стъпка 313:	Нека призная, че сложното е просто
Стъпка 314:	Днес няма да се страхувам да следвам
Стъпка 315:	Днес няма да съм сам/а
Стъпка 316:	Днес ще вярвам на най-дълбоките си влечения
Стъпка 317:	Трябва да изоставя колебанието си, за да позная истината
Стъпка 318:	Велика Сила действа на света
Стъпка 319:	Защо да се страхувам, когато Великата Сила е на света
Стъпка 320:	Аз съм свободен/свободна да работя на света
Стъпка 321:	Светът очаква моя принос
Стъпка 322:	Преговор

∽

Стъпка 323:	Моята роля на света е прекалено важна, за да бъде пренебрегвана
Стъпка 324:	Днес няма да съдя другите
Стъпка 325:	Светът се присъединява към Великата Общност на Световете. Затова трябва да бъда внимателен

СТЪПКА 326:	ВЕЛИКАТА ОБЩНОСТ Е НЕЩО, КОЕТО МОГА ДА ПОЧУВСТВАМ, НО НЕ МОГА ДА РАЗБЕРА
СТЪПКА 327:	ДНЕС ЩЕ БЪДА СПОКОЕН
СТЪПКА 328:	ДНЕС ЩЕ ПОЧЕТА ТЕЗИ, КОИТО СА МИ ДАВАЛИ
СТЪПКА 329:	ДНЕС СЪМ СВОБОДЕН ДА ОБИЧАМ СВЕТА
СТЪПКА 330:	НЯМА ДА ПРЕНЕБРЕГВАМ МАЛКИТЕ НЕЩА В ЖИВОТА СИ
СТЪПКА 331:	МАЛКОТО ИЗРАЗЯВА ГОЛЯМОТО
СТЪПКА 332:	АЗ ЕДВА ЗАПОЧВАМ ДА РАЗБИРАМ ЗНАЧЕНИЕТО НА ЗНАНИЕТО В МОЯ ЖИВОТ
СТЪПКА 333:	ИМА ПРИСЪСТВИЕ ОКОЛО МЕН. ЧУВСТВАМ ГО
СТЪПКА 334:	ПРИСЪСТВИЕТО НА МОИТЕ УЧИТЕЛИТЕ Е С МЕН ВСЕКИ ДЕН
СТЪПКА 335:	ОГЪНЯТ НА ЗНАНИЕТО Е С МЕН ВСЕКИ ДЕН
СТЪПКА 336:	ПРЕГОВОР

∞

СТЪПКА 337:	НИЩО НЕ МОГА ДА НАПРАВЯ САМ/А
СТЪПКА 338:	ДНЕС ЩЕ БЪДА ВНИМАТЕЛЕН/ВНИМАТЕЛНА
СТЪПКА 339:	ПРИСЪСТВИЕТО НА ЛЮБОВТА Е С МЕН СЕГА
СТЪПКА 340:	УПРАЖНЕНИЯТА СА МОЯ ПРИНОС КЪМ СВЕТА
СТЪПКА 341:	ЩАСТЛИВ СЪМ, ЗАЩОТО МОГА ДА ПОЛУЧАВАМ
СТЪПКА 342:	ДНЕС АЗ СЪМ УЧЕНИК НА ЗНАНИЕТО
СТЪПКА 343:	ДНЕС ЩЕ ПОЧИТАМ ИЗТОЧНИКА НА МОЯТА ПОДГОТОВКА

СТЪПКА 344:	Моето Знание е дар, който отдавам на света
СТЪПКА 345:	Моето Знание е моя дар за Духовното ми Семейство
СТЪПКА 346:	Аз съм на света, за да работя
СТЪПКА 347:	Ще позволя на моя живот да се разкрие днес
СТЪПКА 348:	Днес ще наблюдавам еволюцията на света
СТЪПКА 349:	Щастлив съм, че най-накрая мога да служа на истината
СТЪПКА 350:	Преговор

ЗАКЛЮЧИТЕЛНИ УРОЦИ

СТЪПКА 351:	Аз служа на велика цел, която започвам да изживявам
СТЪПКА 352:	Днес аз съм истински ученик на Знанието
СТЪПКА 353:	Истинският ми дом е в Бога
СТЪПКА 354:	Трябва да изживея Истинския си Дом, докато съм на света
СТЪПКА 355:	Аз мога да бъда спокоен на света
СТЪПКА 356:	Днес ще открия себе си
СТЪПКА 357:	Аз съм на света, за да изразя себе си
СТЪПКА 358:	Желая да си бъда у дома на света
СТЪПКА 359:	Аз присъствам, за да служа на света

СТЪПКА 360:	Трябва да се уча как да разкривам величието на света
СТЪПКА 361:	Светлината на Знанието ме ръководи днес
СТЪПКА 362:	Аз се уча как да уча, защото нося Знанието в мен днес
СТЪПКА 363:	Знанието е истинското ми желание, защото съм ученик/ученичка на Знанието
СТЪПКА 364:	Знанието ме поддържа, защото съм ученик/ученичка на Знанието
СТЪПКА 365:	Аз съм ангажиран да се уча как да уча. Аз съм ангажиран да дам това, което трябва. Аз съм ангажиран, защото съм част от живота. Аз съм част от живота, защото съм едно със Знанието

ТЪЛКУВАНЕ

ЗА ПРОЦЕСА НА ПРЕВОД

ИСТОРИЯТА НА ПРАТЕНИКА

ГЛАСЪТ НА ОТКРОВЕНИЕТО

ЗА ОБЩНОСТТА НА НОВОТО ПОСЛАНИЕ ОТ БОГ

ЗА СВЕТОВНАТА ОБЩНОСТ НА НОВОТО ПОСЛАНИЕ ОТ БОГ

КНИГИ НА НОВОТО ПОСЛАНИЕ ОТ БОГ

Както е разкрито на
МАРШАЛ ВИАН САМЪРС
26 май – 14 юни, 1989г.
в Албани, Ню Йорк

ВСЕОТДАЙНОСТ

"Този метод е даден на всички студенти на Знанието по света с благодарност и с големи очаквания от вашето Духовно Семейство.

Следвайте инструкциите, както са дадени.

По този начин силата и ефикасността на този труд ще ви бъдат разкрити и следователно Нашият дар ще ви бъде даден.

Ние даряваме това с голямо вълнение на вас, а чрез вас и на вашия свят."

СТЪПКИ към ЗНАНИЕТО

ПЪРВА ЧАСТ

Стъпка 1

АЗ СЪМ БЕЗ ЗНАНИЕ СЕГА

Трябва да има начална точка във всяко развитие. Вие трябва да започнете от там, откъдето сте, а не от там, откъдето искате да бъдете. Започнете оттук, разбирайки, че сте без Знание. Това не значи, че Знанието не е във вас. Това само значи, че сте без Знание. Знанието ви очаква да започнете. Знанието ви очаква, за да се отдаде. Следователно сега започвате да се готвите за връзката ви със Знанието, най-великия аспект на съзнанието, което сте донесли с вас от Древния ви Дом.

Три пъти на ден по 10 мин. мислете за това, какво е Знанието, без да използвате собствените си идеи, без да използвате минали разбирания, не мислейки за това, какво наистина е Знанието.

УПРАЖНЕНИЕ 1: *Три пъти по 10 мин. упражнения на ден.*

Стъпка 2

Знанието е с мен, къде съм аз?

Знанието е напълно с вас, но то стои в тази част от вашето съзнание, за която вие все още нямате пропуск. Знанието представлява истинското ви Аз, вашето Истинско Съзнание и истинската ви връзка с вселената. То също така съдържа вашия зов в света и пълното използване на вашата същност, вродените ви способности и умения, дори вашите ограничения – всички те да бъдат дадени на света.

Знанието е с вас, но къде сте вие? Днес мислете къде сте вие. Ако не сте със Знанието, тогава къде сте? Следователно три пъти през деня по 10 мин. мислете къде сте, не само физически или географски, но къде сте и какво е усещането ви за вас самите и за света. Мислете много, много внимателно. Не позволявайте на мисълта да ви разсейва от това занимание. Много е важно сега в началото на подготовката ви да си задавате тези въпроси много сериозно.

Упражнение 2: *Три 10 мин. упражнения.*

Стъпка 3

КАКВО НАИСТИНА ЗНАМ?

Дес попитайте себе си какво наистина знаете и разграничете това, което знаете от това, което мислите и се надявате или искате от себе си и от света, от какво се страхувате, в какво вярвате, какво цените и грижливо пазите. Разграничете този въпрос от всички подобни ориентации колкото можете по-добре и попитайте себе си, „Какво наистина знам?" Трябва продължително да изследвате отговорите, които си давате, за да видите дали те представляват вашите вярвания или предположения, или вярванията и предположенията на другите хора, или дори на човечеството.

Три пъти на ден по 10 мин. се питайте този въпрос и мислете много сериозно за отговора си както и значението на този въпрос, „Какво наистина знам?"

Упражнение 3: *Три 10 мин. упражнения.*

Стъпка 4

ИСКАМ ТОВА, КОЕТО МИСЛЯ ЧЕ ЗНАМ

ИЕ ИСКАТЕ ТОВА, КОЕТО МИСЛИТЕ ЧЕ ЗНАЕТЕ и това е продължение на разбирането ви за вас самите и за вашия свят. На практика, това съдържа основата на вашата идентичност. След откровено изследване, обаче, вие ще откриете, че вашите разбирания се базират основно върху предположения, и тези предположения до голяма степен или изобщо не са въз основа на вашия опит.

ДНЕС В ТРИ БЪРЗИ ПРАКТИЧЕСКИ УПРАЖНЕНИЯ ИЗПОЛЗУВАЙТЕ цялото си внимание, за да изучите и наблюдавате вашите предположения, мислете за неща, които наистина мислите че знаете, включително и такива, за които не сте мислили да се питате досега – неща, които си мислите че знаете. Днешното упражнение е продължение от предишните стъпки, където започнахте да различавате това което си мислите че знаете и истинското Знание както и връзката между това, което си мислите за Знанието и вашите предположения, вярвания и надежди за тези неща.

СЛЕДОВАТЕЛНО, ВЪВ ВСЯКО УПРАЖНЕНИЕ Е много важно да мислите за нещата, които си мислите че знаете. Когато разберете, че те се базират основно на вашите предположения, ще разберете колко нестабилна е вашата основа в света. Осъзнаването на това може да бъде обезпокоително и смущаващо, но е много важно, за да ви даде импулс и желание да откриете истинския си фундамент в света.

УПРАЖНЕНИЕ 4: *Три 10 мин. упражнения.*

Стъпка 5

ВЯРВАМ В ТОВА, В КОЕТО ИСКАМ ДА ВЯРВАМ

Това изявление е олицетворение на голямата човешка глупост и е най-опасната форма на човешка самозаблуда. Вярванията обхващат най-вече това което е желано, а не това, което всъщност се случва и това, което е истинско. Те на практика могат да представляват великите идеи на човечеството и да ги отразяват, но ако ги разглеждаме ден за ден, както и в най-практичните въпроси, хората базират техните вярвания на неща, на които се надяват, не на такива, които наистина съществуват. Вие трябва да разберете, че установяването на някакви решения и конструктивни постановления трябва да започне със сегашната действителност. Каквото сте и каквото имате днес трябва да бъде вашата отправна точка.

Следователно, във вашата практика три пъти днес, мислете за това изявление. Изучавайте това, в което вярвате и това което искате. Ще откриете, че дори вашите страшни и негативни вярвания са свързани с вашите амбиции. Само внимателното приложение на днешната практика ще разкрие това за вас.

Упражнение 5: *Три 10 мин. упражнения.*

Стъпка 6

Аз имам здрава основа на света

Извън вярванията и предположенията, които маскират страховете и несигурността ви, съществува истинската ви основа на света. Тази основа е стъпила върху живота ви извън този свят, откъдето сте дошли и където ще се завърнете. Вие сте дошли от място, където ще се завърнете и от където не сте дошли с празни ръце.

Два пъти на ден, прекарайте по два дълги периода от 15 до 20 мин. в решение на това, какво би могла да бъде вашата истинска основа. Обмислете всичките си идеи за това. Това е много важен въпрос. Трябва да разберете голямата нужда от честност и дълбочина, с които да си зададете този въпрос.

Без истинска основа, няма да има надежда за вашите реални постижения и напредък. Голяма благословия е че притежавате това, дори то да не е познато за вас.

Упражнение 6: *Две 15 до 20 мин. практически сесии.*

Стъпка 7

ПРЕГОВОР

Дешната ви практика ще обхване две сесии, в които ще ревизирате това което сме преминали до сега, започвайки от стъпка 1 и продължете до днес включително. След това обмислете последователността на стъпките като едно цяло. Много е важно в този момент да нямате някакви заключения, но да си задавате въпроси и да разберете до къде ще ви бъде нужно истинско Знание. Ако предприемете това упражнение сериозно, това ще е доказателство за вашата дълбока нужда от това. Вие сте уязвими без вашите предположения, но в същото време сте в позиция да получите истина и увереност в живота.

Направете две сесии днес, 30 мин. за всяка, за да обмислите тези неща.

Упражнение 7: *Две 30 мин. сесии.*

Стъпка 8

ДНЕС ЩЕ БЪДА СПОКОЕН

В ДВУРАЗОВАТА ВИ СЕСИЯ ДНЕС, упражнявайте своето спокойствие за 15 мин. Започнете с дълбоко поемане на въздух и се фокусирайте върху вътрешна точка. Това може да бъде мисловна точка или такава от вашето тяло. Затворете очи и се концентрирайте изцяло върху нея без да оценявате или съдите. Не се обезкуражавайте, ако в началото това ви затруднява. Всяко важно нещо в живота е трудно в началото, но ако продължите напред, ще постигнете голям резултат, защото в спокойствието всичко може да бъде разбрано.

УПРАЖНЕНИЕ 8: *Две 15 мин. сесии.*

Стъпка 9

Със спокойствие всичко може да бъде разбрано

Спокойствието на мисълта позволява на Великата Мисъл да се прояви и да разкрие своята Мъдрост. Тези, които упражняват спокойствие, за да постигнат Знание, ще подготвят себе си за велики откровения и ще постигнат истинско проникновение. Това проникновение може да се прояви по време на практика или по всяко друго време. Важното в случая е, че подготовката е осъществена.

Два пъти днес практикувайте вчерашното упражнение на спокойствие, но го правете без очакване на резултат. Не използвайте тази практика, за да задавате въпроси, защото практикувате спокойствие, в което няма спекулации, въпроси и търсения. За 15 мин., два пъти през деня практикувайте спокойствие отново.

Упражнение 9: *Две 15 мин. сесии.*

Защо въобще правя това?

Много добър въпрос! Защо въобще правите това? Защо задавате такива въпроси? Защо търсите по-велики неща? Защо полагате толкова усилия? Тези въпроси са неизбежни. Ние ги очакваме. Защо правите това? Вие правите това, защото е необходимо и важно. Ако искате да изживеете нещо по-голямо от чисто повърхностния и нестабилен живот, вие трябва да проникнете по-дълбоко и да не бъдете уверени само поради слаби предположения и обнадеждаващи очаквания. Има по-голям дар, който ви очаква, но трябва да се подготвите психически, емоционално и физически за него. Без Знание, вие не сте наясно с целта си. Вие не сте наясно с произхода и съдбата си и ще преминете през този живот, сякаш е тревожен сън и нищо повече.

Стъпка 10

КАКВО Е ЗНАНИЕ?

Нека да кажем, че Знанието не е това, с което обикновено сме свързани. То не е идея. То не е информация. То не е система или вярване. То не е процес на преоценка. То е велика мистерия във вашия живот. Неговите външни проявления са дълбоката интуиция, огромното прозрение, необяснимото познание, мъдрото приемане на сегашния момент и на бъдещето, както и мъдрото разбиране на миналото. Но независимо от тези забележителни постижения на съзнанието, Знанието е много по-велико от това. То е вашата Истинска Същност, Същност, която е неразделна част от живота.

УПРАЖНЕНИЕ 10: *Четете този урок три пъти днес.*

Стъпка 11

НЕ СЪМ ОТДЕЛЕН ОТ ЖИВОТА

НЕЗАВИСИМО ОТ ГОЛЕМИТЕ ПОСТИЖЕНИЯ НА вашата личност и от това, което е свързано с вас – вашето тяло, вашите идеи, вашите трудности, специфичните ви начини на изразяване, вашите особености, вашият талант – вие не сте отделени от живота. Това ще бъде видно, ако погледнете на себе си откровено и установите, че всяка част от вашето физическо тяло е изградена от физическото проявление на живота. Това е доста по-различно от схващането, че сте изградени от „нещо", като всичко друго около вас. Това, което е мистериозно, е вашата мисъл. Изглежда, че тя е доста по-различна от това разбиране, но всъщност принадлежи на физическия свят толкова, колкото и вашето тяло. Вие сте личности, които не осъзнават Първоизточникът и вашето пълно включване в живота. Вашата индивидуалност сега е бреме, но ще бъде голямо щастие за вас, когато може да изрази самия живот.

УПРАЖНЕНИЕ 11: *Четете този текст три пъти днес.*

Стъпка 12

Моята личност е за, да прояви самия живот

Тук вашата уникалност е огромен актив и извор на радост, не извор на болезнено отчуждение и не извор на болезнено осъждане срещу себе си и другите. Това различие не ви извисява над и не ви поставя под някой друг. То само определя точно истинската цел, която стои зад личността ви и голямото обещание за бъдещето. Вие сте тук, за да проявите нещо. Това е истинското значение дадено ви индивидуално, защото вие не искате повече да бъдете разделени.

Два пъти днес, упражнявайте две сесии на мълчание, упражнение, което сме илюстрирали дотук.

Упражнение 12: *Две 15 мин. сесии.*

Стъпка 13

Искам да съм различен, за да бъда уникален

Въпреки, че представлява истинския мотив за разделението, то не е необходимо. Тук ние не представяме това като уверение, а като проявление на сегашното ви състояние. Вие желаете да сте самостоятелни, защото това ви определя като личности; вашата индивидуалност е определена в условията на разделение, а не в условията на включване. Разделението е извора на вашата болка и на обърканата ви мисъл. Физическият ви живот демонстрира разделен живот, но само в определен смисъл. В друг аспект, той не показва никакво разделение, а демонстрира уникално проявление от Великата Общност.

Два пъти днес, прекарайте по 15 мин. концентрирайки се върху тази идея. Да мислите сериозно за този урок означава, да се осланяте на вашия опит, който ще разкрие своята приложимост към живота ви. Той ще разкрие, какво ви е коствало вашето желание за разделение, колко енергия и колко болка ви е причинило то. Разберете вашата мотивация за разделение и ще знаете, че искате да сте свободни.

Упражнение 13: *Две 15 мин. сесии.*

Стъпка 14

Преговор

Още веднъж ще обобщим предишните уроци. Това обобщение включва препрочитане на инструкциите дадени в предишните стъпки. Прегледайте също така практическите сесии, за да определите дълбочината на вашето вникване в практиката и резултатите, които сте постигнали и почувствали. През учебния ви план, ще изследвате вашия собствен опит. Това ще увеличи потенциала ви и евентуално ще ви разкрие реализацията на вашето Знание.

Днешния ви практически период е 45 мин. през който прегледайте всички инструкции, резултати и плюсове на вашата практика. Утре ще започнем следващия етап от Нашата съвместна подготовка.

Упражнение 14: *Една 45 мин. сесия.*

Стъпка 15

ДНЕС ЩЕ СЛУШАМ МОЕТО ИЗЖИВЯВАНЕ

Днес ще слушам и наблюдавам моето изживяване, за да открия същността на мислите си.

Разберете, че истинското съдържание на мисълта ви е заровено зад всичко онова, което е натрупано от деня на вашето раждане. Това основно съдържание желае да се прояви в синхрон със сегашния ви живот и сегашната ситуация, в която се намирате. За да съзрете това, трябва да слушате внимателно и да осъзнаете разликата между истинското съдържание на мисълта ви и нейните съобщения за вас, и всички останали импулси и желания, които чувствате. Да разграничите мислите от Знанието, е едно от най-големите постижения, които бихте могли да постигнете в този курс.

Днешната ви практика от 45 мин. ще бъде посветена на слушането във вас. Това ще изисква да слушате без да съдите себе си, въпреки че мислите ви биха могли да бъдат обезпокоителни. Дори вашите мисли да са в противоречие с практиката ви, трябва да слушате и да позволите на съзнанието ви да се отвори. Вие слушате неща, които са много по-дълбоко от мисълта ви, но трябва да преминете през нея, за да ги достигнете.

Упражнение 15: *Еднократна 45 мин. сесия.*

Стъпка 16

ЗНАНИЕТО Е ЗАД МИСЪЛТА ВИ

ЗНАНИЕТО Е ЗАД МИСЪЛТА ВИ. То е вашата истинската същност, вашият Истински Аз, не този аз, който сте изградили, за да кореспондирате със света, но вашия Истински Аз. От истинския ви Аз идват мислите и впечатленията, влеченията и насоките. Вие все още не можете да чуете по-голямата част от комуникацията с него, но с течение на времето ще се научите да го чувате, когато мисълта ви е спокойна и когато развиете и усъвършенствате слушането и проницателността си.

ДНЕС ПРАКТИКУВАЙТЕ ТРИ СЕСИИ ПО 15 МИН. Слушайте по-внимателно от вчера. Слушайте за дълбоки влечения и без осъждане. Не трябва да добавяте нищо. Слушайте дълбоко, за да се научите да чувате.

УПРАЖНЕНИЕ 16: *Три 15 мин. сесии.*

Стъпка 17
ДНЕС ИСКАМ ДА ЧУЯ ИСТИНАТА

Желанието да се чуе истината е нещо, което е процес и резултат на истинска подготовка. Развиването на способността да се чува и желанието да се чуе, ще ви позволят да постигнете това, което търсите. Истината е изключително благодатна за вас, но в началото може да бъде доста шокираща и разочароваща за вашите планове и цели. Вие трябва да рискувате, ако желаете да имате убедеността и правото, което истината ще ви донесе. Истината винаги носи разрешаване на конфликт, винаги осигурява изживяване на себе си, винаги дава усещане за реалността и винаги предоставя посока за движение напред.

Днес, във вашите три сесии по 15 мин. практикувайте слушане на истината, опитвайки се да чуете зад мисълта и емоциите. Отново, не се притеснявайте, ако това което чувате е само препускането на вашите мисли. Помнете, вие сте в процес на развиване на слушането. Това е най-важното в момента. Както упражнение за развитието на мускулите на тялото, вие упражнявате мястото на мисълта, наречено слушане. Следователно, днес практикувайте слушане, използувайки тези сесии, за да отдадете себе си така, че да почувствате истината, която се надига във вас.

УПРАЖНЕНИЕ 17: *Три 15 мин. сесии.*

Стъпка 18

ДНЕС АЗ ЧУВСТВАМ, ЧЕ ИСТИНАТА СЕ НАДИГА В МЕН

ИСТИНАТА ТРЯБВА ДА БЪДЕ НАПЪЛНО ИЗЖИВЯНА. Тя не е само идея; тя не е само имидж, въпреки че различни идеи и имиджи могат да я съпътстват. Тя е опит и затова тя е нещо, което се чувства в дълбочина. Тя може да се прояви в по-различна светлина за тези, които започват да проникват в нея, но въпреки това тя ще се покаже. Тя е нещо, което трябва да почувствате. За да можете да сторите това обаче, вашата мисъл трябва да бъде спокойна. Истината е нещо, което ще почувствате с цялото си тяло, с цялото си същество.

ЗНАНИЕТО НЕ ВИ ГОВОРИ ВЪВ ВСЕКИ МОМЕНТ, но винаги има съобщение за вас. Да се доближите до Знанието означава, да бъдете все повече и повече като него, по-пълни, по-честни, по-последователни, по-отдадени, по-концентрирани, по-дисциплинирани, по-състрадателни и по-обичащи себе си. Всички тези качества се развиват, като приближите техния извор.

В ТАЗИ НАСОКА ЩЕ ПРАКТИКУВАТЕ ДНЕС, КАТО ПОЧУВСТВАТЕ НАДИГАЩАТА се във вас истина. Това ще обедини всички аспекти във вас, давайки ви напълно ново изживяване. В трите 15 мин. сесии се концентрирайте напълно в чувството на надигащата се във вас истина. Бъдете спокойни и не се обезкуражавайте, ако в началото изпитвате някакви трудности. Продължете практиката си и ще имате напредък.

БЕЗ СЪМНЕНИЯ И КОЛЕБАНИЯ СЛЕДВАЙТЕ истинската цел в живота си днес. От тази цел ще последват всички важни неща, които трябва да извършите, както и силата и проницателността от които се нуждаете, за да откриете тези личности, заради които сте дошли на света.

УПРАЖНЕНИЕ 18: *Три 15 мин. сесии.*

Стъпка 19

ДНЕС ЖЕЛАЯ ДА ВИЖДАМ

Желанието да виждаме е като желанието да знаем. То също изисква усъвършенстване на способностите на вашата мисъл. Да виждате с яснота означава да не наблюдавате с предпочитание. Това значи, че можете да долавяте това, което всъщност се случва, вместо това, което искате да видите. Има нещо, което всъщност се случва извън вашите желания. Това е истината. Желанието да виждате е желанието да виждате истината. Това изисква пределна честност и отворена мисъл.

Днес във вашата практика, упражнявайте наблюдение върху обикновен земен обект. Не отмествайте поглед от този обект, но наблюдавайте и практикувайте много съзнателно. Не се опитвайте да видите всичко. Вие само наблюдавате с отворено съзнание. Когато съзнанието е отворено, то изживява своята дълбочина и дълбочината на това, което възприема и усеща.

Изберете обикновен обект без някакво значение за вас и го наблюдавайте два пъти днес по 15 мин. Позволете на вашата мисъл да бъде спокойна. Дишайте дълбоко и спокойно докато наблюдавате обекта. Позволете на мисълта ви да се установи в себе си.

УПРАЖНЕНИЕ 19: *Две 15 мин. сесии.*

Стъпка 20

Няма да позволя на съмнението и объркването да забавят моя прогрес

Какво може да забави вашия прогрес освен вашите решения, това което ражда неадекватните решения и запазва процеса на объркване на мисълта ви? Вие имате голяма цел, която е илюстрирана в тази програма на подготовка. Не позволявайте на съмнението и объркването да бъдат пречка пред вас. Да бъдете истински ученик означава да намалите вашите предположения, да не приписвате неща на себе си, а да се насочите към това, което ви е дадено от Великата Сила. Тази Велика Сила желае да ви изведе до нейното ниво на умения и възможности. Така, вие получавате дара на подготовката и можете да го дадете на другите. В този смисъл вие получавате това, което не бихте могли да осигурите за себе си. Вие осъзнавате личната си сила и възможности, защото те трябва да бъдат развити, за да следвате програма от този род. Вие също така осъзнавате вашето включване в живота, както и животът се стреми да служи на вас в истинското ви развитие.

Следователно практикувайте същите упражнения, които правихте предишния път в две сесии и не позволявайте на съмнението и объркването да ви разубеди. Бъдете истински ученици днес. Концентрирайте се върху вашата практика. Отдайте се на практиката. Бъдете истински ученици днес.

Упражнение 20: *Две 15 мин. сесии.*

Стъпка 21

Преговор

В третото си обобщение, прегледайте всички уроци от изминалата седмица и постигнатите резултати от тях. Когато практикувате днес, не правете никакви заключения, а разпознайте развитието си и отбелязвайте прогреса, който сте постигнали до сега. Прекалено рано е за заключения, въпреки че изкушението да ги направите ще бъде голямо. Началните ученици не трябва да осъждат учебния план. Това право трябва да бъде заслужено и идва на по-късен етап, ако искате вашите оценки да имат истински ефект и мъдрост.

Следователно във вашата практическа сесия, обобщете последната секция от упражнения и всичко, което сте изпитали до сега.

Упражнение 21: *Една 45 мин. сесия.*

Стъпка 22

ЗАОБИКОЛЕН СЪМ ОТ УЧИТЕЛИТЕ НА БОГ

Разбира се, че сте заобиколени от Божиите Учители, които обучават по различни начини, много сходни с това, което вие изучавате. Макар и в много различни форми, в различни епохи и в различни светове, подобен вид обучение е дадено и на тях, и е мъдро насочено към предишното състояние на духа и обстоятелствата в живота им.

Днес в две 15 мин. сесии, почувствайте Присъствието на Божиите Учители. Вие не можете да ги видите с вашите очи и не можете да ги чуете с вашите уши, защото тези ваши сетива не са развити достатъчно, но бихте могли да почувствате тяхното присъствие, защото то ви обгръща и пази. Днес в упражненията си, не позволявайте на други мисли да ви разсейват. Не се подлагайте на съмнения или обърквания, защото трябва да се подготвите за резултата, който очаквате и трябва да знаете, че не сте сами на света, вие, които имате силата, убеждението и необходимия запас от мъдрост, за да постигнете това, за което сте пратени тук на Земята.

Вие сте заобиколени от Учителите на Бог. Те са тук, за да ви дарят с обич, подкрепа и насока.

УПРАЖНЕНИЕ 22: *Две 15 мин. сесии.*

Стъпка 23

Аз съм обичан, заобиколен и подкрепян от Учителите на Бог

Тази истина ще стане явна, когато сте готови за нея, но засега ще ви е нужна голяма вяра. Тази идея може да предизвика съществуващите идеи и вярвания, които имате, но тя е истинска независимо от това. Божият план е невидим и е разпознаваем от много малко хора, защото много малко от вас притежават свободната и отворена мисъл, и необходимото внимание, което да ви помогне за това, което се случва естествено и което в настоящия момент не е очевидно за всички вас. Вашите учители ви обичат, обгръщат ви и ви подкрепят, защото се присъединявате към Знанието. Това ги привлича на ваша страна. Вие сте едни от малкото хора с потенциал и възможности, които можете да се събудите от съня на собствените си представи и да почувствате благодатта на Реалността.

Следователно в двете ви практически сесии днес, почувствайте тази обич, подкрепа и насочване. Това е чувство. Това не е идея. Това е чувство. Това е нещо, което трябва да почувствате. За да разберете любовта, вие трябва да я почувствате. Вие сте обичани, заобиколени и подпомагани от Учителите и сте заслужили техния дар за вас.

Упражнение 23: *Две 15 мин. сесии.*

Стъпка 24

АЗ ЗАСЛУЖАВАМ БОЖИЯТА ЛЮБОВ

Наистина сте достойни за Божията любов. Всъщност, вие сте Божията любов. Без претенции от какъвто и да е вид, в самата ви същност е вашето Истинско Аз. Това не е Азът, който все още изживявате и докато го изживявате, не се преструвайте, че това е вашето изживяване. Не забравяйте обаче и бъдете съзнателни за вашият истински Аз. Вие сте личности, но всъщност сте много по-велики от една личност. Как бихте могли да заслужите Божията любов, ако сте само това? Вашите Учители, които са наоколо, ви показват какво всъщност сте, за да изпитате истинската си същност и истинската си връзка с живота.

В двете си практически сесии днес, упражнявайте още веднъж получаване на обич, помощ и насока в живота от вашите Учители и ако някаква мисъл затъмнява това, ако някакви чувства пречат, запазете спокойствие. Вие сте ценни не с това, което сте постигнали на света. Вие сте ценни с това, което сте, с това от къде сте дошли и къде отивате. Животът ви вероятно е изпълнен с грешки, неправилни решения и грешни избори, но вие все пак сте дошли от Древния си Дом, където и ще се завърнете. Вашата стойност в очите на Бога е непроменена. Има само огромни усилия да поправите грешките си, така че да можете да изпитате вашето Истинско Аз и да давате на света.

В практическите си сесии днес, упражнявайте възприемчивост и изживяване на истинска полезност. Не позволявайте на мислите ви да бъдат в конфликт с великата истина на живота.

УПРАЖНЕНИЕ 24: *Две 15 мин. практически сесии.*

Стъпка 25

Аз съм едно с великата истина на живота

Каква е великата истина в живота? Това е нещо, което трябва да бъде изживяно, защото истината не може да бъде само идея, въпреки че идеите биха могли да я отразяват във всекидневните ви преживявания. Великата истина е продукт на велика връзка с живота. Вие притежавате велика връзка с Учителите ви, които са част от вас. В крайна сметка ще изпитате връзка с тези, които са част от външния ви живот, но първо трябва да изпитате източника на по-големите ви отношения в пълното му проявление. След това ще трансформирате всичко това във външния ви свят и ще го сторите по естествен начин с течение на времето.

В ДВЕТЕ ПРАКТИЧЕСКИ СЕСИИ, се упражнявайте, за да почувствате тази връзка. Вие трябва да я получите, за да можете да я отдадете. Веднъж като я получите, тя ще ви се отдаде естествено. В този процес, вашата полезност ще се възстанови, защото е очевидна. Вие не трябва да представяте себе си или изживяването си по грешен начин. Да споделяте голямата любов откровено означава, че трябва да я изпитате. Това е голямото изживяване, което Ние искаме да ви дадем днес.

УПРАЖНЕНИЕ 25: *Две 15 мин. сесии.*

Стъпка 26

Моите грешки поставят началото на моето Знание

Няма смисъл да оправдавате грешките си, но грешките могат да ви доведат до истината и оттам до истинското Знание. Това е истинската им полезност. Ние не извиняваме грешките, но ако те се появят, Ние желаем те да ви служат така, че да можете да се учите от тях и да не ги повтаряте отново. Това е възможност да забравите за тях, защото не е нужно да ги допускате. Ако извинявате грешките си, това ще ви направи неискрени. Трябва да гледате на грешките си като на вид услуга за вас, въпреки че те са наистина болезнени. Това означава, че вие ще разбирате грешките си като такива и ще ги използвате във ваша полза. Болката от грешките трябва да се приеме, за да научите кое е реално и кое не е, кое е ценно и кое не е. Да използвате грешките си за развитие значи, че сте ги приели и се опитвате да извлечете полза от тях, защото докато не ги оцените, те ще си останат само грешки и ще са постоянен източник на болка и дискомфорт за вас.

Днес, във вашите 30 мин. сесии, наблюдавайте за специфични грешки, които сте извършили и които са били най-болезнени за вас. Не се опитвайте да отхвърлите болката от тях, а преценете как в настоящата ситуация в живота, можете да ги използвате във ваша полза. Като ползвате грешките си по този начин, вероятно ще разберете какви корекции и подобрения трябва да сторите, за да подобрите качеството на живота си. Помнете, че всяко признаване на грешка, винаги предизвиква истинско приемане и голяма проницателност във връзките.

Във вашата практика обобщете грешките идващи в мислите ви и вижте как всяка от тях може да бъде използвана във ваша полза. Какво може да бъде научено от тях? Какво може да бъде направено, което не е било извършено преди? Какво не трябва да се прави, но е сторено в миналото? Как да бъдат предотвратени грешките? Какви са знаците, които са ги предшествали и как тези знаци могат да бъдат разпознати предварително, за да предотвратят грешките в бъдеще?

Използвайте практическите сесии за този процес на самонаблюдение и когато завършите, не споделяйте резултатите с другите, а позволете на разследването да продължи и то ще продължи естествено.

Упражнение 26: *Две 30 мин. сесии.*

Стъпка 27

Притежавам Мъдрост, която искам да открия

Това твърдение представлява истинската ви воля. Ако не можете да го почувствате, това значи, че навлизате в нещо, което не е истинско и няма реална основа за вашата същност. Ако някога почувствате, че истината ви предава, тогава не сте осъзнали истинската й стойност. Това между другото, противоречи на вашите цели и планове. Може би сте загубили нещо, което истински сте желали. Може би то ви е попречило да търсите желано нещо. Във всички случаи обаче, то ви е предпазило от болка и страдание. Докато истинската ви служба не бъде разпозната, вие не можете да прецените как истината ви е помагала, защото ще оценявате други служби. Ако тези други служби са обезкуражени или отричани от истината, може да има голямо объркване и конфликт за вас. Помнете, че истината винаги ви е предпазвала от потенциални грешки, които бихте сторили.

Хората не могат да изпитат Знанието, защото са прекалено ангажирани с мисли и осъждания. Тези мисли и осъждания създават самоизолиран свят за личността и тя не може да погледне извън него. Личността вижда и изпитва единствено и постоянно съдържанието на своите мисли и не може да зърне същността на живота.

Следователно в двете си 30 мин. сесии наблюдавайте и открийте как истината ви е помагала. Изследвайте тези изживявания, които са ви направили щастливи. Наблюдавайте и тези, които са били болезнени за вас. Открийте как в болезнените изживявания истината ви е помагала. Наблюдавайте открито. Не се опитвайте да защитавате предишни позиции, ако сте подтиквани да го сторите. Ако все още има болка от минали загуби, приемете тази болка и разочарование, и се опитайте да видите как наистина сте били подпомагани в тези загуби.

Трябва да култивирате такова приемане в себе си и да сте наясно, че това няма да възмезди вашето изживяване. То само ще ви даде възможност да видите ясно вашето изживяване и ще спомогне за вашия напредък и упълномощаване. Истината действа в свят на мечти и илюзии, и се стреми да помогне на тези, които са в състояние да откликнат на истината в живота си. Вие или ще откликнете на истината, или няма да можете да напреднете. С други думи, вие сте на кръстопът, откъдето изглежда, че истината противостои на други неща и на практика е много трудно да бъде открита. В тази програма за развитие, истината ще бъде разграничена от всичко останало, така че да можете да я изживеете директно и да не се обърквате от нейното присъствие и благотворно влияние в живота ви. Истината е тук да ви служи, както и вие сте тук да служите на истината.

Упражнение 27: *Две 30 мин. сесии.*

Стъпка 28

ПРЕГОВОР

Ние трябва да започнем Нашия четвърти преговор със специална молитва.

"Аз приемам моето Знание, като дар от Бог. Аз приемам моите Учители, като мои по-възрастни братя и сестри. Аз приемам моят свят, като място, където Знанието може да бъде възстановено и отдадено за благото на другите. Аз приемам миналото си, като израз на живот без Знание. Аз приемам чудесата в живота си, като демонстрация на присъствието на Знанието и отдавам себе си сега, за да култивирам това, което е от най-голяма полза за мен и което да дам на света."

Още веднъж трябва да обобщим упражненията от предната седмица, като препрочитаме всички инструкции и обобщаваме стъпка по стъпка онова, което беше разкрито в нашата практика. Запитайте си колко дълбоко сте били съсредоточени в практиката – колко дълбоко сте искали да търсите и разкривате, колко внимателно сте изследвали собственото си изживяване и колко мотивирани сте били да проникнете отвъд бариерите, които биха могли да възникнат.

Вашата 45 мин. сесия на обобщение, ще даде перспектива за вашето развитие в подготовката. Това е благоприятно не само за вас, но и за тези, на които ще служите в бъдеще, защото ще искате да отдадете в подходяща форма и контекст това, което получавате сега. Трябва да разбирате как учат и как се развиват хората. Това трябва да стане чрез вашия собствен опит и представлява любовта и състраданието, които са естествен продукт на вашето Знание. Още веднъж, не позволявайте на някакви съмнения или обърквания да ви разубедят от вашите истински занимания.

Упражнение 28: *Една 45 мин. сесия.*

Стъпка 29

ЩЕ СЕ САМОНАБЛЮДАВАМ ДНЕС, ЗА ДА УЧА ОТ ЗНАНИЕТО

През днешния специален ден за практика, наблюдавайте себе си и запазете съзнателността на вашите мисли и поведение, колкото е възможно повече. За да развиете самонаблюдението си, не трябва да осъждате, защото осъждането намалява вашата способност да бъдете наблюдателни. Вие трябва да изучавате себе си, както бихте сторили с някой, с когото можете да бъдете много по-обективни.

Трябва да се упражнявате всеки час днес. Всеки час трябва да проверявате вашите мисли и да наблюдавате вашето поведение. Това постоянно самонаблюдение ще ви позволи да сте по-ангажирани със сегашното ви изживяване и ще позволи на вашето Знание да практикува своето благотворно влияние върху вас в много по-голяма степен. Знанието знае от какво се нуждаете и как да ви служи, но вие трябва да се научите да го получавате. С времето, вие трябва да се научите да давате, за да получавате повече. Възможността ви да получавате е важна, защото по този начин можете да отдавате, а даването е основа на осъществяването в този свят. Но вие не можете да давате, ако сте в бедстващо положение. Следователно, вашето даване трябва да бъде истинско и породено от отзивчивостта, която сте култивирали в себе си, във вашите връзки с другите и с живота.

Във всяка сесия практикувайте няколко минути в пълна концентрация. Не е нужно да си затваряте очите, когато практикувате, въпреки че бихте могли, ако ви е удобно. Вие можете да практикувате, дори когато говорите с някой. На практика има много малко ситуации, в които не бихте могли да се самоанализирате. Когато се упражнявате се запитайте "Как се чувствам?" и "Какво правя сега?" Това е всичко. След това, почувствайте, ако има нещо, което трябва да сторите и което вие не правите. Ако няма нужда от корекции, продължавайте с това, което правите. Ако има неща за коригиране, направете го колкото е възможно по-бързо. Позволете на вътрешния си водач да ви въздейства, което е възможно, ако не сте ръководени от импулси, страхове или амбиции. Наблюдавайте себе си днес.

УПРАЖНЕНИЕ 29: *Почасови упражнения.*

Стъпка 30

ДНЕС АЗ ЩЕ НАБЛЮДАВАМ МОЯ СВЯТ

Днешният ден наблюдавайте вашият свят, следвайки същия практически план от вчера. Наблюдавайте вашият свят и какво вършите на света без осъждане. Вашите почасови практики са само за няколко минути и с практика те ще станат по-кратки, по-енергични и по-ефективни.

НИЕ ИСКАМЕ ДА НАБЛЮДАВАТЕ СВЕТА БЕЗ ОСЪЖДАНЕ, ЗАЩОТО това ще ви помогне да видите света такъв, какъвто е в действителност. Не си мислете, че виждате светът такъв, какъвто е, защото това, което виждате, е вашето осъждане на света. Светът, който ще видите без осъждане, е толкова различен, колкото никога не сте го виждали.

УПРАЖНЕНИЕ 30: *Почасови упражнения.*

Стъпка 31

ЖЕЛАЯ ДА ВИДЯ СВЯТ, КАКЪВТО НИКОГА ДО СЕГА НЕ СЪМ ВИЖДАЛ

Това представлява вашето желание за Знание. Това представлява вашето желание за спокойствие. Това е все същото желание и е рожба на вашето Знание. То може и да се съревновава с другите ви желания. То може и да застрашава други неща, въпреки че не е необходимо да прави това. Следователно, това твърдение днес е отражение на вашата истинска воля в живота. Когато е потвърдено, то става по-очевидно за вас и вие имате възможност да го изпитвате повече и повече с течение на времето.

Всеки час днес почувствайте желание да видите един различен свят. Наблюдавайте светът без осъждане и си казвайте, "Аз желая да видя различен свят." Правете това всеки час. Опитайте да не пропуснете нито една сесия. Упражнявайте се без значение как се чувствате, без значение какво се появява. Вие сте по-велики от емоционалното си състояние, така че не трябва да го отхвърляте, въпреки че от време на време е нужно да го контролирате. Вие сте по-велики от образите около вас, защото те представляват най-вече вашето осъждане на света. Днес практикувайте без да осъждате и без да изпитвате чувства като наблюдавате.

Упражнение 31: *Почасова практика.*

Стъпка 32

Истината е с мен, аз мога да я почувствам

Истината е с вас. Вие можете да я почувствате и ако и позволите, тя може да освети мислите и емоциите ви. Днес продължете подготовката си в развиване на желание за истината и на възможност да почувствате истината.

През двете дълги сесии, всяка от по 30 мин. седнете и се отпуснете със затворени очи, дишайки дълбоко и равномерно, и се опитайте да почувствате истината отвъд неспокойната и препускаща мисъл. Използувайте дишането, за да се потопите дълбоко, защото дишането може да ви отведе отвъд вашите мисли, ако се придържате към него постоянно и съзнателно. Не позволявайте на нищо да ви разсейва или разубеждава. Ако нещо прониква в мислите ви и имате трудности да го преодолеете си кажете, че ще му обърнете внимание по-късно, защото сега сте заети с нещо друго и си почивате от вашите мисли. Практикувайте чувстване на истината и не мислете за нея. Упражнявайте се в чувстване на истината.

Упражнение 32: *Две 30 мин. сесии.*

Стъпка 33

ИМАМ ЦЕЛ В ЖИВОТА СИ, КОЯТО ТРЯБВА ДА ИЗПЪЛНЯ

Вие имате цел в живота си, която да изпълните, цел, която ви е дадена преди да дойдете тук, цел, която ще ревизирате, когато си отидете. Тя включва възстановяване на Знанието и подходящи ангажименти с другите, които да допринесат по специфичен начин на света. Не е нужно да оценявате сегашния си живот, за да откриете дали отговаря на тази по-висша цел, защото сега се завръщате обратно към Знанието. Когато Знанието укрепне, то ще разкрие своите позитиви във вас и чрез вас. Тогава вашите дела ще бъдат поправени, ако това е необходимо. Ето защо, не трябва да обвинявате и извинявате своето минало или сегашните си действия, защото сега развивате голяма сила във вас.

В ДВЕТЕ ПРАКТИЧЕСКИ СЕСИИ ДНЕС СЕ концентрирайте и мислете за идеята, че имате по-висша цел в живота. Мислете за това и не бъдете предварително убедени в първоначалните си отговори. Мислете внимателно за този въпрос и за неговото значение. Спомнете си моменти във вашия живот, когато сте мислили или сте оценявали възможностите за това. В двете си практически сесии разгледайте тази идея, но не правете никакви заключения.

Упражнение 33: *Две 30 мин. сесии.*

Стъпка 34

АЗ СЪМ НАЧАЛЕН УЧЕНИК/УЧЕНИЧКА НА ЗНАНИЕТО

ВИЕ СТЕ НАЧАЛНИ УЧЕНИЦИ НА ЗНАНИЕТО. Без значение за колко интуитивни, умствено подготвени и емоционално откровени се мислите и без значение колко напреднали сте, вие сте начални ученици на Знанието. Бъдете щастливи, че това е така, защото началните ученици имат възможност да учат всичко необходимо и не трябва да защитават своите постижения. Ние не искаме да омаловажим вашите постижения, а да разкриете блясъка на истината и качеството на живота, който Знанието ще ви даде и ще ви разкрие това, за което сте тук и което трябва да извършите.

В ДВЕТЕ СИ ПРАКТИЧЕСКИ СЕСИИ ДНЕС, започнете с осъзнаването, че сте начални ученици на Знанието и си напомняйте, че не трябва да правите прибързани изводи, както за учебния план, така и за вашите способности като студенти. Подобни определения и осъждания са прибързани и рефлектират върху истината във всякаква насока. Те са обикновено под формата на обезкуражаване на вас самите, а това не помага на вашата цел.

СЛЕД КАТО УТОЧНИТЕ ИДЕЯТА ЗА ДНЕС и си кажете, че не трябва да оценявате, практикувайте два пъти по 15 мин. вътрешна неподвижност през вашите практически сесии. Опитайте се да откриете истината във вас. Концентрирайте се в една точка, без значение дали е реална или измислена. Нека всичко във вас се успокои. Опитайте да бъдете тихи и не се притеснявайте, ако имате трудности с това. Вие сте начални ученици на Знанието и можете да научите всичко.

УПРАЖНЕНИЕ 34: *Две 15 мин. сесии.*

Стъпка 35

Обобщение

Това обобщение ще ви даде възможност да научите нещо за Пътя на Знанието във Великата Общност. В две 30 мин. сесии, обобщете инструкциите и опита от предходната седмица. Правете това с колкото е възможно по-малко осъждане. Разглеждайте какво е преподавано, какво сте свършили и какъв резултат сте постигнали. Това откровено обобщение, ще ви даде възможност да надникнете в себе си и в материята с възможно най-малко болка и себеосъждане. Вие се учите да бъдете обективни в живота си, без да възпирате и сдържате вашите емоции. Вместо да се опитвате да разрушите някоя част от вас, вие се опитвате да култивирате друга такава.

Следователно във вашето обобщение, използвайте следната максима: "Аз ще гледам, но няма да осъждам". По този начин ще можете да разпознаете някои неща. Спомнете си колко по-лесно бихте могли да прозрете нечий друг живот и колко по-трудно е да прозрете вашия. Възможна е по-голяма обективност с другите, защото не се опитвате да използвате живота им за някаква конкретна цел и колкото повече го правите, толкова по-малко ще можете да разберете тях, тяхната природа, тяхното развитие или тяхната съдба. Следователно, колкото по-малко се опитвате да се вторачвате в живота си, толкова повече ще можете да го разберете, да го оцените и да работите с неговия присъщ механизъм за по-големия ви напредък.

Упражнение 35: *Две 30 мин. практически сесии.*

Стъпка 36

Моят живот е мистерия, която да разкрия

Вашият живот е истинска мистерия. Той изисква от вас да го откриете, ако искате да разберете неговата цел, значение и истинска посока. Това е определящо за вашето щастие на света, защото ако сте наблюдавали внимателно живота си сте разбрали, че не сте удовлетворени от малките неща, които сте постигнали. На вас, които търсите Знанието, нещо голямо ви е нужно. Вие трябва да проникнете под повърхността на нещата, които вероятно стимулират повечето хора. Вие трябва да приемете дълбокия копнеж или ще си причините болка и конфликт. Не е важно кое е от първостепенно значение за другите хора. Важно е, кое е от значение за вас. Ако търсите истината, вие трябва да проникнете под повърхността на вашата мисъл.

В двете ви практически сесии днес, отново се концентрирайте в медитацията, за да почувствате присъствието на вашите Духовни Учители. Това не е нещо, което трябва да се опитвате да направите. Трябва само да бъдете спокойни, да дишате и да отворите съзнанието си. Качеството на връзката с Духовните ви Учители, е от огромно значение, защото чрез нея, вие получавате сила и кураж, и дори да се усъмните във вашите качества, вие имате основателна причина да вярвате напълно в качествата на вашите Учители, които са минали по този път, преди да стигнат до Знанието. Те познават този път и желаят да го споделят с вас.

УПРАЖНЕНИЕ 36: *Две 15 мин. сесии.*

Стъпка 37

Съществува път към Знанието

Как да няма път към Знанието, когато то е истинското ви аз? Как да няма начин да изразите себе си, когато чрез Знанието е най-естествения начин да го сторите? Как да няма път към Знанието, който да ви води във връзките ви, когато Знанието е перфектния извор на всички връзки? Има път към Знанието. Той изисква умения и желание. И двете се нуждаят от време, за да се развият. Трябва да се учите да оценявате истинското, да не цените фалшивото и е нужно време, за да се научите да ги различавате и разпознавате. Нужно е и време да научите, че истинското, а не фалшивото ви задоволява. Това трябва да се учи чрез метода на проба, грешка и контраст. Когато приближите Знанието, животът ви се изпълва, става по-естествен и по-директен. Когато се отдалечите от него, вие отново се изпълвате с объркване, гняв и неудовлетвореност.

В двете си практически сесии днес, които няма да бъдат медитативни практики, прекарайте най-малко 15 мин. мислейки за всички възможни начини за достигане до Знанието. Напишете на лист хартия всички начини за това. Използувайте и двете практически сесии правейки това и проверете всяка възможност, за която се сетите. Опитайте да сте специфични. Използувайте фантазията си, но и се опитайте да използвате пътищата, които са реални и смислени за вас. По този начин ще знаете как мислите, че ще откриете пътя към Знанието и ще разберете, че Бог знае пътя към Знанието.

Упражнение 37: *Две 15 мин. сесии*

Стъпка 38

БОГ ЗНАЕ ПЪТЯ КЪМ ЗНАНИЕТО

КАК ДА НАМЕРИТЕ ПЪТЯ, КОГАТО СТЕ ЗАГУБЕНИ? Как да сте уверени, когато оценявате толкова високо временните неща в живота? Как да сте силни в живота си, когато сте толкова смутени и изплашени от загуби и разрушения? Животът е мил с вас, като ви представя не само наградата, но и пътя към нея. Ако това беше оставено само на вас, то би било доста жестоко, защото в такъв случай вие ще трябва да опитвате всяка възможност, която бихте могли да си представите. Тогава бихте имали възможности, които другите са си представяли и дори възможности за достигане на Знанието, които другите са използвали успешно, но на практика не биха били полезни за вас. През краткия ви престой на Земята, как бихте могли да извършите всичко това и в същото време да запазите вашата жизненост? Как да поддържате куража си за Знание, когато сте разочаровани толкова често в живота си?

ДНЕС ПОВЯРВАЙТЕ И ЗНАЙТЕ, ЧЕ БОГ знае пътя към Знанието и вие само трябва да следвате този път. По този начин Знанието се проявява във вас, защото е ясно, че само Бог познава Знанието във вас и само Знанието във вас познава Бога. Когато тези две неща въздействат заедно, те са по-явни и очевидни. Тогава вие сте в мир.

В ДВЕТЕ СИ 30 МИН. СЕСИИ ДНЕС, практикувайте чувство за присъствието на Бог. Практикувайте в неподвижност и тишина. Не мислете за Бог, не спекулирайте, не се чудете, не се съмнявайте, само чувствайте. Не е фантазия това, върху което се концентрирате сега, въпреки че обикновено се концентрирате върху фантазии. В тишина и спокойствие всичко е очевидно. Бог е много спокоен, неподвижен и безмълвен, защото Бог не отива никъде. Когато станете неподвижни, спокойни и безмълвни ще почувствате силата на Бог.

УПРАЖНЕНИЕ 38: *Две 30 мин. сесии.*

Стъпка 39

СИЛАТА НА БОГ Е С МЕН

Силата на Бог е с вас. Тя е във вашето Знание. Научете се да използувате вашето Знание и ще се научите да използувате отново силата, която Бог ви е дал и ще превъзпитате вашата сила, защото тя ще ви бъде необходима, за да се докоснете до Божията сила. Оттук всичко, което наистина е добро, ще бъде потвърдено във вас и в Бог. Нека този ден бъде отдаден, за да почувствате това присъствие и тази сила в живота си. Не трябва да си представяте Бог във вашите фантазии. Не е нужно да имате рисунки и образи, за да поддържате разбиранията и вярата си. Вие трябва само да използувате на практика това, което ви е дадено тук.

Във вашата практика състояща се от две 30 мин. сесии, още веднъж се потопете в безмълвие и тишина, като се опитате да почувствате Бога. Използвайте вашата сила, за да направлявате мисълта си и не позволявайте на съмненията и страховете да ви разубедят. Силата на Бог представлява мистерията в живота ви, защото това е силата, която сте донесли с вас и която трябва да бъде използвана подходящо на света, в съответствие с великия план. Опитайте се да практикувате със смирение, така че да почувствате силата на Бог.

УПРАЖНЕНИЕ 39: *Две 30 мин. сесии.*

Стъпка 40

ДНЕС ЩЕ ПОЧУВСТВАМ СИЛАТА НА БОГ

Божията сила е толкова съвършена и всеобхватна, че влива живот във всичко. Само съзнанията, които са разделени и загубени в оценка на собствените си мисли, вероятно могат да се отделят от великото Божие милосърдие. Тези, които са откликнали на Бог, са се превърнали в Божии Месии, за да отдават Божията Милост на тези, които са изостанали и изпълнени с объркване.

Цялата мощ на природните сили във вашия свят – силите на природата, неизбежността на вашата смърт, постоянната заплаха от болести, загуба и разрушение, както и заплахата от конфликт – са само временни движения в неподвижността на Бог. Това е тази неподвижност, която ви зове да се завърнете към спокойствието и пълната радост на Бог, но вие трябва да се готвите за това.

Днес подготовката ви ще бъде в две 30 мин. сесии. В безмълвна медитация, се опитайте да почувствате силата на Бог. Не е нужно да призовавате магически образи, защото тази сила е навсякъде и вие можете да я почувствате. Независимо от вашето състояние и условия, независимо от това дали те са от полза за бъдещото ви развитие или не, днес можете да почувствате силата на Бог.

УПРАЖНЕНИЕ 40: *Две 30 мин. сесии.*

Стъпка 41

НЕ СЕ СТРАХУВАМ ОТ СИЛАТА НА БОГ

Това твърдение е изключително важно за вашето щастие, защото трябва да се научите отново да вярвате в силата на любовта и силата на Бог. Ето защо, трябва да изоставите идеи, предположения и оценки от минал и болезнен опит. Много жестоко е да бъдете отделени от това, което най-много обичате и единствения начин да запазите това разделение е като злепоставяте това, което обичате, като му приписвате зли намерения, предизвиквайки по този начин вина в себе си. За да почувствате и приемете мощта на Бог, злото и вината трябва да ви напуснат. Вие трябва да вървите смело напред и дори да рискувате, за да откриете това, което е най-естественото. Това е като да оставите всичко и да се завърнете у дома, без да се замисляте.

Два пъти днес в неподвижност и безмълвие практикувайте, за да почувствате силата на Бог. Не очаквайте отговори от Бог. Не очаквайте нищо, бъдете присъстващи, защото като учите да бъдете във връзка с източника на всичките ви връзки информацията, която ви е нужна може да дойде лесно, за да ви ръководи, да ви даде възможност да се чувствате комфортно и да ви коригира, когато това е необходимо. Първо обаче трябва да почувствате силата на Бог и тогава ще откриете вашата собствена сила.

УПРАЖНЕНИЕ 41: *Две 30 мин. сесии.*

Стъпка 42

ПРЕГОВОР

*В*днешното обобщение, прегледайте всички инструкции дадени ви в изминалата седмица и това, което сте почувствали и изпитали на практика. Обърнете специално внимание, за да разберете колко дълбоко и внимателно практикувате. Бъдете сигурни, че не променяте и настройвате упражненията така, че те да са в съответствие с вашите очаквания и настроения. Помнете, че ще получите истинска награда само, ако спазвате максимално учебния план. Вашата роля е малка. Нашата роля е голяма. Не ви е нужно значението на това, което учите. Това, което трябва да правите, е само да го следвате с вяра и очакване. По този начин ще развиете търпение, вяра, проницателност, последователност и себезначимост. Защо себезначимост? Защото като оценявате високо себе си, ще се приближите към великите дарове на Знанието. Нищо друго няма по-бързо да заличи омразата към вас и съмнението във вас самите от получаването на даровете, които са предназначени за вас.

Следователно в единствената ви продължителна сесия днес, обобщете практиката от изминалата седмица. Направете това без осъждане, наблюдавайте и вижте какво ви е предложено, какво сте извършили и какво още би могло да бъде сторено, за да се задълбочи практиката ви така, че да получите вашия дар веднага. Ако изпитвате затруднения, разпознайте проблемите и се опитайте да ги поправите. Бъдете по-отдадени през следващата седмица и по този начин ще поправите съмнението и объркването в себе си чрез насочване на волята си.

Упражнение 42: *Една дълга сесия.*

Стъпка 43

Моята воля е да позная Бога

Вашата воля е да познаете Бога. Това е вашата истинска воля. Всяка друга ваша мотивация и желание е да изоставите това, което представлява вашата воля. Вашата воля е тази, която е страшна за вас. Вие се страхувате от това, което знаете и чувствате дълбоко във вас. То ви кара да търсите бягство в други неща, които не са ви свойствени и в това губите собствената си идентичност и се опитвате да изградите идентичност във основа на тези неща, които сте открили при опита си да избягате. Вие се чувствате мизерно в изолацията, но във връзките щастието се възобновява.

Вашата воля е да познаете Бога. Не се страхувайте от волята си. Вие сте творение на Бог. Божията воля е да ви разпознае. Вашата воля е да познаете Бога. Няма друга воля. Всички мотивации, различни от тази са родени от объркване и страх. Когато познаете Бога, ще дадете сила на Бог и ще дадете сила на вас също така.

В двете си практически сесии днес, в безмълвна медитация, практикувайте, за да почувствате силата на вашата воля. Не позволявайте на страха и съмнението да затъмнят съзнанието ви. Не е нужно да се опитвате да почувствате волята на Бог. Тя е тук. Тя се нуждае само от вашето внимание, за да я познаете. Следователно, практикувайте дълбоко и опитайте да сте присъствуващи в тази практика.

Упражнение 43: *Две 30 мин. сесии.*

Стъпка 44

ЖЕЛАЯ ДА РАЗБЕРА СОБСТВЕНАТА СИ СИЛА

Вие може би ще откриете, че това твърдение е доста приемливо, защото то е много нужно за вас в настоящия момент, но това твърдение е много по-дълбоко, отколкото си представяхте в началото. Вие притежавате много повече сила, отколкото сте си представяли, но тя не може да се прояви напълно, докато не е насочена така, че да ви възстанови напълно и да разкрие истинските ви възможности.

Как бихте могли да достигнете своята сила, когато се чувствате слаби и безпомощни, когато се чувствате безполезни, когато сте сковани от вина или объркване или в яростта си обвинявате другите за вашите неуспехи? Да признаете силата си означава да се освободите от всичко, което ви задържа. Вие не осъзнавате тези пречки и дори отричате съществуването им. Вие ги осъзнавате, когато оценявате нещо по-велико. Тяхната сянка е знак, че трябва да преминете през тях. Тогава вашата сила е култивирана. Вие търсите силата си и я използвате във ваша полза.

В двете си медитативни сесии днес, в тишина и спокойствие се опитайте да почувствате собствената си сила. Не позволявайте на мислите си да ви разубедят, защото страха и съмнението са само мисли – мимолетни неща, преминаващи през мисълта ви като облаци. Зад облаците на мисълта е великата вселена на Знанието. Следователно не позволявайте на облаците да затъмнят гледката на звездите отвъд.

Упражнение 44: *Две 30 мин. сесии.*

Стъпка 45

Нищо не мога да направя сам

Нищо не можете да направите сами. Нищо и никога дори в мислите ви не е било извършено само и единствено от вас. Няма полза, ако нещо се извърши само от вас. Всичко е едно обединено усилие. Всичко е продукт на различни връзки.

Това не ви ли обезличава като индивидуалност? По-вероятно не. Това ви дава възможност да разберете и осъзнаете истинските ви постижения. Вие сте много по-велики от вашата индивидуалност и така сте по-свободни от тази ограниченост. Вие работите чрез индивидуалността, която е вашата личност, но сте много по-велики от нея. Приемете рамките на ограничения ви аз и не изисквайте от него да бъде Бог или ще му навлечете голям товар, големи очаквания и ще го накажете за неуспехите си. Това от своя страна води до себеомраза, до негодувание във физическия ви живот и до емоционално и физическо оскърбление за вас самите. Приемете ограниченията си и по този начин ще приемете величието в живота си.

Следователно в двете си практически сесии днес с отворени очи се концентрирайте във вашите ограничения. Открийте ги и ги опознайте, без да ги оценявате като положителни и отрицателни. Това ви дава смирение, а в смирението си сте в позиция да получите великото. Ако отбранявате своите ограничения, как бихте могли да получите това, което ги превъзхожда.

Упражнение 45: *Две 15 мин. сесии.*

Стъпка 46

ТРЯБВА ДА СЪМ МАЛЪК, ЗА ДА СЪМ ГОЛЯМ

Не е ли противоречие това, че трябва да сте малки, за да сте големи? Не е противоречие ако разберете смисъла му. Разкриването на ограниченията ви позволяват да работите успешно в ограничен контекст. Това представлява великата реалност, която бихте могли да познавате от по-рано. Вашето величие не трябва да се базира само на големи надежди и очаквания. То не трябва да е основано на идеализъм, а на истински опит. Опитайте се да бъдете малки и ще изпитате това величие, което е с вас и е част от вас.

В двете си практически сесии днес, се опитайте да се ограничите, но без да се осъждате. Не трябва да се укорявате. Използувайте активно съзнанието си и го фокусирайте върху вашите ограничения. Фокусирайте се без укоряване. Наблюдавайте обективно. Вие сте предвидени да бъдете транспортното средство за Великата Общност, която да изрази себе си в този свят. Вашето средство за изразяване е доста ограничено, но е напълно достатъчно да постигне заданието, което трябва да извършите. Приемайки ограниченията, вие можете да разберете неговия механизъм и да се учите да работите с него конструктивно. Тогава няма повече ограничения, а само форма на радост за вас самите.

УПРАЖНЕНИЕ 46: *Две 15 мин. сесии.*

Стъпка 47

ЗАЩО СЕ НУЖДАЯ ОТ УЧИТЕЛИ?

Ще си зададете рано или късно този въпрос и вероятно няма да бъде само веднъж. Това ще се породи от вашите очаквания. Когато погледнете внимателно вашия живот ще видите, че сте търсили инструкции за всяко нещо, което сте усвоили и научили. Между другото неща, които сте чувствали в себе си изглеждат създадени от вас, но също са продукт на инструкции. Вие сте подготвени от различни връзки за всичко, което сте научили, без значение дали това са практически знания или нещо по-дълбоко във вас. Това разбиране поражда оценяването на връзките и пълно потвърждаване на силата на приноса ви в този свят.

Ако наистина желаете да придобиете и усвоите някакви умения, първо трябва да си изясните колко малко знаете, след това да разберете колко ви е нужно да научите и тогава да потърсите най-доброто възможно обучение. Това е, за да можете да възстановите Знанието. Трябва да прецените колко малко знаете, колко ви е нужно да научите и тогава да получите обучението, което е осигурено. Слабост ли е да имате учител? Не. Това е откровено разбиране, базирано на честна оценка. Ако си дадете сметка, колко малко знаете и колко ви е нужно да знаете, както и силата на Знанието, ще разберете колко очевидно е това. Как можете да дарите нещо на някого, който мисли, че го притежава, когато в действителност той няма нищо? Няма да можете. И неговата бедност ще бъде самоналожена и самоподдържана.

Защо се нуждаете от учител? Защото трябва да учите. И също така трябва да забравите това, което сте научили и което ви задържа и ви връща назад. Днес в двете ви практически сесии със затворени за медитация очи си дайте отговор на въпроса, защо се нуждаете от Учител. Наблюдавайте всяка мисъл, която ви казва, че можете да се справите сами, ако сте достатъчно умни или силни, или притежавате някакви други квалификации. Ако тези очаквания се увеличат ги разпознайте заради това, което са. Те настояват, че вие продължавате да сте невежи провъзгласявайки себе си за самодостатъчен учител. Вие не можете да учите себе си на това, което не знаете и опита ви да го сторите отменя старата информация и ви застопорява още по-силно там, където сте.

Следователно в днешната практика разкрийте нуждата от истинско обучение и вашата съпротива, ако има такава, към присъствието на истинското обучение, което е възможно за вас сега.

Упражнение 47: *Две 30 мин. сесии.*

Стъпка 48

Истинското обучение е възможно за мен

Истинското обучение е налице. То ви е очаквало да достигнете до определена точка на зрялост, когато да реализирате необходимостта си от него. Това поражда истинска мотивация за учене. То е родено от разпознаване на вашето ограничение в светлината на което е вашата истинска нужда. Трябва да се обичате, за да станете ученици на Знанието и да продължите да се обичате, за да се движите напред. Няма друго препятствие да учите освен това. Без любов има страх, защото нищо друго не може да замести любовта. Но любовта не е заменена и истинска помощ е възможна за вас.

В днешните две медитативни сесии, се опитайте да почувствате присъствието на истинската помощ. В безмълвие и неподвижност, почувствайте това в живота си и около вас. Тези медитативни практики ще отворят голяма чувствителност във вас, напълно ново чувство. Вие ще започнете да разпознавате неща които са представени, дори когато не можете да ги видите. Ще можете да отговаряте на идеи и информация въпреки, че още не можете да чуете източника. Това е процес на креативно мислене, защото хората получават идеи; те не ги създават. Вие сте част от велик живот. Личният ви живот е средство за неговото проявление. Вашата индивидуалност се превръща в по-високо културивана и по-радостна, и не е повече затвор за вас, а форма на радостно проявление.

Истинската помощ е възможна за вас. Практикувайте днес чувствайки нейното трайно присъствие във вашия живот.

Упражнение 48: *Две 30 мин. сесии.*

Стъпка 49

ПРЕГОВОР

Това е краят на седем седмичната ви подготовка. В това Обобщение се изисква от вас да ревизирате всичките седем седмици практика, преглеждайки всички инструкции и припомняйки си преживяванията при използуване на всяка една от тях. Това може да изисква няколко по-дълги практически сесии, но е много важно за вас да разберете какво означава да бъдеш ученик и как учението всъщност е приключено.

Бъдете много внимателни, за да не съдите себе си като ученик. Вие нямате критерии, защото не сте учител на Знанието за себе си. С течение на времето ще разберете, че някои от неуспехите ви ще доведат до големи успехи както и че някои постижения, които смятате за ваши успехи могат да доведат до провали. Това ще подчертае цялата ви система на оценка и ще ви отведе до по-голямо разпознаване. Това ще ви изпълни със съчувствие към себе си и към другите, които сега осъждате за техните успехи и провали.

Обобщете първите 48 практически урока. Опитайте да си спомните как сте отговорили на всяка стъпка и колко дълбоко сте ангажирани в процеса на обучение. Опитайте да видите вашия успех, вашите постижения и пречки. Вие сте достигнали толкова далече напред. Поздравления! Преминахте първият тест. Бъдете окуражени, за да продължите напред, защото Знанието е във вас.

Упражнение 49: *Няколко дълги практически сесии.*

Стъпка 50

ДНЕС ЩЕ СЪМ СЪС ЗНАНИЕТО

Бъдете със Знанието днес, така че да имате сигурност и силата на Знанието да е на разположение за вас. Позволете на Знанието да ви дари със спокойствие. Позволете на Знанието да ви дари със сила и компетентност. Позволете на Знанието да ви обучава. Позволете на Знанието да разкрие вселената, както съществува, а не както вие я определяте.

В двете си днешни сесии, практикувайте в спокойствие, за да почувствате силата на Знанието. Не задавайте въпроси. Това не е необходимо сега. Не спорете със себе си за реалността на стремежите си, защото това е прахосничество и безсмислица. Не може да знаете преди да сте получили, а за да получите вие трябва да вярвате на вашата способност да знаете.

Днес бъдете със Знанието. В практическите си сесии, не позволявайте на нищо да ви разубеди. Бъдете само отпуснати и присъстващи. В тези упражнения ще разпознаете великото присъствие и то ще успокои страховете ви.

Упражнение 50: *Две 30 мин. сесии.*

Стъпка 51

Трябва да разбера страховете си, за да видя истината зад тях

Вашите пречки трябва да бъдат разбрани, за да можете да надникнете отвъд тях. Ако те са игнорирани и отхвърлени, ако са защитавани или назовавани с други имена, вие няма да разберете същността на вашето ограничение. Вие няма да разберете това, което ви подтиска. Вашият живот не е роден от страха. Вашият Източник не е роден от страха. За да разпознаете вашия страх, трябва да разберете, че сте част от нещо много по-голямо. Когато осъзнаете това, можете да се научите да сте обективни към вашия живот и да разберете моментното си състояние без самоосъждане, защото това е състоянието, в което трябва да се развивате. Трябва да започнете оттам, откъдето сте, а за да постигнете това, трябва да откриете вашите силни страни и вашите слабости.

В двете практически сесии днес, оценете съществуването на страховете и си напомнете, че вашата реалност е отвъд тях, но и че трябва да ги разпознаете, за да разберете пагубното им въздействие върху вашия живот. Затворете очи и повторете идеята за днес; след това разгледайте всеки страх, който се появи в мислите ви. Припомнете си, че всяка истина е отвъд този специфичен страх. Позволете на всеки страх да се покаже и да бъде оценен по този начин.

За да не се страхувате, трябва да разбирате страха – неговият механизъм, неговото въздействие върху хората и върху света. Трябва да разпознаете това без заблуда и пристрастие. Вие сте велики същества, работещи в ограничен контекст и ограничена среда. Разберете ограничеността на вашата среда, ограниченията на вашето средство и ще престанете да се мразите заради това, че сте ограничени.

Упражнение 51: *Две 30 мин. сесии.*

Стъпка 52

Аз съм свободен да открия източника на моето знание

Източникът на вашето Знание съществува както във вас, така и извън вас. Няма разлика къде е източникът на Знанието, защото той е навсякъде. Вие сте спасени, защото Бог е посял Знанието във вас. Но вие няма да разберете за вашето спасение, докато Знанието не излезе наяве и не ви отдаде даровете си. Коя друга свобода е безплатна освен тази, която ви позволява да получите подаръка на истинският живот? Всяка друга свобода ви прави хаотични и склонни да вредите на себе си. Велика свобода е да откриете своето Знание и да му позволите да се прояви чрез вас. Днес вие сте свободни да откриете източникът на вашето Знание.

В двете си практически сесии бъдете неподвижни и разкрийте изворът на вашето Знание. Помнете, че сте свободни да направите това. Независимо от страха и безпокойствата, независимо от други чувства на вина или срам, позволете на себе си да получите източника на Знанието. Днес вие сте свободни да получите източника на вашето Знание.

Упражнение 52: *Две 30 мин. сесии.*

Стъпка 53

МОИТЕ ДАРОВЕ СА ЗА ДРУГИТЕ

Вашите дарове са предназначени да бъдат дадени на другите, но първо трябва да ги разпознаете и да ги отделите от идеите, които ги спъват, преиначават и отхвърлят. Как бихте могли да разберете себе си освен в контекста на допринасянето си за другите? Нищо не можете да направите сами. Сами нямате никакво значение. Това е, защото не сте сами. Този факт ще бъде отчетен като товар и като заплаха, докато не оцените голямото му значение за вас, както и дара, който той представлява. Той е спасението във вашия живот. Когато животът ви възстанови, вие също ще възстановите живота и ще получите всички негови награди, които многократно надвишават това, което бихте могли да си подарите. Значението на вашия живот е консумирано и напълно демонстрирано посредством вашия принос за другите, защото докато приноса съществува, вие можете само отчасти да изразите себе си – вашата полезност, вашата цел, вашето значение и вашата посока.

В ДВЕТЕ ВИ ПРАКТИЧЕСКИ СЕСИИ ДНЕС, почувствайте желанието да допринасяте за другите. Не е нужно да определяте какво ще допринесете и не е нужно да определяте какво желаете да допринесете. Важно е желанието ви да служите, защото формата на приноса ви ще стане явна и също така ще се развие във времето. Това е вашето желание да допринасяте, породено от истинска мотивация, което ще ви направи радостни днес.

Упражнение 53: *Две 30 мин. сесии.*

Стъпка 54

Няма да бъда идеалист

Какво е идеализъм, ако не идеи за неща, на които се надяваме и които се базират на разочарование? Вашият идеализъм включва вас самите, вашите връзки и света, в който живеете. Това включва Бог, живота и всички сфери на изживяването, които можете да си представите. Идеализмът съществува, когато няма опит. Той може и да бъде от помощ в началото, защото би могъл да ви стимулира да се движите в правилната посока, но вие не трябва да ослъняте вашите заключения или вашата идентичност на него, защото само опитът може да ви даде това, което е истинско и което можете напълно да приемете. Не позволявайте на идеализма да ви води, защото само Знанието може да стори това.

В двете ви практически сесии днес, определете до къде се простира собственият ви идеализъм. Наблюдавайте внимателно какво искате да бъдете, какъв искате да бъде вашия свят и какви връзки бихте желали да имате. Повторете днешната идея и като затворите очи, разгледайте всички налични идеи. Въпреки че изглеждат полезни и наглед изразяват вашето желание за любов и хармония, на практика идеите ви задържат на място, защото заместват това, което наистина може да ви даде даровете, които търсите.

Упражнение 54: *Две 30 мин. практически сесии.*

Стъпка 55

ЩЕ ПРИЕМА СВЕТЪТ ТАКЪВ, КАКЪВТО Е

Идеализъм е опит за неприемане на света такъв, какъвто е. Той оправдава обвинението и осъждането, установява различни очаквания от живота, които не съществуват и ви прави податливи на големи разочарования. Вашият идеализъм укрепва вашето осъждане.

Днес приемете света какъвто е, а не какъвто искате да бъде. С приемането идва любовта, защото не можете да обичате един свят, какъвто вие искате да бъде. Можете да обичате само свят, който съществува такъв, какъвто е. Приемете себе си каквито сте и истинското желание за промяна и напредък естествено ще се появи във вас. Идеализмът оправдава осъждането. Разпознайте тази велика истина и ще поставите началото на непосредствено и дълбоко преживяване на живота, на това, което е истинско, което не е базирано на надежда от очакването, а е плод на истинско участие и ангажимент.

Следователно в двете си 30 мин. практически сесии днес се концентрирайте върху приемането на нещата точно такива, каквито са. Като правите това, вие не прощавате насилието, конфликта или невежеството, а само приемате условията, които съществуват, така че да можете да работите конструктивно заедно с тях. Без такова приемане, вие нямате отправна точка за истински ангажимент. Позволете на света да бъде точно такъв, какъвто е, защото това е светът, в който сте дошли да служите.

Упражнение 55: *Две 30 мин. сесии.*

Стъпка 56

ПРЕГОВОР

В ДНЕШНОТО ОБОБЩЕНИЕ, ПРЕРАЗГЛЕДАЙТЕ УРОЦИТЕ ОТ ПОСЛЕДНАТА седмица и вашето участие в тях. Опитайте се да разберете, че дори да изглежда бавен в началото, прогресът ви ще бъде налице. Вашата постоянна ангажираност ще ви даде зелена светлина да завършите това, което сте започнали.

НИЕ ОТНОВО ВИ НАПОМНЯМЕ ДА СЕ ВЪЗДЪРЖАТЕ ОТ себеосъждане във вашето Обобщение, ако не сте постигнали това, което сте очаквали от себе си. Осъзнайте какво е необходимо, за да следвате инструкциите, както са дадени и ангажирайте себе си с тях, колкото се може повече. Помнете, че се обучавате в процеса на учене и помнете, че се учите да възстановите вашето себеуважение и истинските си възможности.

УПРАЖНЕНИЕ 56: *Една продължителна практическа сесия.*

Стъпка 57

Свободата е с мен

Свободата съществува във вас, очаквайки да бъде пробудена, очаквайки да бъде проявена и приета, очаквайки да бъде изживяна и приложена на практика и очаквайки да бъде почетена и последвана. Вие, които сте живяли под бремето на собствените си фантазии, вие, които сте били затворници на собствените си мисли и на мислите на другите, вие, които сте били притеснявани и заплашвани от проявленията в този свят, имате сега надежда за истинската свобода, която съществува във вас. Тя ви очаква. Вие сте я донесли от Древния си Дом. Вие я носите с вас всеки ден и всеки момент.

През тази учебна програма вие се учите да отправяте взор към свободата и да загърбите страха и тъмнината на собствените си фантазии. В свободата ще намерите стабилност и постоянство. Това ще постави основата, върху която да градите любов и чувство на себезначимост, и тази основа няма да може да бъде разклатена от света, защото е по-велика от него. Тя не е рожба на страха от разделението. Тя е рожба на истината от вашето включване в живота.

Всеки час днес повтаряйте тази идея и отделете време, за да почувствате, че свободата е у вас. Като се доближавате до свободата през днешния ден, все по-добре ще разпознавате какво ви задържа. Ще разберете, че това не е нищо друго, освен привързаността към собствените ви мисли. Собственият ви интерес и фантазия ви задържат и възпрепятстват. Това разбиране ще намали вашето бреме и ще осъзнаете, че имате истински верен избор, който да направите. Това осъзнаване ще ви изпълни със сила, за да изпитате свободата днес.

В двете си дълбоки медитативни сесии, повторете днешната идея и се опитайте да успокоите съзнанието си, което е началото на свободата. Тази практика ще накара вашето съзнание да разхлаби оковите, с които я сковава – помнене на миналото, тревога за бъдещето и отбягване на сегашния момент. В спокойствието вашето съзнание се издига над всичко, което го принизява, скрито и изолирано в собствената си сянка. Днес ще разберете колко близо е свободата за вас, но трябва да бъдете спокойни, за да я получите. И колко голяма е наградата за вас, вие, които сте дошли на света носейки свободата с вас.

УПРАЖНЕНИЕ 57: *Две 30 мин. практически сесии.*
  Почасова практика.

Стъпка 58

Знанието е с мен

Днес Ние потвърждаваме присъствието на Знанието във вашия живот. Всеки час пожелавайте това твърдение и се опитайте да почувствате това присъствие. Вие трябва да го почувствате. Не можете да го породите в себе си, защото Знанието трябва да се почувства. В каквито и ситуации да сте днес, преговаряйте това потвърждение всеки час и се опитайте да почувствате неговото значение. Ще откриете, че съществуват много ситуации, които определяте като неподходящи за практика и които всъщност са напълно подходящи да практикувате. Така ще можете да ръководите вашите изживявания, за да посрещнете истинските си влечения и също така ще откриете, че всякакви условия са подходящи за истинска подготовка и приложение.

Опитайте да практикувате всеки час. Бъдете съзнателни. Не се притеснявайте, ако пропуснете някой час, само се концентрирайте и продължете практиката през останалите часове. Знанието е с вас днес. Бъдете със Знанието днес.

Упражнение 58: *Почасова практика.*

Стъпка 59

ДНЕС ЩЕ СЕ УЧА НА ТЪРПЕНИЕ

Много е трудно за едно измъчено съзнание да бъде търпеливо. Много е трудно за едно неспокойно съзнание да бъде търпеливо. Много е трудно за едно съзнание, което търси своята значимост в съвременните неща да бъде търпеливо. Търпеливост е нужна за осъществяване на по-значими неща, защото за това е нужно голямо приложение. Мислете за живота си като за дългогодишно развитие, а не като за моментна сензация и печалба. Знанието не е само стимул. То е дълбочината на силата, която е универсална и вечна, и неговото величие ви е дадено да го получите и да го дарите.

Практикувайте всеки час днес потвърждавайки, че се учите да бъдете търпеливи и ще бъдете наблюдатели, а не обвинители на живота си. Потвърдете, че ще се научите да бъдете обективни относно вашите възможности и събития, така че да можете да ги използувате по-точно и по-естествено.

Учете се на търпение и го правете търпеливо. По този начин ще се движите по-бързо, по-уверено и по-любящо.

Упражнение 59: *Почасова практика.*

Стъпка 60

ДНЕС НЯМА ДА ОБВИНЯВАМ СВЕТА

Без вашите обвинения, Знанието може да посочи какво трябва да вършите и какво трябва да разберете. Знанието представлява по-висша присъда, която е много по-различна от вашата, защото не се базира на страха. То не притежава гняв. Неговата цел е да служи и да помага. Това е като да дадете истинско познание на моментното състояние на всяка личност без омаловажаване на тяхното значение или на тяхната съдба.

Днес не съдете света, за да можете да го видите и да го приемете такъв, какъвто е в действителност. Позволете на света да бъде точно такъв, какъвто е, за го познаете. Когато го опознаете, вие ще осъзнаете колко сте нужни на света и колко много искате да му дадете. Светът не се нуждае от обвинение. Той се нуждае от служба. Той се нуждае от истина. И най-вече, той се нуждае от Знание.

Всеки час днес, погледнете на света без обвинение. Повторете потвърждението за днес и прекарайте момент наблюдавайки света без обвинение. Без значение какво виждате, дали е приятно или не за вас, дали го намирате за красиво или грозно, дали си мислите, че е ценно или не, наблюдавайте без осъждане.

Упражнение 60: *Почасова практика.*

Стъпка 61

ЛЮБОВТА СЕ ПРЕДАВА ЧРЕЗ МЕН

Любовта се предава чрез вас, когато сте готови да бъдете средство за нейното проявление. Вие не трябва да се опитвате да бъдете любящи, за да успокоите чувството за собствената си некомпетентност или вина. Не трябва да се опитвате да бъдете любящи, за да получите одобрението на другите. Не трябва да подсилвате чувството си на безпомощност и непълноценност чрез опити да покажете щастливо или доброжелателно отношение към тях. Любовта във вас ще се прояви сама, защото е родена от Знанието във вас, част от което е и тя самата.

Всеки час днес, когато наблюдавате света, открийте, че любовта във вас ще говори за себе си. Ако не съдите, ако сте способни да бъдете със света такъв, какъвто е, ако можете да сте присъстващи с другите, каквито са те наистина, любовта във вас ще говори сама. Не се опитвайте да я подтикнете да говори за вас. Не се опитвайте да я подтикнете да изрази ваши желания и нужди, защото любовта сама ще говори чрез вас. Ако сте присъстващи за любовта, вие ще сте присъстващи в света и любовта ще говори чрез вас.

Упражнение 61: *Почасова практика.*

Стъпка 62

ДНЕС ЩЕ СЕ УЧА ДА СЛУШАМ ЖИВОТА

Ако вие сте присъстващи в света, ще можете да чуете света. Ако сте присъстващи в живота, ще можете да чуете живота. Ако сте присъстващи за Бог, ще можете да чуете Бога. Ако сте присъстващи в себе си, ще можете да чуете себе си.

Следователно днес практикувайте слушане. Всеки час днес практикувайте слушане на света около вас и във вас. Повторете твърдението и го практикувайте. За това е нужен само един момент. Ще откриете, че независимо от обстоятелствата, ще имате време да практикувате днес. Не позволявайте на обстоятелствата да ви доминират. Можете да практикувате в тях. Можете да намерите начин да практикувате без да предизвиквате смущение или неразбиране от другите. Без значение дали сте сами или във взаимодействие с някой, можете да практикувате днес. Практикувайте всеки час. Практикувайте слушане. Практикувайте да бъдете присъстващи. Истинското слушане означава да не съдите. Това означава да сте наблюдателни. Помнете, вие развивате умения на съзнанието, които ще са ви необходими, за да давате и получавате величието на Знанието.

УПРАЖНЕНИЕ 62: *Почасова практика.*

Стъпка 63

Преговор

Както и в предишните обобщения, преразгледайте упражненията от предходната седмица и открийте докъде сте напреднали и как можете да увеличите и подчертаете вашият прогрес. Вашата практика беше разширена. Тя е дошла с вас на света, за да бъде приложена във всяка ситуация, без значение от вашето емоционално състояние, без значение от емоционалното състояние на тези, които ви влияят и без значение от това къде сте и какво правите. Така всичко става част от практиката ви. Тогава вместо да бъде страшно място, което ви потиска, светът се превръща в полезно място, където Знанието се култивира.

Преценете силата, която ви е дадена, когато можете да практикувате без значение от вашето емоционално състояние, защото вие сте по-велики от вашите емоции и не трябва да ги потискате, за да го оцените. За да станете обективни с вашите вътрешни състояния, трябва да действате оттам, откъдето можете да ги наблюдавате и където те няма да ви доминират. Това ще ви помогне да сте присъстващи и ще ви даде истинска състрадателност и разбиране. Тогава няма да сте тирани за себе си и тиранията в живота ви ще бъде прекратена.

В единствената ви практическа сесия днес, оценете предишната седмица толкова внимателно, колкото е възможно, без да съдите. Не забравяйте, че се учите как да практикувате и как да развивате уменията си. Не забравяйте, че сте ученици. Бъдете начални ученици, защото началните ученици правят много малко предположения и желаят да научат всичко.

Упражнение 63: *Една дълга практическа сесия.*

Стъпка 64

Днес ще слушам другите

В ТРИ РАЗЛИЧНИ ПЕРИОДА ДНЕС, се упражнявайте да слушате другите. Слушайте без оценяване и осъждане. Слушайте без да разконцентрирате вашето съзнание от нещо друго. Само слушайте. Упражнявайте се с три различни личности днес. Упражнявайте се в слушане. Бъдете спокойни, когато слушате. Опитайте се да чувате зад техните думи. Опитайте да виждате зад тяхната външност. Не ги поставяйте в имиджови рамки. Само слушайте.

Упражнявайте се в слушане на другите. Не се ангажирайте с това, което чувате. Не трябва да отвръщате неподходящо на другите, ако ви говорят, защото това е вашата практика днес. Вие ще ангажирате цялото си съзнание в този разговор. Практикувайте слушане без говорене. Позволете на другите да се изкажат пред вас. Ще разберете, че те имат по-добра комуникация с вас, отколкото сте мислили в началото. Не трябва да отдавате значение на това. Само практикувайте слушане днес, така че да можете да чуете присъствието на Знанието.

УПРАЖНЕНИЕ 64: *Три практически сесии.*

Стъпка 65

ДОШЪЛ СЪМ НА СВЕТА, ЗА ДА РАБОТЯ

ВИЕ СТЕ ДОШЛИ НА СВЕТА, ЗА ДА РАБОТИТЕ. Дошли сте на света да учите и да допринасяте за другите. Дошли сте от място на почивка на място, в което трябва да работите. Когато си свършите работата, вие ще отидете вкъщи и ще почивате. Това ще ви бъде разкрито от Знанието, когато сте готови за него.

ЗАСЕГА, ПРАКТИКУВАЙТЕ В НАЧАЛОТО НА ВСЕКИ ЧАС. Казвайте си, че сте дошли на света, за да работите и си дайте минута, за да почувствате тази реалност. Вашата работа е много по-велика от това, което вършите в социален аспект. Вашата работа е много по-велика от това, което се опитвате да направите с хората и за хората. Вашата работа е по-велика от това, което се опитвате да свършите за вас самите. Разберете, че все още не знаете каква е вашата работа. Тя ще ви бъде разкрита и вие ще се разгърнете за нея, но разберете, че сте дошли на света, за да работите. Това ще укрепи силите, целта и съдбата ви. Това ще укрепи реалността на Истинския ви Дом, от който сте донесли даровете си.

УПРАЖНЕНИЕ 65: *Почасова практика.*

Стъпка 66

ЩЕ ПРЕСТАНА ДА СЕ ОПЛАКВАМ ОТ СВЕТА

Оплакването от света означава, че той не отразява вашият идеализъм. Оплакването значи, че още не сте наясно, че сте тук за да работите. Оплакването от света не ви помага да разберете неговите затруднения. Оплакването от света означава, че не сте разбрали същността на света. Вашите оплаквания индикират, че някои очаквания са ви разочаровали. Тези разочарования са ви необходими, за да започнете да разбирате света такъв, какъвто е, както и себе си такива, каквито сте.

В НАЧАЛОТО НА ВСЕКИ ЧАС, ПОТВЪРДЕТЕ ТОВА пред себе си и се упражнявайте. Всеки час изживейте минута, в която не се оплаквате от света. Не пропускайте часове без да опитате това и бъдете присъстващи в упражненията. Оценете размера на оплакванията на другите от света, колко малко им дава това и колко малко дава то на света. Светът вече е осъждан от тези, които живеят в него. За да бъде обичан и култивиран света, неговите затруднения трябва да бъдат разпознати и неговите възможности трябва да бъдат приети. Кой може да се оплаква, когато условията са налице и когато Знанието може да бъде използвано и отдадено? Светът се нуждае само от Знание и от проявление на Знанието. Как това може да бъде повод за укори и порицания?

УПРАЖНЕНИЕ 66: *Почасова практика.*

Стъпка 67

Не зная какво искам за света

Вие не знаете какво искате за света, защото не го разбирате и още не можете да видите неговите трудности. Когато осъзнаете, че не знаете какво искате за света, това ще ви мотивира да го наблюдавате отново. Това е същността на вашето разбиране. Това е същността и за вашето благоденствие. Вие ще се разочаровате от света, ако не го разбирате правилно. Вие ще разочаровате себе си, само ако сте погрешно разбрани. Вие сте дошли на света да се трудите. Разберете възможностите, които ви дава това.

Практикувайте всеки час днес във всякакви ситуации. Изкажете това твърдение и се опитайте да схванете неговата вярност. Вие не знаете какво искате за света, но вашето Знание е наясно, какво трябва да бъде дадено. Без да се опитвате да заместите Знанието с ваш собствен модел за света, Знанието ще се прояви свободно без затъмнение и вие и света ще бъдете големите наследници на неговите дарове.

Упражнение 67: *Почасова практика*.

Стъпка 68

Няма да губя вяра в себе си днес

Не губете вяра в себе си днес и продължете практиката си. Продължете намерението си да учите и не правете заключения. Бъдете отворени и уязвими. Истината съществува, без да се опитвате да бъдете силни. Опитайте се да я получите.

Всеки час си напомняйте, че няма да изгубите вяра в себе си днес. Не губете вяра в Знанието, в присъствието на вашите Учители, в благотворителността на живота си или във вашата мисия на света. Дайте възможност на всички тези неща да се потвърдят, за да разкрият целия си потенциал за вас с течение на времето. Ако сте присъстващи за тях, те ще бъдат толкова очевидни за вас, че ще ги забелязвате и чувствате във всяко нещо. Вашата визия за света ще се промени и цялата ви енергия и сила ще се обединят, за да се проявят.

Не губете вяра в себе си днес.

Упражнение 68: *Почасова практика.*

Стъпка 69

ДНЕС ЩЕ ПРАКТИКУВАМ СПОКОЙСТВИЕ

В ДВЕТЕ ВИ ПРАКТИЧЕСКИ СЕСИИ ДНЕС се упражнявайте в спокойствие. Нека медитацията ви бъде дълбока. Потопете се в нея напълно. Не започвайте да медитирате с изисквания и очаквания. Започнете медитацията и й се отдайте изцяло. Това е храм на Чистия Дух във вас, към който се стремите. Във вашите практически сесии, бъдете присъстващи и спокойни. Потопете се в лукса на празнотата. Присъствието на Бог може да бъде почувствано най-напред в празнотата, защото там няма движение и в това спокойствие ще започнете да чувствате присъствието, което прониква във всички неща и дава всички значения на живота.

ПРАКТИКУВАЙТЕ СПОКОЙСТВИЕ ДНЕС, така че да разберете.

УПРАЖНЕНИЕ 69: *Две 30 мин. сесии.*

Стъпка 70

Преговор

Днес е края на десет седмичната практическа сесия. Поздравления! Вие стигнахте толкова далеч напред. Да бъдете истински ученици значи, да следвате стъпките, които са дадени. За да постигнете това, вие трябва да уважавате себе си, да уважавате източника на инструкциите, да осъзнаете ограниченията си и да оценявате вашите силни страни. Така че днес е ден на почит и признание за вас.

Преговорете практиката от последните три седмици. Прочетете отново инструкциите и си припомнете всяка практическа сесия. Припомнете си какво сте дали и какво не сте. Почитайте вашите участия и се опитайте да ги заздравите днес. Задълбочете решимостта си да имате Знание и задълбочете опита си да бъдете истински последователи, така че в бъдеще да се научите да бъдете истински лидери. Задълбочете вашето изживяване да бъдете истински приемници, така че да бъдете и истински дарители.

Нека този ден на обобщение да бъде ден на чест за вас и ден, който укрепва вашия ангажимент. Откровено преценете вашето участие. Оценете напредъка и неуспеха си. Успехите ще ви окуражат, а неуспехите ще ви научат какво трябва да сторите, за да задълбочите вашето изживяване. Това е ден на почит за вас, вие, които сте почетени.

Упражнение 70: *Няколко дълги практически сесии.*

Стъпка 71

Аз съм тук, за да служа на велика цел

Вие сте тук, за да служите на велика цел, извън обикновеното оцеляване и задоволяване с неща, които може да мислите, че желаете. Това е истина, защото вие имате духовна същност. Вие имате духовна същност и духовна съдба. Провалите в този живот са неуспех да откликнете на духовната си същност, която е манипулирана и погубена от религиите във вашия свят, която е пренебрегвана и отричана от науката във вашия свят. Вашата природа е духовна. Вашата голяма цел е да служите. Когато вярвате на вашия стремеж към тази цел, ще можете да я доближите. Когато се почувствате уверени, че тя представлява истински извор на любов, тогава ще започнете да се отваряте за нея и това ще бъде началото на великото завръщане за вас.

В двете си медитативни практики днес, опитайте да се отворите за присъствието на любовта във вашия живот. Седнете спокойно и дишайте дълбоко, като се опитвате да почувствате присъствието на любовта, която изразява присъствието на великата цел във вашия живот.

Упражнение 71: *Две 30 мин. сесии.*

Стъпка 72

ДНЕС ЩЕ ВЯРВАМ НА НАЙ-ДЪЛБОКИТЕ СИ ВЛЕЧЕНИЯ

Вярвайте на най-дълбоките си влечения, защото те заслужават доверие, но и се учете да ги забелязвате и разпознавате от многото други желания и импулси, които изпитвате и които ви влияят. Вие можете да научите това само от собствен опит. Можете да научите това, защото вашите най-дълбоки влечения винаги ви водят към пълноценни връзки и ви държат далеч от изолация или от противоречиви обещания. Вие трябва да практикувате това, за да го разберете, а това ще отнеме време, но всяка стъпка в тази посока ще ви приближава до източника на любовта в живота ви и ще ви демонстрира Великата Сила, която ви очаква, на която трябва да служите и която да се учите да получавате.

В ДВЕТЕ ВИ ПРАКТИЧЕСКИ СЕСИИ ДНЕС, в тишина и спокойствие получете тази Велика Сила и вярвайте на най-дълбоките си влечения, както и правите. Опитайте да се концентрирате напълно през тези две практически сесии, оставяйки всичко друго настрана. Опитайте да познаете най-дълбоките си влечения, на които трябва да се учите да вярвате.

УПРАЖНЕНИЕ 72: *Две 30 мин. сесии.*

Стъпка 73

ЩЕ ПОЗВОЛЯ НА ГРЕШКИТЕ МИ ДА МЕ УЧАТ

Като позволите на вашите грешки да ви инструктират, вие ще ги направите ценни за вас. Те не биха имали стойност без това и щяха да са знак срещу вас в собствените ви оценки. В този случай използуването на грешки за поучаване, е възползуване от собствените ви ограничения, за да ги накарате да посочат пътя към величието. Бог желае от вас да се учите от грешките си и така да се учите от величието на Бог. Това се прави, не за да ви омаловажи, а да ви въздигне. Вие сте извършили много грешки, но и много още грешки предстои да извършите. Сега ние желаем да ви инструктираме, за да ви предпазим от повтаряне на грешки, както и да ви разкрием, че можете да се учите от тях.

Всеки час днес си повтаряйте, че желаете да учите от вашите грешки и почувствайте за момент какво означава това. Оттук, през периодите на практиката ви днес, ще започнете да разбирате изявлението, което правите и ще можете да откриете какво ще последва от това. Ако имате желание да се учите от грешките си, няма да се притеснявате когато ги разпознавате. След това ще искате да ги разберете, не да ги отричате или да ги назовавате с различни имена, а да ги признаете за вашето собствено добро. От това признание, вие ще можете да помогнете и на другите за завръщане на Знанието, защото те също трябва да знаят и да се учат от грешките си.

Упражнение 73: *Почасова практика.*

Стъпка 74

ДНЕС СПОКОЙСТВИЕТО Е С МЕН

Днес спокойствието е с вас. Бъдете спокойни и получете неговата благословия. Бъдете в мир с всичко, което ви безпокои. Бъдете с тежкия си товар. Бъдете и не търсете отговори. Бъдете и не търсете разбиране. Бъдете и търсете неговата благословия. Мирът не може да се намеси в конфликтен живот, но вие можете да започнете мирен живот. Вие търсите спокойствие, което ви очаква и в него вашият товар ще бъде намален.

В ДВЕТЕ ВИ ДЪЛГИ ПРАКТИЧЕСКИ СЕСИИ ДНЕС, се упражнявайте в спокойствие и бъдете в мир. Позволете си да имате този дар днес и ако някаква мисъл ви разсейва, си припомнете вашето велико достойнство – цената на вашето Знание и цената на вашия Аз. Знайте, че желаете да се учите от вашите грешки и че не трябва да се идентифицирате с тях, а само да ги използувате като ценен ресурс за вашето развитие, за което могат да ви бъдат от полза.

ПРАКТИКУВАЙТЕ ПРИЕМАНЕ. Отворете се повече днес. Ако е необходимо, оставете настрана за последващо обмисляне всички неща, които ви занимават в момента. Днес спокойствието е с вас. Днес бъдете в мир.

УПРАЖНЕНИЕ 74: *Две 30 мин. сесии.*

Стъпка 75

ДНЕС ЩЕ СЛУШАМ СЕБЕ СИ

СЛУШАЙТЕ СЕБЕ СИ ДНЕС, не малкия ви аз, който постоянно се оплаква, притеснява, учудва се и желае, а по-големия Аз във вас. Слушайте по-големия Аз във вас, който е Знание, който е обединен с вашите Духовни Учители, който е обединен с вашето Духовно Семейство и който съдържа вашата цел и вашето призвание в живота. Не слушайте, за да задавате въпроси, а за да се учите да слушате. И когато слушането ви се задълбочи с времето, вашият истински Аз ще започне да ви говори, ако това е необходимо, и вие ще можете да слушате и да отговаряте без объркване.

В ДВЕТЕ ВИ ПРАКТИЧЕСКИ СЕСИИ ДНЕС, упражнявайте слушане на себе си. Няма нужда от въпроси. Това не е необходимо. Трябва да развивате слушане. Слушайте истинския си Аз днес, така че да можете да учите за това, което Бог знае и обича.

УПРАЖНЕНИЕ 75: *Две 30 мин. практически сесии.*

Стъпка 76

НЯМА ДА СЪДЯ НИКОГО ДНЕС

Без осъждане, вие можете да виждате ясно. Без осъждане, вие можете да учите. Без осъждане, вашето съзнание се отваря. Без осъждане, вие разбирате себе си и можете да разбирате другите.

Всеки час днес повтаряйте това изявление, като наблюдавате себе си и света около вас. Повтаряйте това изявление и почувствайте неговото въздействие. Оставете вашите осъждания за няколко минути и почувствайте разликата и изживяването, което това ще ви донесе. Не съдете никого днес и позволете на другите да ви се разкрият. Без осъждане, вие няма да страдате под вашата корона от тръни. Без осъждане, вие ще почувствате присъствието на вашите Учители, които ви подкрепят.

Бъдете последователни във вашите почасови практики. Ако пропуснете някой час си простете и се пренастройте отново. Грешките са, за да ви учат, да ви направят по-силни и да ви посочват какво трябва да бъде изучавано.

Без значение какво учат другите, без значение как някой би могъл да накърни чувствата ви, ценностната ви система или самочувствието ви, не го осъждайте днес.

Упражнение 76: *Почасова практика.*

Стъпка 77

ПРЕГОВОР

Във вашето Обобщение днес, още веднъж преразгледайте упражненията и инструкциите от изминалата седмица. Още веднъж проучете качествата, които ви помагат във вашата подготовка, както и тези, които са ви попречили да се готвите. Наблюдавайте тези неща обективно. Учете се да укрепвате онези аспекти във вас, които насърчават и усилват участието ви във възстановяване на Знанието и се научете да променяте и коригирате онези качества, които ви пречат. За да имате Мъдрост, вие трябва да разпознаете и двете. Трябва да се учите както от истината, така и от грешките си. Трябва да вършите това, за да прогресирате и да служите на другите. Докато не се учите от грешките и не ги наблюдавате обективно, докато не разберете как са се появили и как могат да бъдат отстранени – докато не научите тези неща – няма да знаете как да служите на другите и техните грешки ще ви гневят и разочароват. Със Знанието очакванията ви ще бъдат в хармония с природата на някой друг. Със Знанието ще се научите как да служите и ще забравите да осъждате себе си и другите.

Упражнение 77: *Една продължителна сесия.*

Стъпка 78

Нищо не мога да направя сам

Нищо не можете да направите сами, защото не сте сами. Ако сте сами, вие няма да откриете голямата истина, която ще изисква голяма мисъл и опит. Не се опитвайте да я подценявате, защото тя е велика. Необходимо е да я изучавате и изследвате.

Всеки час днес повтаряйте това и се опитайте да оцените неговото влияние. Правете това във всякакви ситуации, защото с времето ще научите как да практикувате във всякакви ситуации, както и че всяка ситуация може да е от полза за практиката ви и още как практиката ви може да е от полза в дадена ситуация.

Нищо не можете да направите сами и в днешната ви практика ще получите подкрепата на Духовните ви Учители, които ще ви отдадат от своята сила. Вие ще почувствате това, когато отдавате собствената си сила. Ще разберете собствената си сила и тогава вашата воля ще ви позволи да продължите напред и да проникнете през обвивката на собственото си неразбиране, да разберете източника на вашето Знание и източника на връзките ви в живота. Приемете ограниченията си, защото сами не можете да направите нищо, но имате всички необходими неща в живота си, за да служите. Чрез службата си за другите през вашия живот, вие сте оценени и прославени.

Упражнение 78: *Почасова практика.*

Стъпка 79

ЩЕ ПОЗВОЛЯ НА СЪМНЕНИЯТА ДА МЕ ОБЗЕМАТ ДНЕС

Да се съмнявате означава, да имате голяма вяра. Това значи, че друга форма на сигурност се надига във вас. Ако ви обземе съмнение, това значи, че сте станали честни, защото не сте сигурни в истината. Позволявайки на съмнението да съществува е показател, че сте станали търпеливи, защото търпеливостта ще ви помогне да възвърнете вашата увереност. Ако позволявате на съмнението да съществува, значи сте станали толерантни. Вие вече не съдите и се превръщате в наблюдатели на живота във вас и около вас. Приемете съмнението днес, за да можете да се учите. Без предположения, вие ще търсите Знанието. Без осъждане, вие ще откриете истинските си нужди.

Всеки час днес повторете днешното твърдение и открийте какво означава то. Изследвайте го със собствените си чувства и в светлината на това, което виждате в света около вас. Съмнението съществува, докато вие сте уверени. Ако му позволите да съществува, вие можете да позволите на Бог да ви служи.

Упражнение 79: *Почасова практика.*

Стъпка 80
МОГА ДА ПРАКТИКУВАМ

Можете да практикувате. Животът е практика. Ние само променяме курса на вашата практика, за да служи както на вас, така и на другите. Практикувайте по всяко време, постоянно, отново и отново. Вие практикувате объркване и осъждане, вие практикувате проектиране на обвинението, вие практикувате вина, разделение и непостоянство. Вие подсилвате осъждането като продължавате да му отдавате значение. Вие практикувате омраза към себе си като продължавате да и въздействате. Ако се вгледате в живота си обективно за момент ще видите, че целият ви живот е практика.

Следователно, практикувайте без значение дали имате учебен план или не, дали печелите от това или не. Ние ви осигуряваме учебен план, по който да се ръководите в практиката си. Този план ще замени практиките, които са ви объркали и подценявали, които са ви вкарвали в конфликт или са ви водили към грешки и опасности. Ние ви дадохме прекрасни упражнения, така че да не практикувате тези неща, които подценяват вашите ценности, вашата увереност и сигурност.

В двете си медитативни сесии днес повторете твърдението, че можете само да практикувате и след това практикувайте спокойствие и възприемчивост. Засилвайте практиката си и ще потвърдите това, което Ние казваме. Вие можете само да практикувате. Затова практикувайте за добро.

Упражнение 80: *Две 30 мин. сесии.*

Стъпка 81

ДНЕС НЯМА ДА СЕ ЗАБЛУЖДАВАМ

Всеки час днес си казвайте това и почувствайте неговото значение. Укрепвайте вашето посвещение в Знанието. Не попадайте в клопката на самозаблудите. Не се подвеждайте от лекотата и комфорта на предположенията или вярванията на другите. Не приемайте неопределеността за истина. Не приемайте външността, като израз на същността на някого. Не приемайте обикновената представа за себе си. Ако го допуснете, значи не оценявате себе си и живота, и сте прекалено отпуснати, за да продължите да се справяте с трудностите в живота си.

Вие трябва да приемете несигурността, за да откриете Знанието. Какво значи това? Това значи да изоставите празните предположения, комфортните идеи и лукса на самообвиненията. Защо самообвинението е лукс? Защото е лесно и не изисква от вас да изследвате истината. Вие го допускате, защото то е приемливо в този свят и ви дава възможност да говорите за него с вашите приятели. То провокира съчувствие. Следователно, то е лесно и слабо.

Не се заблуждавайте днес. Опитайте се да изследвате мистерията и истината в живота си. Всеки час си повтаряйте идеята и почувствайте нейното значение. Също днес, в две дълги сесии, си повторете изявлението и се отдайте на спокойствие, и възприемчивост. До сега, вие учехте как да се готвите и да бъдете спокойни – използувайки дишането си, концентрирайки съзнанието си, отказвайки се от мислите и напомняйки си, че можете да се справите. Напомняйте си за целта, която се опитвате да постигнете. Не се заблуждавайте днес. Не се отдавайте на това, което е лесно и болезнено.

УПРАЖНЕНИЕ 81: *Две 30 мин. сесии.*
                     Почасова практика.

Стъпка 82

НЯМА ДА СЪДЯ НИКОГО ДНЕС

Ще практикуваме този урок още веднъж и ще го правим през определени интервали от време. Осъждането е решение да не знаете. То е решение да не виждате. То е решение да не слушате. То е решение да не бъдете спокойни. То е решение да следвате удобни шаблони на мислене, които поддържат съзнанието приспано, а вас изгубени на света. Светът е пълен с грешки. Та как би могло да бъде иначе? Следователно, той не заслужава вашето осъждане, а конструктивната ви помощ.

Днес не съдете никого. Повтаряйте това всеки час и го осъзнайте. Повтаряйте го и през двете медитативни практики, а след това бъдете спокойни и възприемащи. Днес не съдете никого, за да бъдете щастливи.

УПРАЖНЕНИЕ 82: *Две 30 мин. сесии.*
Почасова практика.

Стъпка 83

Оценявам Знанието над всички неща

Ако можете да изпитате дълбочината и силата на това изявление, вие ще се освободите от всички връзки и окови. То ще изтрие всички конфликти от мисълта ви. То ще прекрати напълно всичко, което ви притеснява и обърква. Вие няма да разглеждате дадена връзка като форма на надмощие или наказание. То ще ви даде напълно нов възглед и основа на разбирането ви, както и на отношението ви към другите. То ще ви даде рамка на отдаване, в която ще можете да се развивате ментално и физически, запазвайки перспективата си занапред. Какво може да ви разочарова, ако не злоупотребата с вашите възможности? Какво ви наскърбява и дразни, ако не злоупотребата с възможностите на другите?

Оценявайте Знанието. То е извън вашите разбирания. Последвайте Знанието. То ви води по пътища, по които вие никога не сте вървели. Вярвайте на Знанието. То ви връща обратно към вас самите. Вярата винаги е преди разбирането. Следователно, участвайте със Знанието.

Подсещайте се всеки час. Опитайте да бъдете много последователни. Не забравяйте да акцентирате върху това, че оценявате Знанието над всички други неща. В двете си медитативни практики, изразете това изказване и след това в спокойствие и неподвижност се опитайте да получавате. Не използвайте тези практики за получаване на отговори или информация, а опитайте да бъдете тихи, защото спокойното съзнание може да учи всичко и да знае всичко. Думите са само форма на комуникация. Сега вие се учите да комуникирате, защото съзнанието ви е отворено за велико общуване.

Упражнение 83: *Две 30 мин. сесии.*
Почасова практика.

Стъпка 84

ПРЕГОВОР

Обобщете упражненията и инструкциите от изминалата седмица. Обобщете прогреса си обективно. Дайте си сметка колко много можете да научите. Сега вашите стъпки са малки, но значителни. Малките стъпки ще ви водят по дългия път. Не се очаква от вас да правите големи стъпки, но въпреки това, всяка малка стъпка ще изглежда като голям скок, защото ще ви даде много повече, отколкото сте имали досега. Външният ви живот ще бъде реаранжиран, когато вътрешния ви живот започне да се показва и да ви осветява. Запазете фокуса си и приемете промяната във външния си живот, защото това е за ваше добро. Само ако Знанието е опетнено, грешката ще бъде видна за вас. Това ще ви отведе до ефективно действие. Ако Знанието не е засегнато от промяната около вас, тогава и вие не трябва да бъдете. С течение на времето ще достигнете спокойствието на Знанието. Вие ще споделите това спокойствие, неговата увереност и неговите истински дарове.

Следователно осъществете вашето обобщение в една дълга практическа сесия днес, като акцентирате и разграничавате. Не пропускайте да признаете учебния процес.

УПРАЖНЕНИЕ 84: *Една дълга практическа сесия.*

Стъпка 85

ДНЕС ЩЕ ОТКРИЯ ЩАСТИЕТО В МАЛКИТЕ НЕЩА

Вие ще откривате щастието в малките неща, защото щастието е във вас. Ще откривате щастието в малките неща, защото се учите да бъдете мълчаливи и наблюдателни. Ще откривате щастието в малките неща, защото вашият ум е станал възприемчив. Ще изпитате щастието в малките неща, защото сте присъстващи в обстоятелствата и ситуациите, в които се намирате. Малките неща могат да носят важни съобщения, ако сте внимателни. Тогава малките неща няма да ви вбесяват.

Спокойният ум е възприемчив и усещащ ум. Спокойният ум е ум, който се учи да бъде в мир. Спокойствието и мира не са пасивни състояния. Това са състояния на най-голяма активност, защото ангажират живота ви с голяма цел и интензивност, синхронизирайки и насочвайки цялата ви сила и жизненост. Всичко това идва от спокойствието. Бог е спокоен, но всичко, което е от Бог е генерирано в конструктивно и еднообразно действие. То дава форма и насока на всички значителни връзки. Вашите Учители са с вас, защото има План, който трябва да се осъществи.

Два пъти днес практикувайте спокойствие в дълбока медитация. Прегледайте и изкажете днешните учебни твърдения, и ги осмислете. Отдайте днешния ден на практиката, така че практиката да се влее във всички останали ваши дейности.

Упражнение 85: *Две 30 мин. практически сесии.*
                     Почасова практика.

Стъпка 86

АЗ ПОЧИТАМ ТЕЗИ, КОИТО СА МИ ДАЛИ НЕЩО

Като почитате тези, които ви дават, вие ще генерирате признателност, която е началото на истинската любов и оценка. Днес в дълбоките си практически сесии, ще трябва да мислите за хората, които са ви дали нещо, ще трябва само да мислите за тях и нищо повече. От вас се изисква да оцените това, което те са сторили за вас. Запитайте се и за тези от тях, които са ви ядосали или разстроили. Запитайте се как са ви помогнали за завръщането на Знанието. Не използвайте фалшиви доказателства срещу вашите чувства. Опитайте се да разберете помощта, която са ви дали, независимо от вашите чувства към тях, дори и тези чувства да не са толкова добри. Вие може би сте ядосани или разстроени от някой, който познавате и който ви е помагал по някакъв начин. Между другото, вие бихте могли да сте ядосани и на този учебен план, който желае единствено и само да ви служи. Защо това може да ви ядоса? Защото Знанието отмива всичко, което стои на пътя му. Ето защо, вие понякога сте ядосани и не знаете причината за това.

Бъдете предело фокусирани в двете ви практически сесии. Концентрирайте се и използвайте силата на вашата мисъл. Мислете за тези личности, които са ви помагали. Ако някои от тях, за които не мислите, че са ви помагали, се появят в мислите ви, си помислете как те също по някакъв начин са ви помагали. Нека това бъде ден на признание. Нека това бъде ден на възмездие.

Упражнение 86: *Две 30 мин. практически сесии.*

Стъпка 87

Няма да се страхувам от това, което знам

Всеки час днес си повтаряйте това изявление и оценете неговото значение. Всеки час ще учите да отхвърляте страха от живота си, защото Знанието ще прогони всички страхове и по този начин освободени от тях, вие ще позволите на Знанието да се прояви. Вярвайте в това, което знаете. Това е за ваше голямо добро. Вие вероятно сте много ядосани и неуверени в себе си, но това не е по отношение на Знанието. Това е насочено към вашия индивидуален ум, който не е в състояние да разбере голямата цел в живота ви. Той не може да отговори на най-важните ви въпроси и да осигури увереност, цел, значение и посока в живота ви. Отдайте почит на това, което е сигурно и непогрешимо, и учете също така да ги различавате.

В две дълги практически сесии днес, се упражнявайте на освобождаване от страха, така че да можете да знаете. Като позволите на мисълта си да бъде спокойна и приемаща, без да изисква нищо, вие ще дадете израз на вашата вяра в Знанието. Това ще ви осигури отдих от страданията и омразата на света. Така ще започнете да виждате един различен и непознат за вас свят.

Упражнение 87: *Две 30 мин. практически сесии.*
Почасова практика.

Стъпка 88

Моят Истински Аз не е личност

Често съществува объркване по отношение на вашия Истински Аз и на Духовните ви Учители. Това е трудно за осмисляне от гледна точка на разделението. Когато мислите за живота като за среда на развиващи се връзки, вие започвате да изживявате и разпознавате, че вашия Истински Аз, е част от голямата мрежа на връзките. Той е тази част от вас, която не е отделена, а е свързана по някакъв начин с другите. Следователно вашият Истински Аз е свързан с Истинския Аз на вашите Учители. Те не притежават двойственост сега, защото нямат две същности и два аза. Вие имате две същности: Аз, който е бил създаден и Аз, който вие сте създали. За да може този Аз, който сте създали вие, да служи на Истинския Аз, вие трябва да ги обедините в името на общата цел и завинаги да прекъснете съществуващия конфликт между тях.

Всеки час днес повторете това твърдение и почувствайте неговото въздействие. В двете си дълги практически сесии, използвайте това твърдение като встъпление към вашата практика на спокойствие и възприемчивост.

Упражнение 88: *Две 30 мин. практически сесии.*
Почасова практика.

Стъпка 89

Моите емоции не могат да разубедят моето Знание

Емоциите ви теглят като силни ветрове. Те ви дърпат от място на място. Между другото, с течение на времето, вие ще можете да разберете по-цялостно и по-пълно техния механизъм. Нашата практика днес подчертава, че емоциите не контролират Знанието. Знанието не трябва да разрушава вашите емоции. То само желае да допринесе за тях. С течение на времето, ще започнете да разбирате много по-добре вашите емоции и ще разберете също, че те могат да служат на по-висша цел, както вашето тяло и вашия ум. Когато бъдат привлечени в служба на Една Сила, всички източници на болка, дискомфорт и разделение, ще се превърнат в превозни средства на изразяването й, и ще служат на великата цел. Дори яростта служи на великата цел, защото това е показател, че сте нарушили Знанието. Въпреки че вашата ярост може и да не е насочена към някого, тя е показател, че нещо е грешно и трябва да се поправи. С течение на времето, вие ще разберете източника на тъгата и източника на всички други емоции.

Упражнявайте се всеки час и в началото на вашите дълги сесии, повторете днешната идея, а след това се потопете в мълчание и спокойствие. Днес се учите да цените това, което е сигурно и да разберете това, което не е сигурно, да разпознавате това, което е кауза и това, което затъмнява каузите, но и което може да служи на каузите напред във времето.

Упражнение 89: *Две 30 мин. практически сесии.*
Почасова практика.

Стъпка 90

ДНЕС НЯМА ДА ПРАВЯ ПРЕДПОЛОЖЕНИЯ

ДНЕС НЕ ПРАВЕТЕ ПРЕДПОЛОЖЕНИЯ и отдайте още един ден на възстановяване на Знанието. Не правете предположения за вашия прогрес в учението. Не правете предположения за вашия свят. Днес практикувайте с отворено съзнание, което да възприема случващото се и да научава нови неща. Радвайте се на свободата, която идва без предположения, защото мистерията ще бъде извор на благоволение за вас вместо източник на страх и тревога.

ВЪВ ВАШАТА ПОЧАСОВА ПРАКТИКА и в дългите ви медитативни сесии днес, докато практикувате спокойствие и възприемчивост, вие можете да изпитате цената и силата на тези думи. Не правете предположения днес. Спомняйте си за това през целия ден, защото правенето на предположения е обикновено хоби и когато едно хоби е преустановено, тогава ума може да практикува своята естествена функция без предишните задръжки.

УПРАЖНЕНИЕ 90: *Две 30 мин. практически сесии.*
Почасова практика.

Стъпка 91

ПРЕГОВОР

Нашето обобщение ще бъде концентрирано още веднъж върху инструкциите и вашата практика през миналата седмица. Опитайте се още веднъж да изживеете това, което се е случило всеки ден и да го видите от сегашния си опит. Учете се как да учите. Учете се на учебния процес. Не използувайте учението за някакво шоу. Не използувайте учението, за да докажете колко сте ценни за себе си. Не можете да докажете своето значение. Това е извън вашите възможности. Вашето значение ще се докаже тогава, когато му позволите, което сега се учите да правите. Упражнявайте се на практика. Някои дни ще бъде по-лесно. Някои дни няма да имате желание да практикувате. Практикувайте всеки ден, защото вие представлявате Великата Воля. Това показва постоянство, а то значи сила. Това представлява голямо посвещение. Това ви дава стабилност и увереност, и ви позволява да се отнасяте състрадателно с всички по-лесни неща.

Вашето дълго Обобщение днес ще бъде изпит на учебния ви процес. Помнете да не съдите себе си, за да можете да учите.

УПРАЖНЕНИЕ 91: *Една дълга практическа сесия.*

Стъпка 92

Имам роля в света, която трябва да изпълня

Вие сте дошли на света в съдбоносно време. Вие сте дошли, за да допринасяте на света в сегашните му належащи нужди. Дошли сте да се подготвите за бъдещите поколения. Може ли всичко това да има смисъл лично за вас сега? Вероятно не, защото вие работите за настоящето и за бъдещето. Вие работите за живота, който ще живеете и за животите, които ще последват вашия. Това ви удовлетворява, защото то е вашия дар, който сте дошли да отдадете. Този дар ще се появи от вас естествено и ще се отдаде на света без преструвки и несигурност. Взаимодействието на вашия живот с живота на другите е от значение, за да повдигне както вас, така и тези, с които сте във връзка. Планът е по-велик от вашата амбиция и само тя може да затъмни идеята за това, което трябва да извършите. Затова днес бъдете благодарни, че имате роля на света, която трябва да изиграете. Вие сте дошли на света, за да изпълните тази цел – за вашето собствено осъществяване, за напредъка на вашия свят и за служба към вашето Духовно Семейство.

В двете си практически сесии днес се концентрирайте, за да потвърдите, че имате роля на света и изпитайте мощта и истината на тази велика идея.

Упражнение 92: *Две 30 мин. сесии.*

Стъпка 93

ИЗПРАТЕН СЪМ ТУК С ЦЕЛ

ЦЕЛТА ВИ, ЗА КОЯТО СТЕ ПРАТЕНИ ТУК НА ЗЕМЯТА, е да донесете вашите даровете, които ще се появят от Знанието. Вашата цел е да помните Истинския си Дом, докато сте на света. Великата цел, която носите е с вас в този момент и ще се появи по-късно, когато ще преминете подготовката, която Ние сме ви осигурили. Тази цел е много по-велика от всички цели, които сте си поставяли. Тя е по-велика от всички цели, които сте изживявали. Тя не се нуждае от вашето въображение и от вашите творения, защото ще се осъществи чрез вас и ще ви интегрира след това. Имате цел на света, която трябва да изпълните. Вие се готвите стъпка по стъпка да изпитате, да учите и да приемете тази цел, така че тя да отдаде своите дарове за вас.

В ДВЕТЕ ВИ ПРАКТИЧЕСКИ СЕСИИ, затвърдете истинността на това твърдение. В спокойствие и приемственост дайте възможност на вашето съзнание да се успокои и да бъде в истинското си състояние. Бъдете ученици, което значи да се опитате да бъдете приемащи и отговорни, и да използувате това, което е предназначено за вас. Нека този ден бъде потвърждение на истинския ви живот на света, а не на живота, който сте изградили за себе си.

УПРАЖНЕНИЕ 93: *Две 30 мин. сесии.*

Стъпка 94

Свободен съм да открия моята цел

Колко ценна е свободата, която ви позволява да откриете вашата цел и да я осъществите? Без цел свободата ви дава право да бъдете хаотични и да живеете без външни ограничения. Но без външни ограничения, вие ще се отнасяте грубо от позиция на вътрешната ви сдържаност. Това напредък ли е? Не, това не е напредък, въпреки че може да ви помогне да преоткриете себе си.

Не бъркайте свободата с хаоса, защото хаоса не е свобода. Не си мислете, че другите ви ограничават, защото сте в екзалтирано състояние. Разберете, че свободата ви е нужна, за да откриете своята цел и да я осъществите. Бивайки свободни, вие ще можете да оползотворите всички аспекти на живота си – сегашното ви състояние, вашите връзки, вашите трудности, вашите успехи, вашите грешки, вашите атрибути и ограничения – всичко, което има значение за откриване на целта ви. Защото най-малкото, което ще почувствате, когато великата цел започне да се проявява чрез вас е, че живота ви е интегриран. Вие няма да сте отделни личности в своята същност, а ще се превърнете в една личност, обединена, единна и стремяща се с всички сили да осъществи своята цел. Свободата да правите грешки няма да ви изкупи.

Грешки могат да се допускат във всяка ситуация и свободата може да бъде открита във всяка ситуация. Следователно търсете и учете за свободата. Знанието ще прояви себе си, когато е освободено от оковите и когато вие като личности сте се развили значително и сте в състояние да носите неговата велика мисия на света. Вашите Духовни Учители ви очакват зад видимия свят, за да ви въведат в Знанието. Те имат свой собствен метод, защото разбират истинското значение на свободата и нейната важна цел на света.

Следователно във вашите практически сесии, Ние още веднъж ще потвърдим силата на това изявление, което ви дава възможност да го изживеете дълбоко в себе си. Не трябва да спекулирате, а само да релаксирате, за да може то да се прояви във вас. Фокусирайте съзнанието си, за да му позволите да изпита величието на Божието присъствие, което е с вас и във вас, защото то наблюдава свободата там, където тя наистина съществува.

Упражнение 94: *Две 30 мин. сесии.*

Стъпка 95

КАК ДА РЕАЛИЗИРАМ СЕБЕ СИ

КАК МОЖЕТЕ ДА РЕАЛИЗИРАТЕ СЕБЕ СИ, когато не се познавате, когато не знаете от къде сте дошли и къде отивате, когато не знаете кой ви е пратил и кой ще ви посрещне, когато се завърнете? Как можете сами да се реализирате, когато сте част от самия живот? Можете ли да се реализирате отделно от живота? Вероятно само и единствено във вашите фантазии и представи можете да се забавлявате с идеята за себереализация. В тях няма реализация, а само нарастващо объркване. С напредване на годините, с тъга и съжаление ще установите, че сте пропуснали една голяма възможност. Не я пропилявайте, не пропускайте да разкриете истинската същност на живота и да получите реализацията, която той ви предлага.

По ДРУГ НАЧИН НЕ БИХТЕ МОГЛИ ДА постигнете това, защото представите и фантазиите ви са нереални. В началото това може да ви изглежда като ограничение и разочарование, защото вече имате идеи и планове за личната ви реализация, без значение дали тези планове са изпитани или не. Цялата ви теория по този въпрос трябва да се реформира, не с цел лишаване от нещо ценно, а за освобождаването ви от оковите, които само и единствено могат да ви разочароват и заблуждават във времето. Следователно като приемате безнадеждността на опитите ви за себереализация, вие можете да получите големия дар, който ви очаква. Вие трябва да отдадете този дар на света по специфичен начин и това ще направи щастливи вас и тези, които ще бъдат привлечени към вас.

КАК МОЖЕТЕ ДА РЕАЛИЗИРАТЕ СЕБЕ СИ? Всеки час днес повтаряйте този въпрос и го обсъдете сериозно, без значение от обстоятелствата, в които се намирате. Когато практикувате, наблюдавайте света и вижте колко хора се опитват да реализират себе си, както в реални, така и в желани ситуации. Разберете колко много ги отдалечава това от истинския живот. Разберете как ги разделя от мистерията на тяхното съществуване и от чудото на живота, който те са свободни да изпитат всеки момент и всеки ден. Не си позволявайте да бъдете толкова лишени. Вашата фантазия винаги ще рисува велики картини за вас, но това няма нищо общо с реалността. Само тези, които се опитат да укрепят взаимно своите фантазии, ще бъдат във връзка помежду си за тази цел, тяхното разочарование ще бъде споделено и те ще бъдат склонни да се обвиняват един друг. Не търсете това, което ще ви донесе нещастие и ще погуби възможността ви за връзка.

Повтаряйте си това всеки час. В двете ви практически сесии се потопете в спокойствие и възприемчивост, за да получите реализацията, такава, каквато тя наистина съществува.

Упражнение 95: *Две 30 мин. сесии.*
                    Почасова практика.

Стъпка 96

Божията Воля е да бъда необременен

Първата стъпка на Бог по отношение на вашето изкупление и упълномощаване, е да ви освободи от нещата, които не са нужни за вашето щастие, да ви освободи от нещата, които вероятно няма да ви задоволят, да ви освободи от нещата, които ще ви донесат болка, и да отмести от главата ви короната от тръни, която носите и която е символ на опита ви за реализация на света. Велика Воля съществува във вас, воля, която иска да се прояви. Изживявайки това, вие най-накрая ще изпитате чувството, че се познавате. Най-накрая ще изпитате истинско щастие, защото животът ви ще бъде обединен. Вие трябва да сте свободни, за да установите тази истина. Нищо ценно няма да ви бъде отнето. Бог не желае да ви направи самотни и окаяни, а да ви даде възможност да откриете истинското си обещание и по този начин да можете да продължите напред с истинска мотивация и сила.

Следователно приемете тази първа голяма оферта, която ще ви освободи от безнадеждните конфликти, които се опитвате да разрешите, от безсмислените и безцелни гонитби, които не ви водят никъде, от неверните обещания на този свят и от вашия собствен идеализъм, който рисува картини, които светът не би могъл да претвори. В простота и скромност величието на живота ще се разкрие пред вас и вие ще разберете, че не сте дали нищо, а сте получили нещо с най-висока цена.

Всеки час повтаряйте това изявление и мислете за него. Изследвайте неговото значение от сегашното ви състояние. Изследвайте неговата демонстрация в живота на хората около вас. Наблюдавайте неговата истинност по отношение на вашият опит, който сега се учите да разглеждате обективно.

В двете ви дълги практически сесии днес се опитайте да се концентрирате върху тази идея и да я въплътите в живота си. Активно включете съзнанието си и опитайте да мислите за значението на това изказване от положението на сегашните ви амбиции, сегашните ви планове и т.н. Много неща ще бъдат поставени под съмнение, докато вършите това, но трябва да разберете, че Знанието не е афектирано от вашите проекти и планове, от вашите надежди и разочарования. То само чака да настъпи времето, когато ще се появи естествено във вас и вие ще сте първите, които ще получите неговите дарове.

УПРАЖНЕНИЕ 96: *Две 30 мин. сесии.*
Почасова практика.

Стъпка 97

НЕ ЗНАЯ КАКВО Е РЕАЛИЗАЦИЯТА

Това изявление не е ли израз на отпускане и слабост? Не е ли примирение с отчаянието? Не, не е. То е началото на истинската откровеност. Когато установите колко малко разбирате и когато вникнете в значението на това, което ви дава Знанието, тогава ще се възползвате от тази възможност с голяма смелост и всеотдайност. Вие можете само да си представяте реализацията, но Знанието на реализацията живее и гори във вас. Това е огън, който вие не можете да угасите. Това е огън, който съществува във вас сега. Той представлява големият копнеж за реализация, за обединение и за отдаване. Този огън гори дълбоко под вашите надежди и страхове, под вашите планове и амбиции. Оставете идеите засягащи реализацията, но и не се отчайвайте, защото сте в положение да получите даровете, които са предназначени за вас. Вие сте донесли тези дарове с вас на света. Те са скрити във вас там, където не можете да ги откриете.

Вие не знаете какво е реализация. Щастливата възбуда не може да бъде реализация, защото реализацията е състояние на мир и тишина. Това е състояние на вътрешно приемане. Това е състояние на пълно обединение. Това е безкрайно състояние, изразяващо себе си във времето. Може ли дори най-щастливата стимулация да ви даде това, което се запазва във всяка ситуация и което не престава, когато стимулацията приключи? Ние не желаем да ви лишим от щастливи преживявания и моменти, защото те могат да бъдат доста приятни, но те са моментни и ви дават само частица от голямата възможност. Ние искаме да ви отведем направо към велика възможност, където чрез култивиране на големите ресурси в съзнанието ви и чрез обучение, да видите света и да научите за неговата истинска цел.

Следователно всеки час днес повторете тази идея и я осмислете сериозно от вашата гледна точка и от гледна точка на света около вас. През двете си дълги сесии днес, още веднъж сериозно разгледайте тази идея. Помнете да мислите за своя живот през практическите си сесии и приобщете днешната идея към плановете относно вашата собствена реализация. Тези медитативни практики изискват умствена дейност. Тук няма да сте неподвижни, а ще бъдете търсещи. Ще бъдете откриватели. Ще използувате активно съзнанието си, за да проникнете в неща, за които знаете, че съществуват. Това е време за сериозна самоанализа. Когато разберете, че това, което сте мислили, че знаете, е само форма на заблуда, тогава ще разберете голямата нужда от Знание.

Трябва да оцените какво имате, за да научите и получите повече. Ако си мислите, че имате повече отколкото наистина притежавате, тогава сте обеднели без да го осъзнавате и няма да разберете Великия План, който е създаден във ваша полза. Трябва да започнете оттам, откъдето сте, защото само така можете да продължите стъпка по стъпка напред. Няма да паднете по гръб, защото ще имате здрава основа по пътя на Знанието.

Упражнение 97: *Две 30 мин. сесии.*
Почасова практика.

Стъпка 98

ПРЕГОВОР

Във вашето обобщение още веднъж прегледайте всички инструкции от уроците и всичко, което сте изпитали в практиката от предишната седмица. Откровено оценете ангажимента ви към тези уроци и разберете с какво те са допринесли за вашето разбиране. Опитайте се да бъдете максимално откровени във вашата задача. Помнете, че сте ученици. Не претендирайте, че сте разбрали повече, отколкото сте изпитали.

Простотата на този подход може би изглежда очевидна, но за повечето хора това е трудно за постигане, защото те са свикнали да мислят, че имат повече или по-малко отколкото в действителност и затова трудно достигат реалното си състояние, въпреки неговата очевидност.

В единствената дълга сесия днес прегледайте вашите уроци и разгледайте всеки един от тях в дълбочина, припомняйки си вашите занимания в деня, когато са дадени и разбирането ви за тях в този момент. Обобщете всяка от предишните стъпки внимателно и не правете заключения, които не представляват истинските ви преживявания. По-добре е да се съмнявате, отколкото да имате неверни заключения.

Упражнение 98: *Една дълга практическа сесия.*

Стъпка 99

Днес няма да обвинявам Света

В днешната си практика не обвинявайте света, не осъждайте грешките в него, не отправяйте претенции и не търсете отговорности към другите за тези грешки. Наблюдавайте света безмълвно. Успокойте съзнанието си.

Упражнявайте се всеки час и наблюдавайте света с отворени очи. В двете ви продължителни практически сесии също упражнявайте наблюдение на света с отворени очи. Няма значение какво наблюдавате. Задачата ви е да се концентрирате и да наблюдавате без осъждане, за да развиете истинските умения и способности на съзнанието.

Следователно в практическите ви сесии наблюдавайте света с отворени очи. Наблюдавайте без да съдите. Наблюдавайте средата, която ви заобикаля. Наблюдавайте нещата, които са около вас и които можете да видите. Не използувайте фантазията си. Не позволявайте на мислите да ви пренасят в миналото или в бъдещето. Наблюдавайте само това, което е тук. Ако се появят някакви осъждащи мисли, просто ги отхвърлете, без да им обръщате внимание, защото днес практикувате наблюдение – наблюдение без осъждане, за да видите наистина това, което е тук.

Упражнение 99: *Две 30 мин. сесии.*
Почасова практика.

Стъпка 100

Днес ще бъда Начален Ученик/Ученичка на Знанието

Вие сте начални ученици на Знанието. Приемете това като за начало. Не приписвайте нищо повече на себе си, защото не разбирате пътя на Знанието. Ако следвате пътя на предположенията, вие бихте могли да спечелите големи награди за себе си, но това ще ви отведе в различна посока от тази на Знанието, където всички нереални неща са изоставени, а всички истински са приети. Пътят на Знанието не е този, който си представят хората, защото не е плод на фантазията.

Следователно бъдете начални ученици на Знанието. Всеки час си повтаряйте това и го обмисляйте сериозно. Вие сте начални ученици на Знанието, без значение дали виждате себе си въодушевени или унизени, без значение какво сте извършили в миналото и без значение какви според вас трябва да бъдат вашите постижения. Като начинаещи ученици, вие ще искате да научите всичко, което може да се научи и няма да сте обременени да защитавате това, което смятате, че вече сте заявили. Това ще намали драстично вашето бреме в живота и ще ви даде възможност, мотивация и ентусиазъм, които ви липсват в момента.

Бъдете начални ученици на Знанието. Започнете двете си дълги практически сесии с това изявление и бъдете безмълвни и приемащи. Не молете, не задавайте въпроси, не очаквайте и не желайте, а успокойте съзнанието си, защото сте начални ученици на Знанието и още не знаете какво да желаете и да очаквате.

Упражнение 100: *Две 30 мин. практически сесии.*
Почасова практика.

Стъпка 101

СВЕТЪТ СЕ НУЖДАЕ ОТ МЕН, НО АЗ ЩЕ ЧАКАМ

Защо трябва да чакате, когато светът се нуждае от вас? Това не противоречи ли с учението, което Ние представяме? Всъщност, това изобщо не е противоречиво, ако вникнете дълбоко в значението му. Ако светът се нуждае от вас, изчакването не изглежда ли неправилно и неотговорно? Не противоречи ли то на това, на което ви учим Ние? Не, не противоречи, ако разбирате значението му. Ако сериозно цените това, което сме ви дали като подготовка до тук, вие ще разберете, че Знанието е във вас и ще имате желание да го споделите някъде, а другаде – да не го споделяте. Това не е породено от вътрешна слабост, неувереност или нужда да бъдете приети или оценени. Това няма да бъде форма на вина или бягство. На практика това изобщо няма да бъде свързано с вас. То е велико, защото не поправя, не лекува и не подобрява вашата дребнавост, а показва силата на Знанието, която съществува на света, за да може и вие да черпите от нея и да сте средство за нейното проявление.

Защо да чакате, когато светът се нуждае от вас? Защото още не сте готови да давате. Защото още не знаете какви са неговите нужди. Защото ще отдавате поради грешни причини и ще задоволявате вашите противоречия. Времето за отдаване във вашия живот ще настъпи тогава, когато сте готови за това и когато можете да следвате Знанието във вас. За да бъдете наистина полезни на света, вие трябва да сте готови и подготвени, и това е целта на нашата работа сега.

Не позволявайте на премеждията и изпитанията на света да ви тревожат. Не позволявайте на заплахата от унищожение да увеличи страховете ви. Не позволявайте на несправедливостите по света да ви изпълват с гняв и ако това се случи с вас, значи наблюдавате без Знание. Вие виждате провалeния си идеализъм. Това не е пътя на наблюдението и пътя на отдаването. Вие сте пратени да давате и даването ви е присъщо. Не трябва да го контролирате, защото то ще се отдава от само себе си, когато сте готови. Следователно вашата служба на света сега е да се готвите да бъдете дарители и въпреки че това няма да ви задоволи в момента, то ще проправи път за получаването и отдаването на по-голяма служба.

В ДВЕТЕ ВИ ПРАКТИЧЕСКИ СЕСИИ ДНЕС, си мислете за днешната идея и я осмислете в светлината на вашите наклонности и влечения, идеи и вярвания.

Упражнение 101: *Две 30 мин. практически сесии.*

Стъпка 102

ИМА ТОЛКОВА МНОГО НЕЩА, КОИТО ТРЯБВА ДА ЗАБРАВЯ

Животът ви е пълен с вашите нужди и идеи, пълен с вашите изисквания и амбиции, пълен с вашите страхове и с вашите усложнения. Оттук вашето отдаване е обременено и претрупано, вашата енергия е насочена в грешна посока и отдавана за грешни цели. Затова и първата стъпка на Господ е да ви освободи. Докато това не се случи, вие просто ще се опитвате да разрешавате ситуациите, без да знаете какво правите, без да разбирате вашите затруднения и без да приемате помощта, от която ще се нуждаете със сигурност напред във времето. Следователно учете се да забравяте ненужните неща, за да се освободите и да се убедите, че по-велик живот е възможен за вас, които сте дошли тук да давате и да допринасяте.

Всеки час повтаряйте това твърдение и го осъзнайте. Вижте реалността му от гледна точка на вашето възприятие за света. В двете ви дълги практически сесии, още веднъж практикувайте спокойствие на съзнанието в тишина, където нищо не се предприема и нищо не се отхвърля. Вие само ангажирате вашето съзнание да бъде тихо и да се учи да отговаря на това, което ви зове. Вие се учите да забравяте стъпка по стъпка. Знанието ще запълни това, което е забравено. Това е мигновен процес, защото вие се придвижвате на мястото, на което да получавате, за да може да отдавате истински, щедро и удовлетворяващо.

Упражнение 102: *Две 30 мин. практически сесии.*
Почасова практика.

Стъпка 103

АЗ СЪМ ПОЧЕТЕН ОТ БОГА

Вие сте почетени от Бог, а това изявление може да запали чувството ви за несигурност, да възбуди чувството ви за вина, да обърка чувството ви за гордост и да стимулира конфликта, който съществува във вас. В миналото, вие сте опитвали да бъдете нещо измислено и този опит е бил неуспешен за вас. Сега се страхувате да бъдете нещо друго, защото бихте могли да се провалите отново. Оттук величието изглежда незначително, дребнавостта изглежда велика и всички неща са объркани в своята противоположност и значение.

Вие сте почетени от Бог, без значение дали приемате това или не. То е истина, без значение от човешката оценка, защото само нещата отвъд оценяването са истински. Ние ви водим към тези неща, които са отвъд оценяването и това ще бъде най-голямото откритие за този и за всеки друг живот.

Всеки час повтаряйте това изявление и го обмисляйте сериозно. В двете практически сесии още веднъж успокойте мисълта си, за да можете да получавате и да се учите да получавате уважението на Бог към вас. Разбира се, тази чест се отнася към частицата от вас, която вие не познавате. Вашето поведение не е това, което е почетено. Вашият идеализъм също не е почетен. Вашите вярвания, предположения, искания и страхове не са почетени. Те са за добро и за лошо. Те могат да ви служат или да ви предадат. Но почитта е запазена за нещо по-голямо, нещо, което вие сега се учите да разпознавате.

Упражнение 103: *Две 30 мин. сесии.*
Почасова практика.

Стъпка 104

БОГ ВИ ПОЗНАВА ПО-ДОБРЕ, ОТКОЛКОТО ВИЕ САМИТЕ

БОГ ЗНАЕ ЗА ВАС ПОВЕЧЕ, ОТКОЛКОТО ВИЕ САМИТЕ. Това ще бъде очевидно, ако се замислите откровено върху него. Помислете за последиците от това. Ако Бог ви познава по-добре, не бихте ли искали да изследвате и изучавате Божията оценка? Разбира се, че трябва и няма ли собствената ви оценка да бъде винаги погрешна? Само в това сте съгрешили, защото грехът е само една грешка. Грешките трябва да се поправят, а не да се осъждат. Вие се самоосъждате и мислите, че Бог ще ви последва и ще ви осъди още по-силно. Затова хората са създали Бог по свой образ и подобие, и вие трябва да се учите да забравяте това, което сте сътворили, за да откриете онова, което знаете, за да могат вашите творения да бъдат за добро и да имат трайна цена в този свят.

БОГ ВИ ПОЗНАВА ПО-ДОБРЕ, ОТКОЛКОТО СЕ ПОЗНАВАТЕ ВИЕ САМИТЕ. Не претендирайте, че можете да сътворите себе си, защото вече сте създадени и това, което е създадено, е далеч по-велико и по-щастливо от живота, който сте осъзнали до сега. Вашето нещастие ви води към истината и към истинското решение. Това разбира се, е истина.

ВСЕКИ ЧАС СИ ГО ПОВТАРЯЙТЕ и го осмислете сериозно. Успоредно с това, наблюдавайте светът около вас, за да учите за съвременната идея за света. В дългите си практически сесии, успокойте съзнанието си, за да може то да учи и да се радва на своето величие. Дайте му тази свобода и в замяна на това, то също ще ви се отплати със свобода.

Упражнение 104: *Две 30 мин. сесии.*
Почасова практика.

Стъпка 105

ПРЕГОВОР

Във вашето обобщение днес, проследете примерите, инструкциите и практиките от изминалата седмица. Внимателно разгледайте идеите, които сме ви представили. Разберете, че тези идеи трябва да бъдат приети и изживени през различните етапи на вашето развитие. Тяхното значение е прекалено дълбоко и голямо, за да можете напълно да го обхванете в момента, но те ще ви напомнят, че Знанието е с вас и че сте дошли да дарите Знание на света.

Нашето обучение ще опрости тези неща, ще спомогне за разрешаване на конфликтите в момента и ще направи излишни конфликтите в бъдещето. Докато сте със Знанието, конфликт не съществува. Живот без конфликти е най-големия принос, който може да бъде даден на този свят, защото това е живот, който ще постави началото на Знанието във всички, искрата, която ще се пренесе в бъдещето, далеч отвъд личния ви живот. Това е тази искра, която сте избрани да дарите на света и така вашето отдаване ще бъде безгранично и ще служи както на сегашната генерация, така и на бъдещите поколения.

Благословията, която изпитвате днес във вашия свят, е като отражение и ехо предавано от генерация на генерация, като по този начин Знанието е запазено живо на света до днес. Възможността да имате Знанието, е резултат на отдаването на тези, които са живели преди вас и вашето отдаване ще осигури възможност за свобода на тези, които ще дойдат след вас. Това е великата ви цел в живота: да запазите Знанието живо на света. Но първо, вие трябва да учите за Знанието – как да го познаете, как да го приемете, как да го различавате измежду останалите импулси на съзнанието, както и да научите етапите на развитие, които са необходими, за да следвате и приемате неговите дарове. Ето затова сте начални ученици на Знанието.

В ДЪЛГАТА СИ ПРАКТИЧЕСКА СЕСИЯ, се заемете с вашето Обобщение колкото се може по-детайлно. Позволете на съмнението и объркването да съществуват, защото те са необходими на този етап на изследване. Бъдете щастливи заради всички неща, които могат да бъдат наистина разпознати и знайте, че Знанието е с вас и вие сте свободни да се съмнявате.

Упражнение 105: *Една дълга практическа сесия.*

Стъпка 106

Не съществуват Учители, живеещи на света

Не съществуват Учители, живеещи на света, защото Съвършеното Познание се придобива отвъд този свят. На света има само напреднали ученици. Съществуват ученици с изключителни постижения, но няма Учители живеещи на света. Съвършенството не е открито тук, а само участието и приноса. Който е на света, е тук, за да учи уроците на света. Тези уроци трябва да се изучават както в индивидуалния ви живот, така и в отдаването и допринасянето ви. Истинското ви обучение, надхвърля многократно това, което сте разбрали до сега. То не е само поправяне на грешките. То е отдаване на талантите и способностите, които притежавате.

Няма Учители, живеещи на света. Следователно, вие можете да се освободите от товара на амбицията за постигане на съвършенството на Учителите. Вие самите не бихте могли да сте Учители, защото самият живот е Учител. Това ще ви помогне да разберете истинското му значение и полза.

В двете си практически сесии днес, мислете за всички личности, които определяте като Учители – такива, които сте срещали, за които сте чували, чели или сте си представяли, както и онези, които са живели в миналото или днес на света. Размишлявайте за качествата, които са ги определили като Учители и как вие ги използвате, за да съдите себе си, да оценявате живота и поведението си. Целта на напредналите ученици не е да бъдат критерии за себеосъждане от страна на тези, които притежават по-малко способности. Това не е техния дар, въпреки че те биха могли да осъзнаят, че техният дар ще бъде тълкуван погрешно.

Примирете се с идеята, която ви разкриваме, че няма Учители, които живеят на света. В двете си дълги практически сесии, се опитайте да разберете това. Опитайте се да осъзнаете облекчението, което ви се дава. В същото време обаче, не допускайте грешката да мислите, че това ще доведе до пасивност от ваша страна, защото вашето участие във възстановяването на Знанието ще бъде по-голямо от всякога. По-голямо от всякога ще бъде и вашето посвещение в появата на Знанието. Сега вашето участие и посвещение могат да се движат напред с ускорен темп, защото сте освободени от вашия идеализъм, който е в състояние да ви отклони от правия път.

Упражнение 106: *Две 30 мин. сесии.*

Стъпка 107

ДНЕС ЩЕ СЕ УЧА ДА БЪДА ЩАСТЛИВ

Учението да бъдете щастливи, е учение да сте естествени. Учението да сте щастливи, е учение за приемането на Знанието днес. Знанието е щастливо днес. Ако вие не сте щастливи, вие не сте със Знанието. Щастието не винаги означава да имате усмивка на лицето си. То не е начин на поведение. Истинското щастие, е усещане за себе си, усещане за пълнота и удовлетворение. Дори ако сте загубили любим човек в живота си, вие бихте могли да сте щастливи, ронейки сълзи за тази загуба. Не е лошо да плачете и това не значи, че предавате щастието във вас, защото това биха могли да бъдат и сълзи на щастие. Щастието не е начин на поведение. Нека ви обясним това. То е чувство на вътрешно удовлетворение. Знанието ще ви дари с това като опрости живота ви и ще даде възможност на ума ви да се концентрира върху това, което трябва да се върши в реалността. Това ще ви даде възможност, ще ви опрости и ще ви осигури по-голяма хармония от тази, която бихте могли да познавате преди.

Следователно, в двете практически сесии днес, се опитайте да успокоите съзнанието си отново. Това е време за спокойствие. Това не е практикуване на умствено разследване, а практикуване на умствено спокойствие.

Упражнение 107: *Две 30 мин. сесии.*

Стъпка 108

ЩАСТИЕТО Е НЕЩО, КОЕТО ТРЯБВА ДА УЧИМ ОТНОВО

Днес всичко трябва да бъде преразгледано. Всички неща трябва да бъдат разгледани отново, защото има наблюдение със Знание и наблюдение без Знание. Оттук следват и различните резултати. Те от своя страна подтикват към различни оценки и отговори. Вече споменахме, че щастието не е модел на поведение, а нещо много по-дълбоко. Следователно не се опитвайте да използувате тази идея, за да получите нечия услуга или, за да покажете на себе си, че сте по-щастливи, отколкото всъщност сте. Ние не желаем да лустросваме вашето изживяване. Ние искаме да ви насочим към изживяване, което е истинско, което изразява вашата същност и отдава вашата природа на живота.

Опитайте да се учите на щастие. В двете си практически сесии използувайте мисълта си за изследване и търсене. Разгледайте идеите си за щастие и начините на поведение, които смятате, че трябва да изразяват. Мислете си за всички начини, които сте използували, за да сте по-щастливи, отколкото сте. Спомнете си за всички очаквания и изисквания, на които сте се подлагали, за да сте щастливи и за да докажете на другите вашите качества. Когато осъзнаете това ще видите, че и без тези опити, щастието ще се покаже само, защото в природата ви е заложено да бъдете щастливи. Щастието ще се покаже само, ако не съществува ограничение, ако не го величаете с мислите и тялото си. То ще се покаже от само себе си без налагане. Мислете за това днес, но не правете никакви заключения, защото сте начални ученици на Знанието и големите заключения ще дойдат на по-късен етап.

Упражнение 108: *Две 30 мин. сесии.*

Стъпка 109

ДНЕС НЯМА ДА БЪРЗАМ

Днес стъпвайте елегантно. Не бързайте. Не трябва да бързате, защото сте със Знанието. Вие бихте могли да следвате вашите срещи по график и разписание, но не бързайте в себе си. Може да търсите Знание, удовлетворение и принос, но не бързайте. Когато бързате, вие пренебрегвате сегашната си стъпка заради други стъпки, които намирате за по-важни. Как е възможно обаче, някои стъпки да бъдат по-важни от други, освен ако не игнорирате стъпката пред вас? Вие трябва да правите само стъпката пред вас, а следващата ще се появи естествено. Не бързайте. Не можете да крачите по-бързо, отколкото го правите. Не пропускайте това, което Ние ви даваме, а за целта не трябва да бързате.

ВСЕКИ ЧАС ДНЕС СИ ПОВТАРЯЙТЕ, че не трябва да бързате. Казвайте си: "Днес няма да бързам" и мислете за това в този момент. Можете да вършите задълженията си без да бързате. Можете да осъществявате целите си без да бързате. Успокойте мисълта си, че сте начални ученици на Знанието и понеже началните ученици не знаят накъде вървят, те получават, а не ръководят. Това е голяма благословия за вас сега, която ще ви изпълва със сила занапред, за да управлявате съзнанието и делата си със Знанието. Вие ще бъдете добри ръководители, които няма да съдят грешките и няма да наказват грешните, както си представяте, че прави Бог.

ЗНАНИЕТО НЕ Е БЪРЗАНЕ. И защо трябва да бъде? Знанието може да ви движи бързо и бавно. Тогава и вие можете да се движите бързо и бавно, но в себе си вие не бързате. Това е част от мистерията на живота, която вие започвате да откривате.

Упражнение 109: *Почасова практика.*

Стъпка 110

ДНЕС ЩЕ БЪДА ОТКРОВЕН СЪС СЕБЕ СИ

„Днес ще бъда абсолютно честен със себе си признавайки това, което знам и това, за което само се надявам и вярвам. Няма да се преструвам, че знам неща, които не познавам. Няма да се преструвам, че съм по-богат или по-беден, отколкото всъщност съм. Ще се постарая да бъда това, което съм в момента."

Опитайте се да бъдете това, което сте в момента. Бъдете обикновени. Бъдете спокойни. Наблюдавайте света около вас. Вършете делата и нещата, които имате да вършите. Не величайте себе си. Не унижавайте себе си. Нека всичко днес се случва по естествен начин, без да се опитвате да манипулирате или направлявате себе си. Единственото изключение, е да бъдете дисциплинирани, за да можете да вършите задълженията си днес.

В двете си дълги практически сесии, повторете днешното твърдение и се потопете в безмълвие и тишина. Трябва да проявите силата на мисълта си. Не опитвайте нещо, което е нереално и което може да ви заблуди. Вие се опитвате да потопите съзнанието си в естественото му състояние, в състояние на мир и покой.

Упражнение 110: *Две 30 мин. сесии.*
Почасова практика.

Стъпка 111

ДНЕС ЩЕ БЪДА СПОКОЕН

Бъдете спокойни днес като знаете, че Знанието, вашите Учители и вашето Духовно Семейство са с вас. Не позволявайте на тревогите и грижите да провалят практиката ви днес.

Практикувайте всеки час и си напомняйте да бъдете спокойни, защото сега Знанието е вашия водач. Ако то няма проблеми и вие не трябва да имате проблеми. Освободете се от обичайните си ангажименти и от обичайните си окови. Укрепете решимостта си да направите това и с времето то ще стане по-лесно и ще се случва естествено от само себе си. Вашия ум е свикнал да мисли и когато този навик се замени с други навици, Знанието ще заблести под повърхността. Знанието ще започне да направлява действията ви към важни открития и ще ви даде такава сила и увереност, каквито вие не познавате.

В почасовите сесии се упражнявайте на самодисциплина. В двете си медитативни практики бъдете много присъстващи, но със спокойно съзнание.

Упражнение 111: *Две 30 мин. практически сесии.*
Почасова практика.

Стъпка 112

ПРЕГОВОР

Днес ще направим нещо по-различно за вашето Обобщение. Всеки час си напомняйте за Знанието. Повтаряйте си, "Ще помня Знанието. Ще помня Знанието" и помнете, че все още не знаете какво е Знанието, но бъдете сигурни, че то е с вас. Знанието е рожба на Бог. То е Божията Воля във вас. То е истинското ви Аз и вие се учите да следвате това велико нещо. От ограниченото си битие, вие получавате достъп до това, което е безгранично. Така днес, вие сте мост към Знанието.

Всеки час днес си повтаряйте, че ще помните Знанието. Не забравяйте днешната си практика, за да можете да укрепнете и да се изпълните със сила.

Упражнение 112: *Почасова практика.*

Стъпка 113

Няма да допусна да бъда убеждаван от другите

Всеки ум, който е по-решителен от вашия, може да ви убеди и да ви повлияе по някакъв начин. В това няма нищо мистериозно. Това означава, че едно съзнание е по-фокусирано и по-концентрирано от друго. Съзнанията въздействат помежду си и това въздействие зависи от тяхната степен на концентрация, както и от степента на въздействие, която те упражняват. Нека Знанието ви убеждава, защото то е най-великото нещо, което носите в себе си. Не позволявайте на мненията и волята на другите да ви убеждават. Нека само Знанието на другите ви въздейства, защото само то може да въздейства върху вашето Знание. Това чувство е много по-различно от чувството да бъдете доминирани, манипулирани или убеждавани от другите.

Следователно, следвайте Знанието. Ако някой друг въздейства върху вашето Знание, отдайте вниманието си на тази личност, така че да можете да учите за истинската сила на убеждаването. Не позволявайте на убежденията и мненията от този свят обаче – на неговите болки и идеали, на неговата етика, морал, нравственост или компромиси – да ви въздействат, защото вие следвате Знанието и не трябва да следвате мненията на света.

Всеки час днес помнете тази идея и практикувайте дълбока неподвижност през двете си медитативни практики. Позволете само на Знанието да ви убеждава, защото то е единственото нещо на света, което трябва да следвате.

Упражнение 113: *Две 30 мин. сесии.*
Почасова практика.

Стъпка 114

МОИТЕ ИСТИНСКИ ПРИЯТЕЛИ СА С МЕН, АЗ НЕ СЪМ САМ

Как може да сте сами, когато вашите Учители са с вас? Какви по-истински приятели може да имате, освен той или тя, които ви очакват с вашето Знание? Тези приятелства не са родени в този свят. Те са възникнали отвъд него и съществуват, за да ви служат сега. Вие ще почувствате присъствието на тези, които са с вас, когато ума ви се успокои. Когато престанете да се ангажирате със страстните си желания и страхове, вие ще започнете да чувствате това грациозно, нежно и успокояващо присъствие.

Всеки час днес си напомняйте, че истинските ви приятели са с вас. В двете си дълбоки практически сесии, позволете на съзнанието ви да приеме тяхното дълбоко присъствие, за да можете да разберете истинската природа на приятелствата в света. С практиката, това разбиране ще стане толкова силно, че ще бъдете в състояние да приемате идеите, поощренията и корекцията на тези, които са по-силни от вас и които съществуват, за да ви помагат в истинската ви служба на света. Те са вашите инициатори в Знанието, защото са във връзка с вашето Знание и защото вашето Знание е истинската ви връзка с целия живот.

Упражнение 114: *Две 30 мин. сесии.*
Почасова практика.

Стъпка 115

Днес ще слушам силата на Знанието

Днес слушайте силата на Знанието. Трябва да сте съсредоточени за тази цел и истински да я желаете. Трябва да изоставите нещата, които поглъщат вниманието ви и ви правят загрижени, всички неща, които не можете да разрешите сами. Слушайте Знанието днес, за да може то да ви успокои и да бъде с вас. В неговата тишина, вие ще откриете истинско успокоение, увереност и сигурност. Ако Знанието е безмълвно, вие не трябва да се безпокоите за живота си, ако то говори, вие само трябва да го следвате, за да учите силата на Знанието.

Вие сте спокойни, защото Знанието е спокойно. Вие сте готови за действие, защото Знанието е готово за действие. Вие се учите да говорите непринудено, защото Знанието говори непринудено. Вие се учите да се чувствате като у дома си, защото Знанието се чувства като у дома си. Вие се учите да давате, защото Знанието дава. Така посредством тази програма за развитие, вие възстановявате вашата връзка със Знанието във вас.

Всеки час днес си напомняйте да слушате Знанието и се опитвайте да правите това, независимо в каква ситуация се намирате. Първото условие да можете да слушате, е да сте спокойни. Практикувайте спокойствие и възприемчивост в двете си медитативни сесии днес, за да можете да слушате Знанието.

Упражнение 115: *Две 30 мин. практически сесии.*
Почасова практика.

Стъпка 116

Днес би трябвало да съм търпелив със Знанието

Бъдете търпеливи със Знанието, за да можете да го следвате. Знанието е далеч по-спокойно и по-силно от вас. То е много по-уверено от вас и всичките му действия са дълбоки и смислени. Единствената разлика между вас и Знанието е, че вие живеете в действителността, която сами сте си изградили и временно сте загубили връзката си с него. Но Знанието е с вас, защото вие никога не можете да го напуснете. То винаги ще бъде с вас, за да ви изкупи, да ви пази и да ви върне към Истинския ви Аз. Не позволявайте на вярвания и предположения да ви се представят за Знание. Опитайте да успокоите ума си по време на дейностите си в днешния ден.

Повтаряйте си тази идея всеки час и в двете си дълбоки медитативни сесии, се опитайте да навлезете в тишината и спокойствието, които Знанието притежава. По този начин, вашето съзнание ще бъде в съзвучие със Съзнанието на вселената и вие ще започнете да възобновявате древните си умения и спомени. Така идеята за Духовно Семейство, ще се избистря за вас и вие ще започнете да разбирате, че сте дошли на света, за да служите.

Упражнение 116: *Две 30 мин. практически сесии.*
Почасова практика.

Стъпка 117

По-добре да бъдете обикновени, отколкото бедни

Обикновеността и естествеността ви помагат да се докоснете до живота и да се радвате на неговите дарове във всеки момент. Сложността е състояние на самоотделяне, която ви пречи да се радвате на живота и да изпълнявате ролята си в него. Това е източника на всяка голяма бедност, защото няма световно постижение или световно притежание, които могат да пропъдят чувството на изолация и нищета, идващи с това разделение.

Следователно, днес практикувайте по-дълбоко спокойствие от преди, за да изпитате силата на Знанието, която е с вас. Опитайте се да бъдете обикновени, защото в непретенциозността всички неща могат да ви бъдат дадени. Ако се имате за сложна личност или си мислите, че вашия проблем е сложен, това е, защото вие разглеждате вас самите и вашите проблеми без Знание и не сте обективни във вашите оценки. Вие объркватe важните и значими неща с маловажните и незначителни такива, както и много ценните с малко ценните неща. Истината винаги носи естественост и обикновеност, а те от своя страна носят решение, правилно разбиране и дават мир и увереност на тези, които могат да ги имат. Упражнявайте се задълбочено днес.

Повтаряйте днешната идея всеки час и в двете си медитативни практики се потопете в спокойствие и си напомняйте, че Знанието е във вас. Бъдете обикновени и вярвайте, че Знанието ще ви води винаги по пътя ви напред.

Упражнение 117: *Две 30 мин. сесии.*
Почасова практика.

Стъпка 118

Няма да отбягвам света днес

Няма нужда да отбягвате света, защото светът не може да ви въздейства, когато сте със Знанието. Когато сте със Знанието, вие сте тук, за да служите на света. Тогава светът престава да бъде личност. Той не е непрекъснат извор на дискомфорт и разочарования. Той ви дава възможност да давате и да възстановявате истинското си разбиране. Не търсете усамотение във възвишени неща, защото целта ви е да давате на света. Позволете на света да бъде това, което е и вашето осъждане няма да ви преследва отново и отново. Без осъждане единственото, което трябва да правите, е да давате. Това ще ангажира Знанието във вас да дава и вие ще сте средство на даването.

Мислете за това сега. В двете практически сесии се опитайте да изживеете присъствието на Знанието в живота си. Не искайте нищо от него. Не му задавайте въпроси. Опитайте само да го почувствате, защото така всичко, което търсите, се завръща към вас без усилия от ваша страна. Използувайте дисциплина само, за да направлявате мисълта си в нужната посока. Веднъж ангажирана по този начин, тя сама ще се завърне към Знанието. Защото това е дестинацията, в която тя е любов, истински партньор и другар в живота.

Упражнение 118: *Две 30 мин. практически сесии.*

Стъпка 119

ПРЕГОВОР

В това специално Обобщение, обхващащо изминалите две седмици на практика, преразгледайте всяка инструкция и си спомнете всеки ден на практика. Опитайте да си спомните, колко сериозно сте мислили във всеки един ден от практиката си и колко добре сте използували тази практика. Не си мислете, че имате право да се оплаквате относно подготовката си, докато не я използувате напълно. Вашата роля тук е само да следвате стъпките, както са дадени и да не ги променяте съгласно вашите предпочитания. Така се поставяте в позиция да получавате, която позиция трябва да усвоите напълно.

В ДВЕТЕ СИ ДЪЛГИ ПРАКТИЧЕСКИ СЕСИИ ДНЕС, всяка от които ще обхване по една седмица, прегледайте изминалите две седмици. Опитайте да бъдете добри със себе си и без да се самозаблуждавате преценете има ли нещо, което не ви достига. Опитайте да се посветите още по-дълбоко на практиката си, напомняйки си за своята обикновеност и за значимостта, която ви е дадена. Така ще се учите да живеете по нов начин. Ще се учите да давате и да получавате, и животът ви ще се пречисти от тъмнината и усложненията, защото обикновеното винаги е на светло, то винаги е добро.

Следователно отдайте себе си на това Обобщение, за да можете да разберете как да учите. Тези Обобщения ще демонстрират вашите учебни способности и възможности. Те ще ви учат на необходимите неща, които трябва да знаете за бъдещето, когато ще можете да обучавате и други на това.

Упражнение 119: *Две дълги практически сесии*

Стъпка 120

Днес ще помня моето Знание

Помнете вашето Знание днес. Помнете, че то е с вас, без значение къде сте и какво правите. Помнете, че то е с вас да ви служи, да ви дава сили и да ви вдъхновява. Помнете, че не трябва да се дразните и ядосвате на света, защото можете и трябва да приемете света такъв, какъвто е. Помнете, че приемате света какъвто е, за да можете да му давате, защото и света и вие се развивате. Помнете, че Знанието е с вас и вие трябва да сте с него, за да разберете истинското му значение.

Всеки час днес си напомняйте, че Знанието е с вас и го осмислете за момент. Не позволявайте на негативни емоции или депресии да затъмнят практиката ви, защото тя е по-велика от емоциите, които са променливи като вятъра и облаците, но не могат да замаскират вселената отвъд тях.

Следователно открийте незначителността на вашите емоции и величието на Знанието. По този начин Знанието ще балансира емоционалното ви състояние и ще разкрие източника на емоциите ви, който е и източника на изявата ви на света. Това е мистерията на живота, която се учите да откривате сега.

Упражнение 120: *Почасова практика.*

Стъпка 121

ДНЕС СЪМ СВОБОДЕН ДА ДАВАМ

Днес сте свободни да давате, защото животът ви е опростен и нуждите ви са задоволени. Това ви прави свободни да дарявате, защото след като сте получили, вие желаете само да дарите.

Ще имате специална практика два пъти днес, като си мислите за някого в нужда и му пращате някакво качество или умение, което вие самите бихте искали да получите. Изпратете това умение на тези хора. Пратете им любов или сила, или вяра, или кураж, или решителност, или отстъпчивост, или приемане, или самодисциплина – каквито решения са нужни за живота им. Свободни сте да направите това днес, защото вашите нужди са задоволени.

Следователно в двете си упражнения, със затворени очи изберете една или няколко личности и им дайте това, което според вас им липсва. Не се опитвайте да решите проблемите им. Не се опитвайте да засилите желания резултат, защото обикновено не знаете, какво някой друг може да желае и да очаква. Но вие винаги можете да подсилите и окуражите техните мисли и тяхното съзнание. Това ще даде цел и увереност на тези ваши умения и качества, защото трябва да ги притежавате, за да ги давате на другите и когато ги отдавате вие разбирате, че ги притежавате.

Когато практикувате днес, не се съмнявайте, че това, което дарявате на другите, ще бъде получено от тях и, че е за тяхно добро.

Упражнение 121: *Две 30 мин. практически сесии.*

Стъпка 122

ДНЕС ДАВАМ, БЕЗ ДА ГУБЯ

Това, което е било поискано от вас, може да расте само, когато го дарявате на другите. Това, което давате, няма физически параметри, въпреки че и физическите неща могат да бъдат дарявани за добро. То не е нещо, което можете да определите количествено, защото нямате понятие за неща от такова естество. Вие дарявате сила и кураж.

В двете си практически сесии днес, продължавайте да дарявате на другите. Това е активна форма на молитва. Не мислете, че тази сила не е получена от тези, които са обект на вашите действия. Помнете да не определяте изхода на тяхната дилема или нужда, а само да ги окуражавате и да им вдъхвате увереност в собствените им сили и възможности. Вие желаете да стимулирате Знанието, след като Знанието във вас е било стимулирано. По този начин няма да очаквате нищо в замяна на това, че давате нещо на хората, което ще ги направи по-силни в живота им. Вие не сте в позиция да осъждате изхода, защото този изход няма да бъде ясен толкова скоро, но ще бъде приет и ще намери място в получателя си. Следователно дарявайте спокойно, без да очаквате нещо в замяна и дайте възможност на другите да изживеят силата на вашия дар днес.

Упражнение 122: *Две 30 мин. практически сесии.*

Стъпка 123

ДНЕС НЯМА ДА СЕ САМОСЪЖАЛЯВАМ

Как можете да се съмосъжалявате, когато Знанието е с вас? Самосъжалението само ви напомня старата идея, която ви отнема истината, надеждата и всяка значима основа. Днес не се самосъжалявайте, защото не сте състрадателни. Ако днешния ден е тъжен или объркан за вас, това е защото сте изгубили връзката си със Знанието, която можете да се опитате да възстановите днес.

Когато практикувате, бъдете нащрек за едва доловими форми на самосъжаление, които могат да се проявят във вас. Бъдете нащрек за леки форми на манипулация от някого, докато се опитвате да се харесате или да ви приемат, заради вашето представяне и изява. Когато сте със Знанието, не е нужно да съобщавате за себе си, не е нужно да показвате себе си и не е нужно да контролирате другите, за да ви харесат или приемат, защото Знанието е с вас.

С други думи, не се самосъжалявайте, защото не сте жалки. Бъдете начални ученици на Знанието, защото това е всичко друго, но не и жалко. Това е изключително благоприятна позиция, която не можете да си представите.

Всеки час днес повтаряйте тази идея и нека тя проникне в мислите ви. В двете ви практически сесии, повторете това твърдение и се потопете в мълчание и спокойствие. Едно жалко същество не може да бъде спокойно, защото спокойствието е изживяване на дълбока връзка и приемане на дълбока любов. Кой може да бъде жалък в такива условия?

Упражнение 123: *Две 30 мин. практически сесии.*
Почасова практика.

Стъпка 124

ДНЕС НЯМА ДА СЕ ПРЕСТРУВАМ, ЧЕ СЪМ ЩАСТЛИВ

Не трябва да се преструвате, че сте щастливи, защото това ще замаскира чувството ви на самосъжаление, ще увеличи объркването ви и ще задълбочи дилемата ви. Днес бъдете себе си, но в същото време се самонаблюдавайте и помнете, че Знанието е с вас, въпреки колебанията и отдалечаването ви от него. Знанието не се колебае и затова е извор на сигурност, последователност и стабилност за вас. То не се страхува от света и заради това е извор на смелост за вас. Вие не сте жалки, затова не се преструвайте.

Не се преструвайте на щастливи днес, защото тези, които са истински удовлетворени, могат да отправят въпроси или коментари към света, но техните въпроси и коментари ще съдържат силата на Знанието. Това е най-важното. Знанието не е начин на поведение. То е интензивно проявление на живота. Следователно не се опитвайте да убедите себе си или другите с определен начин на поведение, защото това не е необходимо.

Повтаряйте това изявление всеки час и почувствайте неговата сила и неговия дар на свобода. Днес бъдете такива, каквито сте. В двете медитативни сесии, се потопете в спокойствие, защото когато не се опитвате да бъдете някой, вие можете да имате комфорта на спокойствието, което е лукса на любовта.

Упражнение 124: *Две 30 мин. практически сесии.*
    Почасова практика.

Стъпка 125

Днес не трябва да се опитвам да бъда някой/я

Вие вече сте някой/я, така че защо да се опитвате да бъдете някой/я. По-добре бъдете това, което сте. Личността, която сте, е силата на Знанието, носена в превозното средство на индивида. Това вече е осъществено и се развива сега. Защо да се опитвате да бъдете някой/я, когато вече сте? Защо да не сте това, което сте? Открийте кои сте. Това изисква кураж, защото рискувате да се разминете с идеалистичните си възгледи за вас самите и за света. Нужен е кураж, защото трябва да рискувате да изоставите себеомразата, което е начин да се отделите от живота.

Следователно днес бъдете точно това, което сте. Напомняйте си го всеки час. И в двете си медитативни практики днес, бъдете спокойни и приемащи, без да се опитвате да бъдете някой/я.

Упражнение 125: *Две 30 мин. практически сесии.*
Почасова практика.

Стъпка 126

ПРЕГОВОР

Вашето Обобщение днес, ще се концентрира върху обучението ви от изминалата седмица. То ще наблегне още веднъж върху това, че вие се учите как да се учите. Вие се учите да разбирате как да учите. Вие се учите да разбирате силните и слабите си страни. Вие се учите да разбирате вашите желания – тези умения във вас, които трябва да развивате и тези желания и склонности, които трябва да задържате и контролирате съзнателно. Вие се учите да сте наблюдателни към себе си и по този начин разбирате как да бъдете обективни към себе си. Тази обективност е много важна, защото ви дава възможност да използвате това, което трябва да ви служи, без да бъде осъждано от вас. По този начин вие служите на себе си непосредствено и ефективно.

Ако се научите да сте обективни със себе си, ще бъдете обективни и с целия свят. Така Знанието ще заблести чрез вас, защото вие няма да се опитвате да направите света такъв, какъвто искате да бъде и няма да се опитвате да направите себе си такива, каквито желаете да бъдете. Това е началото на истинското решение, на истинското щастие и най-важното, това ще бъде началото на истинския ви принос

В единственото ви дълго упражнение днес, обобщете изминалата седмица и помнете тези неща. Засилвайте изживяването на Знанието днес, като помагате за неговото външно и видимо проявление, и не се съмнявате в силата на тази подготовка, която ще ви отведе до самото Знание.

Упражнение 126: *Една дълга практическа сесия.*

Стъпка 127

ДНЕС НЯМА ДА СЕ ОПИТВАМ ДА СЕ СРАВНЯВАМ С БОГ

Не се опитвайте да се сравнявате с Бог, бивайки нещастна личност, защото Бог ви познава само като частица от Творението. Не се опитвайте да се сравнявате с Бог, като правите света бедстващ, защото Бог го е създал красив и изпълнен с възможности. Не се опитвайте да се сравнявате с Бог, като отказвате да обичате и приемете себе си, защото Бог ви познава такива, каквито сте. Не се опитвайте да се сравнявате с Бог, като прекъсвате връзките си с егоистични подбуди, защото Бог разбира връзките ви, както те наистина съществуват и тяхната голяма цел и обещание. Вие не можете да се сравнявате с Бог. Можете само да си навредите.

Следователно приемете, че сте загубили съревнованието си с Бог. И тази загуба е вашата истинска победа, защото Бог е винаги с вас, въпреки че вие сте загубили временно Бог във вашите представи. Обичта ви към Бога е толкова голяма, че дори ви плаши, защото представлява най-голямата сила във вас, която можете да притежавате. Трябва да учите за това в директен контакт. Следователно не се опитвайте да се сравнявате с Бог днес, като се базирате отново на старата и погрешна представа за себе си. Вие сте щастливи победители в собствената си загуба.

В ДВЕТЕ СИ ПРАКТИЧЕСКИ СЕСИИ ДНЕС, повтаряйте тази идея и се опитайте да мислите за нея. Във вашата практика подтиквайте мисълта си към анализ. Това е полезно действие за съзнанието ви. Мислете си за това съобщение и за всички идеи, които го заобикалят и ще започнете да разбирате собствената си система на вярвания. Ще можете да разберете това обективно и ще работите с него, защото съзнанието е фиксирано в дадена структура, докато тя е използувана за други цели. Не използвайте тази структура като реалност, защото външната, повърхностна проява на съзнанието ви е структура, която ви е заблуждавала. И въпреки това, тя е истинска вътрешна хармония и желае да се прояви естествено. За да и дадете възможност да го направи и да се прояви във физическия свят без задръжки и деформации обаче, вие трябва да притежавате подходящата структура в съзнанието си. Това е, върху което Ние ще работим днес.

Упражнение 127: *Две 30 мин. практически сесии.*

Стъпка 128

Моите Учители са с мен. Не трябва да се страхувам

Вашите Духовни Учители са с вас и не трябва да се страхувате. Ако имате достатъчно увереност в Знанието и в присъствието на вашите Учители, базиращо се на действителен опит, това ще осигури спокойствие и вяра в живота ви, ще неутрализира излишния ви страх и ще освободи съзнанието ви.

Само опасението, че Знанието ви е било оскърбено, ще се излъчи от Знанието, за да разкрие нуждата да преоцените действията и идеите си. Знанието притежава свойството да коригира себе си и затова е ваш Духовен Водач. Ако вървите срещу вашето Знание, вие ще нарушите спокойствието си и ще се разболеете, а това ще доведе до увеличаване на вашата тревога. Повечето от страха, който изпитвате в даден момент, е ваше собствено творение и е плод на негативното ви въображение. Съществува обаче и страх от незачитане и опетняване на Знанието. Това е по-скоро дискомфорт отколкото страх, защото той рядко носи със себе си някакви образи, въпреки че идеите биха могли да дойдат в мислите ви под формата на предупреждения, ако се опитвате да мислите, че това е опасно или разрушително.

Страхът, който е породен от негативното въображение, включва по-голямата част от страха, с които се забавлявате. Трябва да се научите да се противопоставяте на това, защото по този начин не използвате добре ума си. Вие създавате изживявания за себе си, изживявате ги и ги наричате реалност. Междувременно, вие само фантазирате и изобщо не сте присъстващи в живота. Негативните фантазии ви изцеждат емоционално, физически и психически, и по този начин могат напълно да доминират мислите ви. Как по друг начин бихте могли да бъдете разделени във вселената, освен в собствените ви мисли? Вие всъщност не бихте могли да бъдете разделени от Бог. Не можете да бъдете разделени и от Знанието във вас. Можете само да се криете в собствените си мисли, да ги размахвате, и да създавате различна идентичност и различно изживяване за себе си, което макар и доста демонстративно е на практика абсолютна илюзия.

В ДВЕТЕ СИ МЕДИТАТИВНИ СЕСИИ ДНЕС, още веднъж се потопете в безмълвие и неподвижност. Не трябва да има психически спекулации или дейност, за да може съзнанието ви да се отпусне и да изживее своята действителност. Не позволявайте на страха и тъгата да ви разконцентрират. Помнете, че това е само вашата негативна фантазия. Само Знанието може да индикира, дали вършите нещо неподходящо в рамките на някакви непосредствени събития. Ще откриете, че това е нещо много по-различно от негативната фантазия и ще изисква различни действия от вас.

Упражнение 128: *Две 30 мин. практически сесии.*

Стъпка 129

МОИТЕ УЧИТЕЛИ СА С МЕН. АЗ ЩЕ БЪДА С ТЯХ

Вашите Учители са с вас. Те не ви говорят, освен в изключително редки случаи и то само, ако сте способни да слушате. От време на време, те ще пращат свои мисли в съзнанието ви и вие ще изживявате това, като искра на въодушевление. Вие не знаете как вашето съзнание е свързано с другите съзнания, но с времето ще започнете да изживявате това в собствения си свят. Това ще бъде толкова очевидно, че ще се чудите как сте могли да се съмнявате.

Практикувайте с вашите Учители, които ще бъдат с вас и днес в двете ви продължителни практически сесии. Не е нужно да си изграждате визуални образи за тях, за да имате това изживяване. Не е нужно да чувате гласове или да виждате лица, защото тяхното присъствие е достатъчно, за да ви даде пълно изживяване на факта, че сте заедно. Ако бъдете спокойни, дишате дълбоко и не фантазирате – нито прекрасни, нито ужасни неща – ще започнете да изживявате това, което всъщност се случва. Вашите Учители са там. И днес, вие можете да практикувате присъствие с тях.

Упражнение 129: *Две 30 мин. практически сесии.*

Стъпка 130

Връзките ще се появят, когато съм готов/а за тях

Защо се стремите към връзки на света, когато истинските връзки ще се появят, когато сте готови? За да разберете това, трябва много да вярвате в силата на Знанието във вас и в другите. Вашият стремеж и нетърпение ще намаляват, давайки ви възможност за истинско спокойствие и реализация.

Личности ще идват към вас по мистериозен начин, защото вие развивате Знанието. Вие ще имате връзка с тях както на личностна основа, така и на нивото на Знанието. Това е нивото, което ще започнете да откривате и то ще нараства с бавни темпове в началото. Ако продължите подготовката си правилно, това изживяване евентуално ще расте и ще се установи дълбоко във вас.

Не е нужно да търсите връзки. Трябва само да се отдадете на подготовката си и да сте убедени, че хората ще дойдат при вас, когато се нуждаете от тях. Това ще изисква да прецените вашите нужди, а не вашите желания. Ако вашите желания не отговарят на истинските ви нужди, тогава ще объркате ужасно живота си и ще утежните както вашето състояние, така и състоянието на тези, с които сте във връзка, а това може да потисне както тях, така и вас. Без натиск, хората ще са свободни да дойдат при вас, когато имате нужда.

Напомняйте си за това всеки час днес и в двете си дълги практически сесии, позволете на съзнанието ви да бъде възприемчиво. Опитайте се да почувствате присъствието на вашите Учители. Не дразнете себе си с желания за връзки и изисквания за личности или за това, което те биха могли да притежават. Днес бъдете уверени, че Знанието ще привлече подходящите хора към вас, когато наистина имате нужда от тях.

Упражнение 130: *Две 30 мин. практически сесии.*
Почасова практика.

Стъпка 131

ДНЕС ЩЕ ТЪРСЯ ОПИТА НА ИСТИНСКАТА ЦЕЛ В ЖИВОТА

Търсете опита на истинската цел. Това осигурява основата за всички смислени връзки. Не търсете връзки извън този контекст, защото ще им липсва основа и въпреки привлекателността си, те ще бъдат много трудни за вас. Без значение дали търсите брак, сериозна дружба или помощ от колега в работата си помнете, че Знанието ще привлече към вас всички личности, от които наистина се нуждаете.

Следователно, днес се концентрирайте върху целта, а не върху връзките. Колкото по-голямо е вашето изживяване на целта, толкова по-добре ще разберете връзките. Ще разберете също така, че хората биват заедно за удоволствие и насърчение, но въпреки това съществува много по-важен елемент за тяхната среща. Много малко хора знаят това, но то ви е дадено, за да го разпознаете чрез практиката и опита. Може да сте сигурни, че ако не се опитвате да използувате хора за личното ви разбиране за цел, вие ще отворите себе си за нейното истинско изживяване. Когато започнете да се наблюдавате обективно, тогава ще виждате проявлението на вашата воля в контраст на Знанието и това ще бъде много важно за вашето обучение.

Всеки час днес си напомняйте за вашето намерение да реализирате целта си. Нека днешния ден бъде стъпка в тази посока – стъпка, която ще ви спести години време, стъпка, която ще ви помогне да напреднете към вашата цел на Знанието, защото Знанието ви привлича. В двете си медитативни практики позволете на Знанието да ви тегли напред. Почувствайте голямото привличане във вас, което вие естествено чувствате, ако не сте ангажирани с дребни неща.

Упражнение 131: *Две 30 мин. практически сесии.*
Почасова практика.

Стъпка 132

ЩЕ СЕ УЧА ДА СЪМ СВОБОДЕН, ЗА ДА МОГА ДА УЧАСТВАМ

НЕЗАВИСИМОСТТА ВИ ОТ МИНАЛОТО – вашите минали осъждания, минали връзки, минали болки, стари рани и трудности – ви дават независимост в настоящето. Това не е цел, която да затвърди вашето разделение или да го направи по-завършено, а да ви позволи да се включите смислено във взаимоотношенията. Нека това бъде мълчаливо разбиране: нищо не можете да направите в света без връзки. Нищо не можете да извършите; не можете да напреднете; не можете да разберете истината; без връзки не можете да осъществите нищо ценно. Така, с увеличаване на независимостта ви от миналото, расте и възможността ви за включване в настоящето и в бъдещето, защото задачата на свободата е, да ви даде сила да участвате.

ВСЕКИ ЧАС СИ СПОМНЯЙТЕ ЗА ТАЗИ идея и я обмисляйте в светлината на изживяването си днес. В двете медитативни практики позволете на Знанието да ви въвлече дълбоко във вашата същност и изпитайте това чувство на свобода.

Упражнение 132: *Две 30 мин. практически сесии.*
Почасова практика.

Стъпка 133

ПРЕГОВОР

Днес Ние би трябвало да обобщим изминалата седмица на подготовка. Прегледайте това обективно още веднъж и без осъждане осъзнавайки напредъка и ограниченията си, и затвърждавайки решимостта си. Това е вашето желание за Знанието, което Ние желаем да развием заедно с вашите способности. Правилното мислене, правилните действия и правилната мотивация, ще ви помогнат да се развивате естествено в правилната посока. Всяка стъпка напред, ще ви дава чувство за цел, значение и посока в живота и ще ви освободи от желанието да решавате неща, които не изискват решение и да разбирате нещата без страх и безпокойство. Колкото по-спокойни сте, толкова повече същността и качествата, които носите с вас ще се проявяват. Така ще се превърнете в светлина за тези около вас и ще се учудвате на чудесата в собствения си живот, който сам по себе си ще бъде едно чудо.

В продължителната си практическа сесия днес, се упражнявайте и обобщавайте дълбоко и искрено. Не позволявайте на нещо да ви разконцентрира. Вашата практика е дар за Бог, а когато отдавате и дарявате, тогава и приемате дарове за себе си.

Упражнение 133: *Една дълга практическа сесия.*

Стъпка 134

Няма да определям моята цел само за мен

Вие не трябва да определяте вашата цел, защото тя ще се покаже и ще ви се изясни с времето. Не живейте според определенията. Живейте с опит и разбиране. Не се опитвайте да откриете целта си и ако все пак го направите, винаги помнете, че тя е само временен метод. Не и се доверявайте прекалено силно. По този начин светът не може да ви ядоса, защото какво може да стори света, освен да подцени определенията за вас самите? Ако не живеете съгласно собствените си определения, светът не може да ви нарани, защото той не може да докосне Знанието във вас. Само Знанието може да доближи Знанието. Само Знанието на някой друг може да доближи Знанието във вас и само Знанието във вас, може да докосне Знанието в някой друг.

Следователно, не се опитвайте да определите целта си днес. Бъдете без определения, за да може изживяването ви без цел да расте. И като расте, то ще даде пълнота на целта ви, без изопачаване и измама. Няма нужда да защитавате това в света, а само да го носите като перла в сърцето си.

Всеки час си повтаряйте, да не определяте целта и си мислете за цената, която съгласно опита си трябва да платите. В двете си медитативни практики, бъдете спокойни. При всяко издишване си казвайте думата РАХН, РАХН, РАХН. Изричайте думата РАХН, когато издишвате в медитацията си. Фокусирайте се напълно върху тази дума. Тя ще стимулира Древното Знание във вас и ще ви даде силата, от която се нуждаете в момента.

Упражнение 134: *Две 30 мин. практически сесии.*
Почасова практика.

Стъпка 135

Няма да определям съдбата си днес

Както целта, така и съдбата ви са извън вашите възможности да ги определяте. Нужно е само да следвате тази посока, за да почувствате нарастващото Знание в живота си. Колкото по-близо сте до Знанието, толкова повече ще го изпитвате. Колкото повече го изпитвате, толкова по-близо до него ще желаете да бъдете, защото това е естествено влечение. Това е истинска любов и привличане на харесване към харесване. Това е, което дава значение на вселената. Това е, което напълно обединява живота. Освободете се от всякакви дефиниции днес и позволете на ума ви да бъде в естественото си състояние. Позволете на сърцето ви да следва естествения си ритъм. Позволете на Знанието да изяви себе си чрез съзнанието ви, чиято външна структура е отворена и свободна сега.

Помнете, че трябва да се упражнявате всеки час. В двете си дълбоки медитативни практики днес, продължете с PAXH упражненето, изричайки думата PAXH при всяко издишване. Опитайте да почувствате присъствието в живота си, присъствието на вашите Учители и дълбочината на Знанието ви. Опитайте да проявите самодисциплина днес, за да ангажирате съзнанието си по този начин. Защото, ако съзнанието е близо до неговата истинска крайна точка, то ще отговори по съответния начин и всичко ще следва естествения си ритъм. Тогава ще почувствате, че Благоволението е с вас.

Упражнение 135: *Две 30 мин. практически сесии.*
Почасова практика.

Стъпка 136

МОЯТА ЦЕЛ Е ДА ВЪЗСТАНОВЯ ЗНАНИЕТО СИ И ДА МУ ПОЗВОЛЯ ДА СЕ ПРОЯВИ НА СВЕТА

Това ще отговори на въпросите, засягащи вашата цел. Като следвате тази цел, вашият зов в живота – специфичната роля, която трябва да изиграете – ще ви се разкрие естествено стъпка по стъпка. Това няма да изисква определения от вас. То ще се появи и вие ще го разберете все по-дълбоко и по-пълно с всяка следваща стъпка, защото всяка стъпка ще го осъществява още по-пълно.

Вашата цел е вашето Знание. Припомняйте си това всеки час и бъдете щастливи, че отговора ви е даден. Но отговорът не е обикновена идея. Той е възможност за подготовка, както и всеки истински отговор на всеки истински въпрос е форма на подготовка. Вие търсихте тази подготовка, а не желаехте само готовите отговори. Съзнанието е пълно с отговори, а какво всъщност правят те, освен да увеличават бремето на мислите ви? Следвайте подготовката, както е дадена за днес и за всеки отделен ден от Нашата програма, за да можете да получите отговори на въпросите си. Целта ви е да възобновите вашето Знание и това ще се опитаме да сторим днес.

Още веднъж, всеки час си спомняйте тази мисъл. Мислете за нея през деня и я направете основен фокус на вашето разбиране. В двете ви дълги медитативни сесии повтаряйте отново думата РАХН, която ще стимулира Древното Знание във вас. Не е нужно да разбирате мощта на тази практика, за да получите пълната и облага, а трябва само да я упражнявате така, както е дадена.

Упражнение 136: *Две 30 мин. практически сесии.*
Почасова практика.

Стъпка 137

ЩЕ ПРИЕМА МИСТЕРИЯТА НА ЖИВОТА

Вашият живот е една мистерия. Вашите корени, вашата цел да сте тук и крайната ви точка напускайки този свят, са една мистерия. За да бъдат разбрани, те трябва да бъдат изпитани на практика. Как може да разберете мистерията на живота си в този момент? Трябва да сте в края на живота си, за да разберете какво ви се е разкрило дотук, а вие все още не сте там. Би трябвало да видите светът от Древния си Дом, за да разберете неговото истинското значение. Вие сте на света сега и трябва да бъдете представени на света. Тази мистерия може да бъде изпитана и трябва да бъде изпитана. Не бихте могли да я разберете в този момент, но можете да я изживеете напълно в него. Когато я изживеете, тя ще даде предимство на всички неща, които трябва да осъществите и които чакат да бъдат осъществени.

Следователно, не обременявайте мислите си, като се опитвате да разбирате, защото ще търсите невъзможното, ще се объркате и само ще увеличите товара си. По-добре е да изпитате на практика мистерията на вашия живот с учудване и благодарност, защото светът е много по-велик, отколкото сте мислили и определяли до сега.

Повтаряйте тази идея всеки час и упражнявайте РАХН медитацията два пъти днес дълбоко и искрено. Нека практиката ви днес, да потвърди отново вашето посвещение в Знанието, защото трябва само да следвате стъпките така, както са дадени.

Упражнение 137: *Две 30 мин. практически сесии.*
Почасова практика.

Стъпка 138

Трябва само да следваме Стъпките, както са дадени

Истината за това е очевидна, ако си спомните за многото неща, които сте научили, следвайки стъпките на подготовката. Да не участвате и да се опитвате да разбирате, е напълно безмислено, изключително разочароващо и без щастлив или задоволителен резултат. Ние ви готвим да участвате в живота, а не да го съдите, защото животът носи много по-големи обещания, отколкото могат да разкрият вашите осъждания. Вашето разбиране е породено от участието и е резултат от него. Оттук се учите да участвате и след това да разбирате, защото това е истинското развитие на нещата.

Помнете това днес в почасовата си практика и направете две дълбоки медитации в спокойствие и тишина. Не позволявайте на мисли на страх, тревога и несигурност във вас да ви разубеждават по време на практиката ви. Вашите възможности да се упражнявате независимо от емоционалното ви състояние показва, че присъствието на Знанието е във вас, защото Знанието е свободно и е отвъд всякакви емоционални състояния. Ако желаете да зърнете звездите, трябва да надникнете отвъд облаците. Какво друго са страховете, освен облаци преминаващи през съзнанието ви? Те променят само характера на повърхността на съзнанието ви, но в дълбочина то си остава винаги непроменено.

Упражнение 138: *Две 30 мин. практически сесии.*
Почасова практика.

Стъпка 139

ДОШЪЛ СЪМ НА СВЕТА, ЗА ДА СЛУЖА

Вие сте дошли на света да служите, но първо трябва да получите. Първо трябва да забравите какво сте научили и след това да възстановите, и използувате това, което носите с вас. Това е много важна подготовка за успеха и за щастието ви. Не се заблуждавайте, че само с разбиране ще можете да познаете и да отдадете вашите дарове. Вашето участие е вашата подготовка, защото сте били подготвени да участвате в живота. По този начин, Ние ви потапяме все по-дълбоко в мистерията и проявлението на живота. Така вие ще разглеждате тази мистерия като чудо и ще се отнасяте с проявлението на живота практично и обективно. Вие също така ще можете да преминете от Древния си Дом, към проявения свят. През този мост, Мъдростта на Знанието може да прояви себе си и вие можете да получите най-голямото удовлетворение.

Упражнявайте вашата PAXH медитация два пъти днес с дълбочина и концентрация, и помнете тази идея всеки час, за да използувате всички събития днес за вашето собствено добро.

Упражнение 139: *Две 30 мин. практически сесии.*
Почасова практика.

Стъпка 140

ПРЕГОВОР

Днес приключвате двадесет седмичната подготовка. Стигнахте толкова далеч и ще крачите напред с удвоена сила и увереност, защото Знанието ще продължи да ви води и да ви мотивира с нарастваща сила и защото сте станали по-възприемчиви. Вие желаете да сте слуга и Господар в едно, защото притежавате и едното и другото. Лично вие не сте Господари, но Господарят е във вас. Вие сте слуги, но имате връзка с Господарят и така този съюз е завършен. По този начин всички ваши аспекти намират правилното си място. Всички неща се подреждат в хармония и ред, с една цел и намерение. Животът ви е обикновен, защото е в хармония и баланс. Знанието ще покаже всички неща, които трябва да бъдат сторени за вас – физически, емоционално и умствено – за да развиете този баланс и да го запазите в сегашните условия. Не си мислете, че някой важен аспект ще бъде пренебрегнат или оставен недовършен.

Поздравления за вашите постижения дотук. Обобщете изминалите шест дни на упражнения и оценете вашия прогрес. Бъдете начални ученици на Знанието, за да можете да получите максимума от подготовката. Ще продължите напред с увереност, бързина и посвещение, като се учите да използувате всички неща във ваша полза.

Упражнение 140: *Една дълга практическа сесия.*

Стъпка 141

ДНЕС ЩЕ БЪДА УВЕРЕН

Днес бъдете уверени, че сте по пътя на подготовката на Знанието. Бъдете уверени, че Знанието е с вас и ви очаква, че се учите стъпка по стъпка да получавате неговата благословия, неговото спокойствие и насока. Бъдете уверени, че сте рожби на Божията любов и че живота ви на този свят, този кратък момент тук, е възможност да възстановите истинската ви идентичност на място, където тя е била забравена. Бъдете уверени, че усилията, които правите сега за ваше добро, ще ви отведат до голямата цел, която търсите, защото тази подготовка идва от Древния ви Дом, да ви помага докато сте на света, в който сте дошли да служите.

Повтаряйте това твърдение всеки час и го разглеждайте в светлината на случващото се днес. В двете си дълги практически сесии, повтаряйте това изявление и се потопете в тишина и спокойствие. Нека увереността ви разсее страха, съмнението и тъгата. Подкрепете усилията си днес, защото те се нуждаят от вашата помощ, за да можете да получите голямата увереност, която се учите да получавате.

Упражнение 141: *Две 30 мин. практически сесии.*
Почасова практика.

Стъпка 142

ДНЕС ЩЕ БЪДА ПОСЛЕДОВАТЕЛЕН

УПРАЖНЯВАЙТЕ СЕ В ПОСЛЕДОВАТЕЛНОСТ ДНЕС, без значение какво се появява във вас. Тази вярност представлява Великата Сила във вас. Тази последователност ще ви осигури спокойствие и стабилност пред всички ваши тревоги, външни събития и емоционални състояния. Тази последователност ще ви стабилизира и балансира с времето и ще сложи в ред вашите дела. Вие практикувате последователност, за да можете да я научите и да я изпитате. Като правите това, тя ще ви дари със сила, от която се нуждаете, за да бъдете сътрудници на света.

СЛЕДОВАТЕЛНО ДНЕС СЕ УПРАЖНЯВАЙТЕ В ПОСЛЕДОВАТЕЛНОСТ. Упражнявайте се всеки час, напомняйки си да бъдете последователни. В двете ви медитативни сесии, тренирайте съзнанието си на баланс и фокус, позволявайки му да се установи в себе си и да изпита своята същност. Не възпирайте и не контролирайте това, което се показва във вас и около вас. Запазете само последователността и всички неща ще бъдат в баланс и във връзка с него. Оттук вие донасяте Знанието на света, защото Знанието е напълно последователно. Това ще ви превърне в личности с голямо присъствие и сила. Другите ще искат да преживеят тази последователност във времето, когато тя ще бъде по-пълно получена и развита от вас. Те ще открият спасение във вашата вярност и това ще им напомня за тяхната цел, която чака да бъде открита.

Упражнение 142: *Две 30 мин. практически сесии.*
Почасова практика.

Стъпка 143

ДНЕС ЩЕ БЪДА СПОКОЕН

Бъдете спокойни днес в двете си медитативни сесии, за да можете да получите присъствието на Знанието във вас. Отделете момент на спокойствие в почасовата ви практика, за да разберете къде сте и какво правите. По този начин можете да навлезете в дълбоката същност на съзнанието ви, за да ви служи то всеки час и за да го носите навред по света. Бъдете спокойни днес, за да можете да наблюдавате света. Бъдете спокойни днес, за да виждате света. Бъдете спокойни днес, за да чувате света. Днес вършете това, което трябва, но бъдете спокойни вътрешно. По този начин Знанието ще представи себе си и ще започне да ви ръководи, което е и неговото предназначение.

Упражнение 143: *Две 30 мин. практически сесии.*
Почасова практика.

Стъпка 144

ДНЕС ЩЕ ПОЧИТАМ СЕБЕ СИ

Почитайте себе си, заради вашето Наследство, заради съдбата ви и заради целта ви. Почитайте себе си, защото животът ви почита. Почитайте себе си, защото Бог е почетен от Божието творение във вас. То затъмнява всички оценки, които сте направили за себе си. То е по-велико от всякакъв критицизъм, който сте отправяли към себе си. То е по-велико от всяка гордост, която сте използували, за да потушите болката.

Всеки час, в простота и скромност си напомняйте да почитате себе си. В двете ви дълбоки практически сесии, се опитайте да почувствате присъствието на Знанието, защото това е почит към вас и към Знанието. Почитайте себе си днес, за да може Знанието да бъде почетено, защото вие сте Знание в реалността. Това е Истинското ви Аз, но това е Аза, който вие едва сега започвате да преоткривате.

Упражнение 144: *Две 30 мин. практически сесии.*
Почасова практика.

Стъпка 145

ДНЕС ЩЕ ПОЧИТАМ СВЕТА

Почитайте света днес, защото това е мястото, на което сте дошли да възстановите Знанието и да предадете неговите дарове. Със своята красота и злочестини, светът осигурява правилна среда за вас, за да осъществите целта си. Почитайте света, защото Бог е на света, почитайки го. Почитайте света, защото Знанието е на света, почитайки го. Почитайте света, защото без вашето осъждане ще осъзнаете, че това е красиво и благодатно място, което ви благославя, когато и вие се научите да го благославяте.

Повтаряйте този урок всеки час. В двете ви дълги практически сесии, почувствайте любовта си към света. Позволете на Знанието да отдаде своята благодат. Не трябва да се стремите да обичате, а само да сте отворени и да позволите на Знанието да изрази голямата си обич.

Почитайте света днес, за да бъдете почетени на света, защото светът ви почита, когато вие почитате себе си. Светът е признателен, когато вие сте признателни към вас самите. Светът се нуждае от любов и от вашата благословия. Той се нуждае също така от вашите добри дела. Така вие сте почетени, защото сте дошли в него да давате.

Упражнение 145: *Две 30 мин. практически сесии.*
Почасова практика.

Стъпка 146

ДНЕС ЩЕ ПОЧИТАМ МОИТЕ УЧИТЕЛИ

Вашите мистериозни Учители, които съществуват отвъд видимия свят, са с вас докато сте на света. Сега, когато крачите по стъпките към преоткриване на Знанието, тяхното присъствие и дейност в живота ви ще бъдат по-очевидни и по-силни. Вие ще разбирате това и все повече ще се нуждаете от тяхната помощ, за да се развивате и укрепвате.

Всеки час и в дългите ви практически сесии, си спомняйте за вашите Учители и активно мислете за тях. Почитайте вашите Учители и по този начин ще покажете, че древните ви връзки са живи и са представени, за да ви осигурят надежда, сигурност и пълномощия. Почетете вашите Учители, за да можете да изпитате дълбочината на връзката си с тях. Тази връзка с тях е искрата на съзнанието, която ви напомня за Древния ви Дом и за истинската ви съдба. Почитайте вашите Учители, за да можете и вие да сте почетени, защото това е почитта, която трябва да възстановите. Независимо от допуснатите грешки, вие трябва да възстановите вашата чест. Ако това е направено истински, то ще бъде скромно и естествено, защото почитайки себе си, вие почитате величието на живота, малка, но неделима част от който сте и вие.

Упражнение 146: *Две 30 мин. практически сесии.*
Почасова практика.

Стъпка 147

ПРЕГОВОР

В обобщението ви за изминалата седмица се опитайте да направите изводи за изучения материал. Обърнете специално внимание, за да разпознаете решението, което ви е предложено, докато използувате волята си за добро. Отбележете също така нуждата да приемате себе си отвъд сегашните ви разбирания, да почитате себе си отвъд сегашната ви оценка за вас и да изживявате живота отвъд мислите и предубежденията ви. Открийте възможността, която ви е предоставена и разберете, че всеки момент, който прекарвате в откровено усърдие, движи напред прогреса ви с изключителни темпове и осигурява постоянен напредък за вас. Ако мислите за това, какво желаете да дадете на света, отдайте вашето развитие. От това всички добри неща, които сте дошли да дадете, според вашата природа и дизайн, ще бъдат отдадени напълно. Така вашия дар за света е вашата подготовка, чрез която се учите да давате.

В дългата ви практическа сесия, обобщете изминалата седмица - уроците ви, упражненията ви, опита, който сте натрупали, това, което сте постигнали и това, което ви е затруднило. Прегледайте всичко това обективно и преценете как по-пълно в бъдещето можете да участвате в практическите упражнения.

Упражнение 147:   *Една дълга практическа сесия.*

Стъпка 148

МОЯТА ПРАКТИКА Е МОЯ ДАР ЗА БОГ

ВАШАТА ПРАКТИКА Е ВАШИЯ ДАР ЗА БОГ, защото волята на Бога е да получите Знанието и да го дарите на света. Така вие сте почетени като получатели и носители на Знанието, Бог е почетен като източник на Знанието и всички, които го получават също биват почетени. Това е вашия дар сега – да се отдадете на истинската подготовка, в която вече сте включени.

СЛЕДОВАТЕЛНО ОТНАСЯЙТЕ СЕ С ВСЯКА ПРАКТИЧЕСКА СЕСИЯ ДНЕС като с форма на отдаване. Всеки час отдавайте себе си независимо от обстоятелствата. Отдайте се напълно в двете ви дълбоки, медитативни практики. Не търсете и не просете идеи или информация, а получавайте и давайте. Като отдавате себе си, вие ще получавате и така ще учите древния закон, че даването е и получаване. Това трябва да се породи изцяло във вашето преживяване, за да можете напълно да разберете неговото значение и приложение в света.

ВАШАТА ПРАКТИКА Е ВАШИЯ ДАР ЗА БОГ. Вашата практика е вашия дар за вас самите. Опитайте се да давате във вашата практика днес, защото отдавайки ще разберете дълбочината на собствените ви възможности.

Упражнение 148: *Две 30 мин. сесии.*
    Почасова практика.

Стъпка 149

МОЯТА ПРАКТИКА Е МОЯ ДАР ЗА СВЕТА

ВИЕ ДАВАТЕ НА СВЕТА ЧРЕЗ СОБСТВЕНОТО СИ РАЗВИТИЕ, защото се готвите да направите по-голям подарък, отколкото някога сте правили. Така, с всеки изминал ден, в който практикувате, съгласно дадените стъпки, вие дарявате на света. Защо е така? Защото вие опознавате собствената си цена и тежест. Вие опознавате Древния ви Дом и Древната ви Съдба. Вие опознавате тези, които са ви пратили и тези, които ще ви посрещнат, когато напуснете този свят. Всичко това го дарявате на света всеки път, когато се упражнявате откровено, всеки ден и всеки час. То е много по-ценно за света, отколкото можете да си представите, но с времето ще разберете нуждите, които биват задоволени по този начин.

СЛЕДОВАТЕЛНО ВАШАТА ПРАКТИКА Е ДАР ЗА СВЕТА, защото дава това, което вие утвърждавате в себе си. Това, което потвърждавате в себе си, е потвърждение за всяка личност, във всяка ситуация, във всички светове и всички измерения. Така вие потвърждавате реалността на Знанието. Така, докато сте тук на света, вие потвърждавате Древния си Дом.

ВСЕКИ ЧАС ДАРЯВАЙТЕ НА СВЕТА ЧРЕЗ ВАШАТА практика на даване. Припомняйте си това в дългите практически сесии и се потопете в тишина и спокойствие. Отдавайте от сърце и душа. Отдайте всичко, което мислите, че можете да дадете, защото това е дар за света. Въпреки че още не можете да видите резултата, бъдете уверени, че това даване ще излезе извън рамките на съзнанието ви и ще докосне всяко едно съзнание във вселената, защото всяко съзнание е част от едно цяло в реалността.

Упражнение 149: *Две 30 мин. практически сесии.*
Почасова практика.

Стъпка 150

ДНЕС ЩЕ УЧА КАК СЕ УЧИ

ДНЕС ЩЕ СЕ УЧИТЕ КАК ДА УЧИТЕ. Вие се учите как да учите, защото трябва да учите. Вие се учите как да учите, за да може това, което изучавате да бъде ефективно и целесъобразно, да е задълбочено и последователно, и да осъществява напредъка, върху който вие да стъпите и на който да разчитате във всякакви ситуации в бъдещето. Не си мислете, че разбирате учебния процес, защото вие се обучавате сега, вие учите значението на напредъка и на неуспеха, учите значението на окуражаването и на обезкуражаването, учите значението на ентусиазма и на липсата на ентусиазъм. В края на всяка седмица правите обобщение, за да можете да усетите прогреса и механизма на обучението. Много е важно да разберете, че докато вършите това, вие ще разбирате погрешно стъпките си, ще тълкувате погрешно действията си, няма да разбирате как да следвате учебния процес и никога няма да разберете как да се самообучавате.

СЛЕДОВАТЕЛНО ДНЕС УЧЕТЕ КАК ДА УЧИТЕ. Това ви прави начални ученици на Знанието, дава ви правото и ви поощрява да учите всичко, което е необходимо, без предположения, без загриженост, без отхвърляне и заблуда. Когато се учите как да учите, вие ще разберете механизма на обучението. Това ще осигури мъдрост и състрадание в общуването ви с хората. Не можете да обучавате другите с идеализъм, защото така ги обременявате със собствените ви очаквания. Вие изисквате от тях нещо, което дори живота не може да осигури. Но увереността на вашия опит и Знанието във вас, което ще отдавате на хората, ще звучи и те ще могат да го получат, и да го използват по свой начин. Тогава няма да имате никакви изисквания относно тях и тяхното обучение, а ще позволите на Знанието във вас, да дава на Знанието в тях. Тогава ще бъдете свидетели на указанията и на учението.

СЛЕДОВАТЕЛНО ДНЕС БЪДЕТЕ НАБЛЮДАТЕЛИ НА СОБСТВЕНОТО СИ ОБУЧЕНИЕ и се учете да учите. Всеки час си напомняйте, че се обучавате как да учите. В двете медитативни сесии се потопете в тишина и спокойствие. Наблюдавайте себе си, докато се движите напред и докато стоите на място. Упражнявайте волята си от свое име състрадателно и твърдо, и не преценявайте напредъка си, защото се учите как да учите и не сте в състояние да преценявате.

Упражнение 150: *Две 30 мин. практически сесии.*
Почасова практика.

Стъпка 151

НЯМА ДА ИЗПОЛЗУВАМ СТРАХА, ЗА ДА ПОДКРЕПЯМ МОИТЕ ВЪЗГЛЕДИ

НЕ ИЗПОЛЗУВАЙТЕ СТРАХА ДА ПОДКРЕПЯТЕ ВЪЗГЛЕДИТЕ за вас самите и за света, защото тези оценки са породени от съмненията и тревогите ви. Затова им липсва основата на Знанието. Те не притежават значението и стойността, която само Знанието може да осигури. Не разчитайте на възгледите ви за вас самите и за света. Когато се отдръпнете от тях ще разберете, че страхът е техния източник, защото сте опитвали да се успокоите с вашите оценки, да си осигурите нереална сигурност, стабилност и идентичност, от които се нуждаете. Следователно, не търсете заместници на Мъдростта и Знанието, а позволете на Мъдростта и Знанието да укрепнат естествено във вас.

ВСЕКИ ЧАС СИ ПОВТАРЯЙТЕ ТОВА ИЗЯВЛЕНИЕ и го оценете в светлината на всички неща, които са се появили днес. В двете ви дълбоки практики разгледайте значението на днешната идея като мислите за нея внимателно. Включете съзнанието си в работен режим и се опитайте да установите значението на днешния урок. Не се успокоявайте от предварителни заключения. Изследвайте дълбоко и използвайте активно съзнанието си през двете практически сесии днес. Разгледайте някои от нещата във вас, докато поддържате необходимата концентрация за днешната идея. Ако направите това, ще разберете много неща за Мъдростта и невежеството, а разбирането ви ще се породи от състраданието и истинската самооценка. Може да коригирате себе си и другите само като се обичате.

Упражнение 151: *Две 30 мин. практически сесии.*
Почасова практика.

Стъпка 152

Няма да следвам страха на света

Човечеството се ръководи от вълни на страх, който просмуква хората, вълни на страх властващи в човешките действия, мисли, заключения, вярвания и предположения. Не следвайте вълните на страха, които са на света. Вместо това останете непоколебими и спокойни със Знанието. Наблюдавайте света със спокойствие и увереност. Не позволявайте на вълните на страха да ви разклатят. По този начин ще можете да допринасяте за света, а не да бъдете негови жертви. Вие сте тук да давате, а не да съдите и в спокойствието си, вие не съдите света. Разпознайте вълните на страха, но не им позволявайте да ви обземат, защото Знанието е отвъд страха и той не може да ви докосне.

Повтаряйте тази идея всеки час и я оценете в светлината на всичко, което сте изпитали днес. В двете ви дълги практически сесии, използувайте активно съзнанието си, като се опитате да разберете днешната сесия. Това е също форма на умствено приложение. Днес ние няма да практикуваме спокойствие и умствена тишина, а умствена практика, за да се учите да мислите конструктивно. Трябва да изследвате. Не правете прибързани заключения. Не разчитайте на самоуспокоителни идеи. Бъдете уязвими днес, защото сте уязвими само към Знанието. Знанието ще ви предпази от всички болезнени неща в този свят и ще ви осигури комфорт и стабилност, на които светът никога не може да въздейства. Учете за това днес, за да можете да бъдете източник на Знанието на света и да позволите на вашия Източник да се прояви чрез вас.

Упражнение 152: *Две 30 мин. практически сесии.*
Почасова практика.

Стъпка 153

Моят Източник желае да се прояви чрез мен

Вие сте създадени да бъдете проявление на вашия Източник. Вие сте създадени да бъдете продължение на вашия Източник. Вие сте създадени да бъдете част от вашия Източник. Животът ви е комуникация, защото животът е комуникация. Комуникацията е продължение на Знанието. Това не е само обмяна на незначителни идеи между едно отделно съзнание и друго. Комуникацията е много по-значителна, защото тя създава живота, продължава го и съдържа радост и пълнота. В това е дълбочината и значението на всичко. Тук светлината и мрака се превръщат в едно цяло и престават да бъдат разделени. Тук всички противоположности се смесват и се превръщат в едно хомогенно цяло. Това е обединението на целия живот.

Опитайте да почувствате себе си като проводници на комуникацията и знайте, че това, което истински желаете да предадете, ще бъде изцяло проявено, защото истинския ви аз е продължение на Аза на самия живот. Така, вие ще бъдете напълно уверени и животът ще бъде утвърден около вас. Вашите дарове ще бъдат получени и обединени от живота, тъй като даването от този вид може да донесе по-голям резултат, отвъд разбирането на човечеството.

Всеки час си напомняйте, че предназначението ви е да проявите волята на вашия Източник. Потопете се в тишина и спокойствие още веднъж в двете ви практически сесии днес. Бъдете проводници, през които животът преминава свободно и чрез които, животът може да се прояви днес.

Упражнение 153: *Две 30 мин. практически сесии.*
Почасова практика.

Стъпка 154

ПРЕГОВОР

Днес преговорете практиката от изминалата седмица. Обобщете всички инструкции и всички практики, които са ви дадени. Преценете колко дълбоко сте потънали в тишина. Преценете колко дълбоко сте използували съзнанието си, за да изследвате. Помнете, че практиката ви е форма на даряване. Следователно, отдайте себе си като обобщите практиката си. Вижте как даването ви може да стане по-завършено и по-дълбоко, за да можете да получите още по-големи награди за себе си и за света.

В ДЪЛГАТА СИ СЕСИЯ ДНЕС, обобщете седмицата на практика, която току що сте приключили. Помнете да не съдите себе си. Помнете, че сте очевидци на вашето обучение. Помнете, че вашата практика е форма на даване.

Упражнение 154: *Една дълга практическа сесия.*

Стъпка 155

Светът ме благославя, когато получавам

Сега вие се учите да получавате. Светът ви благославя, като се учите да получавате, защото Знанието ще се влее във вас, след като се превърнете в отворено хранилище за него. И вие ще привличате това, което е живо към вас, защото животът винаги е привлечен от тези, които дават.

Разберете това в цялата му дълбочина днес, като си припомняте всеки час, че животът ви дава, когато сте спокойни. В двете ви медитативни сесии се потопете в спокойствие и почувствайте как животът е привлечен към вас. Това е естествено привличане. Когато давате и когато спокойствието ви се задълбочи, вие ще почувствате как животът е привлечен към вас, защото вие ще се превърнете в източник на храна за живота с течение на времето.

Упражнение 155: *Две 30 мин. практически сесии.*
Почасова практика.

Стъпка 156

ДНЕС НЯМА ДА СЕ БЕЗПОКОЯ ЗА СЕБЕ СИ

Безпокойството е начин на мислене по навик, породено от негативна фантазия или непоправени грешки. То увеличава чувството на провал и въздейства върху вярата към вас самите и върху вашата самооценка. Урокът ви за днес е да укрепите онова, което е истинско във вас. Ако сте със Знанието, то ще се погрижи за всички неща, които изискват вниманието ви. Не си мислете, че ако нещо е от значение за вас, то ще остане неглижирано. Всички духовни и светски нужди ще бъдат разбрани от вас, защото в Знанието няма пренебрегване. Вие, които сте свикнали да пренебрегвате; вие, които не сте използували правилно съзнанието си в миналото; вие, които не сте били в състояние да видите и чуете света, можете да бъдете спокойни, защото днес не трябва да се безпокоите за себе си.

Трябва дълбоко да вярвате и да сте убедени, че Знанието ще осигури всичко необходимо за вас. Това ще ви позволи да получите дара на Знанието, който ще разсее всичките ви съмнения и обърквания. Трябва да се готвите за това изживяване. Днес бъдете уверени, за да затвърдите вярата и убежденията си. Днес бъдете уверени и разпознайте нещата, които се нуждаят от вниманието ви и дори да имат светски характер, се погрижете добре за тях, защото Знанието не желае да ви отдели от света, а да ви приобщи към него, защото сте тук да давате.

Затвърдете вашето разбиране за днешната идея, като я повтаряте всеки час и отделете момент да вникнете в нея. Затвърдете практиката си днес, като я претворите в дълбоките си сесии потопявайки се в тишина и спокойствие. Можете да бъдете в тишина и спокойствие само, ако не сте загрижени за себе си. Така посвещението ви да отдадете себе си на практиката, е потвърждение на сигурността и спокойствието, които са във вас.

Упражнение 156: *Две 30 мин. практически сесии.
Почасова практика.*

Стъпка 157

НЕ СЪМ САМ/А ВЪВ ВСЕЛЕНАТА

Вие не сте сами във вселената, защото сте част от нея. Не сте сами във вселената, защото вашето съзнание е свързано с всички съзнания. Вие не сте сами във вселената, защото вселената е с вас. Вие се учите да бъдете с вселената, за да може връзката ви с живота да бъде напълно възстановена и да прояви себе си във вашия свят. Светът дава лош пример за това, защото човечеството е загубило връзката си с живота и трескаво търси в своята фантазия онова, което е било загубено. Бъдете щастливи днес, че можете да възобновите значението на живота си и да се посветите на практиката и на съдбата си. Можете да бъдете сигурни, че не сте сами във вселената. Тази идея е много по-дълбока, отколкото изглежда на пръв поглед. Това е абсолютно вярно, но трябва да се изживее, за да се разбере.

Следователно, всеки час си напомняйте за това. Опитайте да го почувствате независимо къде се намирате. В двете ви дълбоки медитативни практики, опитайте да изживеете пълното си сливане със света. Не мислете за идеи и образи, а чувствайте присъствието на живота, част от който сте и вие. Вие сте в живота. Вие сте потопени в него. Животът ви е обгърнал. Животът може да представя и демонстрира отвъд всяко действие и образ и вие сте в любовна прегръдка с него.

Упражнение 157: *Две 30 мин. практически сесии.*
Почасова практика.

Стъпка 158

АЗ СЪМ БОГАТ/А И ЗАТОВА МОГА ДА ДАВАМ

Само богатите могат да дават, защото те са задоволени. Само богатите могат да дават, защото те не се чувстват комфортно с придобивките си, докато не ги дарят. Само богатите могат да дават, защото те не могат да разберат придобивките си, докато не ги дарят. Само богатите могат да дават, желаейки да изживеят удовлетворението, като единствено свое постижение.

Вие сте богати и можете да дарявате. Вие вече притежавате богатството на Знанието, а това е най-големия възможен дар за вас. Всяко действие, всяка услуга, всяко друго дарено нещо е без значение, ако не е наситено със Знанието. Това е невидимата есенция на всички истински дарове и на всички истински давания. Вие притежавате огромни наличности от тази есенция, която трябва да се учите да получавате. Вие сте богати и не го осъзнавате. Дори да сте финансово бедни, дори да мислите че сте сами, вие сте богати. Волята ви за даване е демонстрация на това днес. Даването ви ще покаже източника, дълбочината и значението на богатството ви и ще вдъхнови даването ви с есенцията на самото даване. С времето ще установите, че давате без да мислите и че живота ви е един дар. Тогава, животът ще ви разкрие богатството, което всяка личност притежава, но което никой не е научен да приема.

Повтаряйте тази идея всеки час и в двете ви дълги медитативни практики изживейте собственото си богатство. Изживейте присъствието и дълбочината на Знанието. Бъдете получатели на Знанието и му се отдайте, защото като се отдавате на практиката, вие потвърждавате собственото си богатство, което трябва да бъде потвърдено, за да бъде истински реализирано.

Упражнение 158: *Две 30 мин. практически сесии.*
Почасова практика.

Стъпка 159

БЕДНИТЕ НЕ МОГАТ ДА ДАВАТ. АЗ НЕ СЪМ БЕДЕН/БЕДНА

Бедните не могат да дават, защото са нуждаещи се. Те трябва да получават. Вие не сте нуждаещи се, защото дарът на Знанието е с вас. Следователно, вие сте в позиция да давате и като правите това, ще разберете богатството си и всякакво чувство на нужда ще изчезне. Бъдете сигурни, че Знанието ще осигури всичките материални потребности, от които наистина се нуждаете. Въпреки че то може да и не осигури това, което желаете, то ще ви даде онова, което ви е нужно в момента. По този начин, вие ще имате това, което ви е нужно, за да давате съгласно естеството и повика ви на света. Въпреки това обаче, вие няма да сте натоварени с нещо, което да ви затруднява. Ще имате точно, колкото ви е нужно и света няма да ви обременява със своите лишения и излишъци. Така всичко ще бъде в перфектен баланс. Знанието ще ви дава нужното и това е, което истински желаете. Вие още не можете да прецените нуждите си, защото сте изгубени в желанията си. Но нуждите ви ще се разкрият чрез Знанието и с времето ще разберете естеството им и начина, по който могат да бъдат задоволени.

Вие не сте бедни, защото дарът на Знанието е с вас. Повтаряйте тази идея всеки час днес и се опитайте да вникнете в нея от гледна точка на вашите наблюдения за другите. В дълбоките ви практически сесии, се опитайте да изживеете богатството на Знанието, което притежавате.

Упражнение 159: *Две 30 мин. практически сесии.*
Почасова практика.

Стъпка 160

Светът е беден, но аз не съм

Светът е беден, но вие не сте бедни. Това е истина, без значение на ситуациите, защото вие възстановявате богатството на Знанието. Разберете значението на лишенията. Разберете значението на богатството. Не си мислете, че тези, които притежават повече неща, са по-богати от вас, защото без Знанието те са обеднели и ще увеличават материалното си богатство, за да компенсират своята несигурност и нещастие. По този начин техните придобивки усложняват бедността им.

Светът е беден, но вие не сте, защото носите Знанието с вас на света, където то е забравено и захвърлено. Така, с възстановяване на вашето богатство и света ще възстанови своето богатство. В същото време, вие трябва да стимулирате Знанието в другите и по този начин богатството във всеки ще започне да се разкрива от само себе си, в присъствието на Знанието, което ви ръководи.

Следователно, не искайте нищо от света. Пазете минималните материални неща, които са ви нужни, за да функционирате нормално. Това са скромни изисквания, в сравнение с онова, което сте дошли да дадете. И ако изискванията не надвишават нуждите ви, светът с готовност ще ви ги предостави, в замяна на големия дар, който притежавате.

Разглеждайте тази идея днес и не пропускайте час, без да направите това. Използвайте всеки час и всяка възможност, независимо от обстоятелствата и се упражнявайте, за да имате пълноценен живот във всяка ситуация. В двете ви дълги практически сесии днес се потопете в тишина и спокойствие, за да научите повече за богатството, което притежавате.

Упражнение 160: *Две 30 мин. сесии.*
                Почасова практика.

Стъпка 161

ПРЕГОВОР

В днешното обобщение разгледайте всеки урок и всяко упражнение от всеки един ден на изминалата седмица. Научете повече за учебния процес. Разберете, че за да учите това, не е нужно да осъждате живота, защото се учите как да учите. Разберете, че богатството е очевидно в живота ви заради практиките, които упражнявате и които не бихте могли да осъществите, ако Знанието не беше с вас. Вие следвате тази подготовка и практикувате всеки ден заради Знанието. Така, без вашата намеса, Знанието ще ви направлява във вашата подготовка и ще ви показва кога да осъществите следващата стъпка. Колко лесно е да успеете по този начин. Колко нормално е да получавате без отричане или настойчивост от ваша страна. Без фантазия, животът е убедителен. Неговата красота е убедителна. Неговата благосклонност е убедителна. Неговата цел е убедителна. Работата, която е нужна, е убедителна. Наградите са убедителни. Дори трудностите на този свят са убедителни. Всичко е убедително, когато съзнанието ви е ясно и спокойно.

Следователно в една дълга практическа сесия обобщете учебната си дейност от изминалата седмица. Бъдете напълно съсредоточени в тази задача. Отдайте се на практиката и знайте, че Знанието е с вас и ви мотивира.

Упражнение 161: *Една дълга практическа сесия.*

Стъпка 162

ДНЕС НЯМА ДА СЕ СТРАХУВАМ

НЕ ПОЗВОЛЯВАЙТЕ НА СТРАХА ДА ОБЗЕМЕ МИСЛИТЕ ВИ. Не позволявайте на негативната ви фантазия по навик да обземе вниманието и емоциите ви. Участвайте истински в живота, което можете да сторите без осъждане. Страхът е като заболяване, което идва и ви поваля. Но вие не трябва да му се поддавате, защото вашият източник и вашите корени са дълбоко в Знанието и сега вие сте силни със Знанието.

ВСЕКИ ЧАС СИ НАПОМНЯЙТЕ, ЧЕ не трябва да позволявате на страха да ви обземе. Оттеглете се от него и потвърдете вашата връзка със Знанието, ако започнете да чувствате неговия ефект, независимо по какъв начин ви влияе. Отдайте вярата си на Знанието. Отдайте се на Знанието в двете си дълбоки медитативни сесии днес. Отдайте му се от сърце и душа, за да почерпите сила и увереност от него, защото страхът не може да проникне там. Безстрашието ви в бъдеще няма да бъде породено от преструвки, а от увереността ви в Знанието. Така вие ще бъдете убежище за мира и източник на богатство за другите. Това е вашето предназначение. Затова сте дошли на света.

Упражнение 162: *Две 30 мин. практически сесии.*
  Почасова практика.

Стъпка 163

ЩЕ ЧУВСТВАМ ЗНАНИЕТО ДНЕС

Почувствайте трайното качество на Знанието, което ви е винаги под ръка, извън мислите и ангажиментите ви. Всеки час днес чувствайте присъствието на Знанието. Повтаряйте си днешното мото и изчакайте момент, за да почувствате неговото присъствие. Присъствието на Знанието е нещо, което можете да вземете с вас навсякъде, на всяка среща, във всякакви обстоятелства. То е подходящо навсякъде. Така вие ще можете да видите всяко събитие и обстоятелство. Ще можете да чувате. Ще можете да давате. Ще можете да разбирате. От такава стабилност се нуждае светът и вие, които притежавате това богатство, трябва да го отдадете на другите.

Почувствайте Знанието днес във вашите дълбоки практически сесии. Отдайте му се, защото то е вашия дар за Бог и за света. Нека днешния ден бъде ден на укрепване и утвърждаване. Не позволявайте на маловажни неуспехи да ви разубедят във вашата задача. Разберете, че спънките могат да забавят прогреса ви и е нужна само една крачка, за да продължите напред. Тогава отговорът на всеки провал, голям или малък, е просто решение да продължите. Вие трябва само да следвате стъпките, както са дадени, за да постигнете необходимата подготовка. Колко обикновен е пътя към Знанието. Колко ясен е той, когато следвате напътствията стъпка по стъпка.

Упражнение 163: *Две 30 мин. сесии.*
Почасова практика.

Стъпка 164

ДНЕС ЩЕ ПОЧИТАМ ТОВА, КОЕТО ЗНАМ

Днес почитайте това, което знаете. Придържайте се към това, което знаете. Позволете на Знанието да ви ръководи. Не се опитвайте да използвате Знанието, за да задоволите себе си, защото по този начин само ще използвате това, което мислите, че ви е необходимо и което ще задълбочи вашите илюзии и ще ви заплете и отдалечи от живота, от ентусиазма и от увереността ви. Нека Знанието да ви води днес. Изпълнявайте ежедневните си задължения. Следвайте задачите си, но позволете на Знанието да бъде с вас, за да ви отдаде загадъчния си дар и конкретните насоки, когато и където са нужни.

Повтаряйте тази идея всеки час днес и я разглеждайте в контекста на моментните условия, в които се намирате. В дълбоките си практически сесии още веднъж отдайте себе си на спокойствие и тишина. Почетете Знанието днес, като му се отдадете и бъдете с него.

Упражнение 164: *Две 30 мин. практически сесии.*
Почасова практика.

Стъпка 165

Моите задължения са малки, но мисията ми е голяма

Задълженията ви на света са малки. Това е осигуряване на провизии, от които физически се нуждаете, за да поддържате връзките си с другите, които са от значение както за вашето, така и за тяхното благосъстояние. Това са важни задължения, но вашата мисия е далеч по-важна. Не подценявайте възможността да получите мисията си, като не осъществявате задълженията си по най-добрия начин. Това е само опит за бягство от вас самите. Днес вършете добре вашите дела, без значение от занятието ви и ангажираността ви с другите. Не бъркайте това с мисията си, която е нещо далеч по-велико и която вие едва сега започвате да разкривате и изпитвате. Така, като започнете подготовката си за възстановяване и отдаване на Знанието, вашите задължения ще осигурят основата за вас.

Помнете, че всяко объркване е объркване на различни нива. Не бъркайте мисия и задължения. Много е важно да правите това разграничение. Вие имате специфични задачи на света, но мисията ви е далеч по-велика. Когато мисията ви започне да се проявява във вас, тя ще въздейства по специфичен начин върху задълженията ви. Това е постепенен и напълно естествен процес. Той ще изисква от вас да бъдете дисциплинирани, последователни и вярващи достатъчно, за да следвате неговите стъпки.

Следователно вършете задълженията си днес, за да бъдете начални ученици на Знанието. Напомняйте си за упражненията всеки час и в двете си дълги практически сесии, активно използвайте съзнанието си, имайки предвид идеята ви за днес. Нейното истинско значение не е повърхностно и вие трябва да го изследвате, за да разберете истинската му стойност. Не правете прибързани заключения. Не стойте извън Знанието, опитвайки се да го оцените сами. Потопете се в него, за да бъдете ученици днес, защото вие сте ученици на Знанието. Чрез вашата подготовка, вие отдавате себе си на света.

Упражнение 165: *Две 30 мин. практически сесии.*
Почасова практика.

Стъпка 166

Мисията ми е велика. Следователно мога да върша малки неща

Само в грандиозните ви идеи, прикриващи страха, тъгата и отчаянието, се крият пречките да вършите малки и незначителни неща, които трябва да осъществите на света. Не бъркайте величието на мисията си с ежедневните си занимания и задължения. Величието се проявява в най-дребното и незначително нещо, в най-незначителното действие, в най-мимолетната мисъл, в обикновеното изразяване и в най-обикновените обстоятелства. Вършете дребните неща на света, за да може Знанието да се прояви чрез тях във времето. Действията на света са незначителни в сравнение с величието на Знанието. Преди да започнете подготовката си, светът беше велик за вас, а Знанието бе нищожно, но сега научавате, че обратното е вярно – че Знанието е велико, а светът е малък. Това означава, че вашите действия и задължения са малки, но са средството, чрез което Знанието може да прояви себе си.

Следователно бъдете доволни като вършите дребни неща на света. Бъдете обикновени и смирени на света, така че величието да може да протича безпрепятствено чрез вас.

Практиката ви ще бъде повторение и дълбоко изследване, и в двете ви практически сесии използвате съзнанието си активно, за да разберете значението на днешната идея. Използвайте съзнанието си и изследвайте. Опитайте се да осмислите тези неща. Не се позовавайте на заключения, а продължете разкритията си. Така правилно ще използвате съзнанието си и то ще ви даде правилно разбиране. Така съзнанието ви ще бъде не само източник на образи и фантазии, с които да се забавлява. Така съзнанието ви ще изпита същността си. Така съзнанието работи в услуга на Знанието, както и трябва да бъде.

Упражнение 166: *Две 30 мин. практически сесии.*
Почасова практика.

Стъпка 167

Със Знанието съм свободен на света

Със Знанието сте свободни на света. Свободни сте да участвате. Свободни сте да напуснете. Свободни сте да сключвате договори. Свободни сте да ги променяте и прекратявате. Свободни сте да се отдавате. Свободни сте да се освободите. В Знанието вие сте свободни.

За да разберете истинското значение на това изявление и неговото положително влияние в сегашното ви положение, вие трябва да разберете, че не можете да използвате Знанието за собствени цели. Това трябва да бъде мълчаливо съгласие. Помнете винаги това, защото ако си мислите, че ще ползвате Знанието, за да осъществите себе си, вие няма да го оцените правилно и няма да го изживеете. Ще се опитате само да осъществите вашите илюзии и вашите опити да избягате. Това само ще сгъсти облаците, които се разсейват сега над вас. Това може само да ви разочарова, като форма на временна стимулация и да смеси чувството ви на изолация и нещастие.

Вие сте свободни със Знанието. Няма повече сдържаност, защото Знанието ще ви даде това, което ви е нужно и ще прояви себе си чрез вас, където и когато трябва. Това ще ви освободи от всички ненужни обвързаности и задължения, и ще ви води към тези личности, които ви очакват. Това ще ви насочи към тези обстоятелства, от които ще имате голяма полза вие и тези, които са с вас. Знанието е пътеводител, а вие сте получатели. Вие сте и тези, които дават. Няма по-велика свобода от тази, защото сте свободни.

Спомняйте си за тази идея всеки час и в двете си дълбоки медитативни практики се потопете в тишина и спокойствие. Успокойте съзнанието си, защото сте свободни. Подгответе се за упражненията, като повторите тази идея и се отдайте на практиката. Без вашето влияние, съзнанието ви ще бъде свободно и ще изпита своята дълбочина в Знанието.

Упражнение 167: *Две 30 мин. практически сесии.*
Почасова практика.

Стъпка 168

ПРЕГОВОР

Обобщете изминалата седмица. Прегледайте отново всеки урок, както е даден и всяка практика, която сте осъществили. Обобщете цялата седмица, за да можете да затвърдите наученото, което сте започнали. Помнете, че се учите как да учите. Помнете, че сте начални ученици на Знанието. Помнете, че вашата оценка няма да ви бъде от помощ, ако не е родена от Знанието. Без тази оценка, ще бъде очевидно как да заздравите вашата обвързаност и подготовката ви, как да поправите външния ви живот и как да подкрепите себе си във вашето начинание. Това може да бъде направено без самообвинения. То може да бъде направено, защото е необходимо и вие можете да отговорите на това, което е необходимо, без да наказвате себе си и света. Тази подготовка е необходима и представлява вашата воля.

В продължителната си практическа сесия, обобщете изминалата седмица откровено и задълбочено. Отдайте се на това с цялото си внимание, за да получите даровете, които се готвите да получите.

Упражнение 168: *Една дълга практическа сесия.*

Стъпка 169

АЗ ЗНАМ, ЧЕ СВЕТА Е В МЕН

Светът е във вас. Можете да го почувствате. Чрез Знанието можете да почувствате присъствието на всички връзки. Това е познанието на Бог. Ето затова смислените ви връзки с други личности имат толкова голямо обещание, защото в истинския съюз с друг можете да изпитате съюз с целия живот. Това е причината истински да търсите връзки. Това е истинската ви мотивация за връзките – да изпитате съюз и да изкажете вашата цел. Хората си мислят, че техните връзки са за задоволяване на фантазиите им и за кураж срещу собствените им страхове. Това трябва да бъде забравено и така истинската цел на връзките ви може да бъде разкрита и разбрана. Така, отучването идва първо в процеса на обучение. Така, вие се учите как да учите. Така, вие се учите как да приемате.

Практикувайте всеки час днес и помнете тази идея. Днес в дълбоката си медитация още веднъж използвайте думата РАХН, за да се потопите дълбоко в Знанието. Повторете идеята в началото на практиката си и след това повтаряйте тихо на себе си думата РАХН след всяко издишване. Опитайте да центрирате съзнанието си. Опитайте да се свържете със Знанието. Така ще отидете по-дълбоко, отколкото сте били до сега. Там ще откриете всичко, което сте търсили и няма да сте объркани от света.

Упражнение 169: *Две 30 мин. практически сесии.*
Почасова практика.

Стъпка 170

ДНЕС АЗ СЛЕДВАМ ДРЕВНИЯТ РИТУАЛ НА ПОДГОТОВКАТА

ПОДГОТОВКАТА, КОЯТО ЗАПОЧВАТЕ, Е ДРЕВНА ПО СВОЯТА същност. Тя е използвана от векове, както в този, така и в други светове. Тя е приспособена за съответния език и за неговото звучене в дадено време и подготвя съзнанието по начин, по който съзнанията винаги са били готови в Пътя на Знанието, защото Знанието не се променя и подготовката се приспособява само към настоящите събития и настоящото разбиране, за да е разбираема за получателите. Въпреки това, истинския механизъм за подготовка е непроменлив.

ВИЕ ПОЕМАТЕ ПО ДРЕВНИЯ РИТУАЛ ЗА възстановяване на Знанието. Породена от Великата Воля на Вселената, тази подготовка е конструирана да спомогне за напредъка на учениците на Знанието. Вие сте тандем с много други личности, както в този, така и в други светове, защото Знанието се преподава във всеки свят, където има интелигентен живот. Така, вашите усилия са подкрепени и украсени от усилията на тези, които се готвят с вас. Така, вие сте представители на общност на учащи се. Не си мислете обаче, че вашите усилия са единствени. Не си мислете, че сте единствените на света, които се опитват да възстановят Знанието. Не си мислете, че не принадлежите на обществото на учащите. Това ще става все по-очевидно за вас с времето, като започнете да разпознавате тези, които се готвят с вас. Това ще бъде по-видно за вас с течение на времето, когато присъствието на вашите Учители се увеличи. Това ще бъде по-ясно, като резултатите от Знанието станат по-очевидни дори за вас. Това ще бъде по-очевидно за вас, когато разгледате живота си, като част от Великата Общност на Световете.

НАПОМНЯЙТЕ СИ ЗА ПРАКТИКИТЕ ВСЕКИ ЧАС. В упражненията си в дълбока тишина, приемете ползата от всички, които практикуват с вас. Спомнете си, че не сте сами и техните награди са дадени на вас, както и вашите награди са дадени на тях. Така вие си поделяте наградите. Силата на вашето начинание е изключително подкрепена от старанието и отдаването на другите, което далеч надхвърля вашите възможности. Когато разберете това, то ще ви даде кураж и ще пропъди завинаги идеята, че сте неподходящи за дадените ви задачи. Вашето даване е допълнено от даването на другите и това представя Волята на Бог във вселената.

Упражнение 170: *Две 30 мин. практически сесии.*
Почасова практика.

Стъпка 171

Моето даване е потвърждение на моето богатство

Вашето даване е потвърждение на богатството ви, защото давате от собственото си богатство. Това, за което говорим тук, не е даване на обекти или други материални неща, защото вие може да раздадете всичките си материални придобивки и да не оставите нищо за вас. Когато обаче дарите Знание, Знанието се разраства и когато напоите вашият дар със Знание, Знанието се увеличава. Ето защо получавайки Знание, вие желаете да го отдадете, защото това е естествен израз на вашата възприемчивост.

Как бихте могли да изчерпите Знанието, когато то е мощта и Волята на вселената? Колко малко е средството и колко велико е съдържанието, което се проявява чрез вас. Колко голяма е връзката ви с живота и колко големи сте вие, които сте с живота. Тук няма самонадеяност. Тук няма възгордяване, защото вие разбирате, че сте малки и в същото време велики, и научавате източника на вашата незначителност, и на вашето величие. Тогава разбирате живота и нищо не е оставено без оценката ви за вас самите, която е породена от обич и истинско разбиране. Това трябва да култивирате с времето разбирайки, че вашите усилия са подкрепени от усилията на други ученици на Знанието във вашия свят. Дори ученици от други светове подкрепят вашите усилия, защото в Знанието няма време и разстояние. По този начин вие получавате голяма помощ и разбирате истинските връзки в живота.

Упражнявайте се всеки час и в двете си дълбоки медитации се опитайте да се отдадете на Знанието с помощта на думата РАХН. В тишина и спокойствие потънете в дълбините на Знанието и получете спокойствието и потвърждението, които вие естествено притежавате.

Упражнение 171: *Две 30 мин. практически сесии.*
Почасова практика.

Стъпка 172

ТРЯБВА ДА ВЪЗСТАНОВЯ МОЕТО ЗНАНИЕ

ТРЯБВА ДА ВЪЗСТАНОВИТЕ ВАШЕТО ЗНАНИЕ. Това не е само предпочитание, съревноваващо се с други предпочитания. Факт е, че това е изискване на живота, което му дава необходимост и значимост, които животът истински заслужава. Не си мислете, че свободата ви по някакъв начин е възпряна от тази необходимост, защото вашата свобода е резултат от тази необходимост и ще бъде породена от нея. Тук вие навлизате в свят с жизнена посока, а не обикновен избор. Тук вие сте сериозно обвързани с живота, а не сте далечни наблюдатели на собствените си идеи.

ТОГАВА НЕОБХОДИМОСТТА ОТ ЗНАНИЕ Е ВАЖНОСТТА, която то носи на вас и на вашия свят. Приемете необходимостта, защото тя ви освобождава от раздразнение и безсилие, породено от колебание и раздвоение. Тя ви освобождава от безсмислени избори и ви направлява към тези, които са наистина жизнено важни за вашето благополучие и за благополучието на света. Знанието е необходимо. Вашият живот е необходим. Той е важен не само за вас, но и за целия свят.

АКО ВИЕ МОЖЕТЕ ИСТИНСКИ ДА РАЗБЕРЕТЕ ТОВА, то ще отхвърли всяко чувство на низост или безделие, които все още притежавате. Ако животът ви е необходим, то тогава той има цел, значение и посока. Ако животът ви е необходимост, тогава всички други животи са необходими също така. Така, вие няма да желаете да нараните някого, а ще желаете да потвърдите Знанието във всеки.

ТАЗИ НЕОБХОДИМОСТ НОСИ СИЛАТА И ПОСОКАТА, която ви е нужна и ви осигурява благословия и дълбочина, които вие трябва да получите. Необходимият живот е смисления живот. Знанието е необходимост. Отдайте се на необходимостта и ще почувствате, че самите вие сте необходими. Това ще разсее чувството ви на недостойнство и вина и ще ви отведе обратно към връзка със света. Практикувайте отново всеки час и нека в двете ви медитативни сесии думата РАХН ви отведе дълбоко в присъствието на Знанието. Силата на тази дума, непозната в родния ви език, ще резонира с вашето Знание и ще го стимулира. Значенията са мистериозни, но резултата е реален.

Упражнение 172: *Две 30 мин. практически сесии.*
Почасова практика.

Стъпка 173

ДНЕС ЩЕ ВЪРША ТОВА, КОЕТО Е НЕОБХОДИМО

Правенето на това, което е необходимо, ще ви ангажира с жизнеността в живота, защото животът в света, във всичките му форми, е ангажиран с това, което е необходимо. В началото всичко това изглежда подтискащо за хората, защото те са свикнали да живеят с фантазиите си, където всичко е важно и нищо не е истински необходимо.

И все пак, когато нещо е наистина необходимо в живота, дори да е ужасно обстоятелство, то действа освобождаващо на хората, лишава ги моментално от техните фантазии и те чувстват цел, значение и посока в живота си. Това е дар за човечеството, но хората си го подаряват само в извънредни обстоятелства.

При сегашните по-щастливи обстоятелства трябва да се научите да получавате това и да приветствате необходимостта като спасителна благодат в живота си, защото искате да бъдете нужни, искате да бъдете включени, искате да бъдете жизнени и искате да бъдете съществена част от обществото. Всичко това е необходимо. Това не е само предпочитание от ваша страна. То не може да бъде породено от обикновен избор, а от дълбоко убеждение, защото вашето отдаване трябва да бъде породено от дълбоко убеждение, за да е велико и завършено. В противен случай, вие ще бъдете отхвърлени надалече и ще се потопите отново във фантазии и илюзии.

В такъв случай, посрещнете с готовност необходимостите днес. Вършете малките неща без да се оплаквате, че са маловажни. Следвайте вашите процедури в подготовката днес, защото това е необходимо и важно. Не бъркайте малкото с голямото, защото малкото проявява голямото. Не се опитвайте да превърнете малкото в голямо и обратно. Осъзнайте тяхната истинска връзка, защото вие притежавате и едното и другото. Голямото във вас желае да се прояви чрез малкото.

Следователно вършете вашите ежедневни дейности днес. Вършете това, което е необходимо. Напомняйте си тази идея всеки час и се отдайте на вашата практика, така че това да бъде ден на даване и получаване. В дълбоките си медитативни сесии се потопете в мълчание, използувайки думата РАХН, която ще ви отведе в дълбока медитация. Правете това, защото е необходимо. Правете това с необходимост и ще почувствате силата на собствената си воля.

Упражнение 173: *Две 30 мин. практически сесии.*
Почасова практика.

Стъпка 174

МОЯТ ЖИВОТ Е НУЖЕН

ВАШИЯТ ЖИВОТ Е НУЖЕН. Той не е биологична случайност. Не е стечение на обстоятелствата, че сте се появили на този свят. Вашият живот е необходим. Ако можехте да си припомните през какво сте преминали, за да дойдете на този свят, както и подготовката, която ви е била необходима – както на този, така и в други светове, за да се появите, тогава ще можете да оцените значението да бъдете тук и важността на Знанието, което носите с вас. Вашият живот е нужен. Няма форма на самонадеяност тук. Това е само познаване на истината. Според вас живота ви е или патетичен, или велик. Необходимостта от вашия живот обаче, няма нищо общо с вашите собствени оценки, въпреки че те могат да ви приближат или отдалечат от истинското признание.

ВАШИЯТ ЖИВОТ Е НЕОБХОДИМ. Разберете това и ще пропъдите вашето чувството на самообвинение и укор. Разберете го и ще усмирите собствените си грандиозни идеи. Разберете го и плановете ви с времето могат да се приобщат към Знанието, защото вашият живот е нужен.

ПОВТАРЯЙТЕ ТОВА ИЗЯВЛЕНИЕ ВСЕКИ ЧАС и го обсъждайте, без значение от вашите емоции и обстоятелства, и без значение дали мислите надделяват в съзнанието ви, защото Знанието е по-велико от мислите и е предназначено да ги ръководи. В двете си медитативни сесии нека думата РАХН ви отведе дълбоко в практиката. Почувствайте необходимостта от собствения ви живот – неговата стойност и значимост. Това е нещо, което можете да изпитате директно. То не изисква вашата оценка. Това не значи, че трябва да оценявате себе си по-високо от другите. Това е само изключително изживяване на реалността, защото вашият живот е нужен. Той е нужен на вас и на света. Той е нужен на самия живот.

Упражнение 174: *Две 30 мин. практически сесии.*
Почасова практика.

Стъпка 175

ПРЕГОВОР

В ОБОБЩИТЕЛНАТА СИ ПРАКТИКА ДНЕС ОЩЕ ВЕДНЪЖ РАЗГЛЕДАЙТЕ И ОЦЕНЕТЕ отдаването си на упражненията. Посвещаването ви на практиката е първата стъпка в разбирането на истинското значение на даването и истинското значение на целта ви на света.

В ЕДИНСТВЕНАТА ВИ ДЪЛГА СЕСИЯ, обобщете изминалата седмица. Прегледайте участието си във всекидневните упражнения и преценете значението на всекидневните идеи. Бъдете максимално съсредоточени в днешната си дълга практическа сесия и разберете като наблюдатели на собственото си развитие, че се подготвяте да давате на другите.

Упражнение 175: *Една дълга практическа сесия.*

Стъпка 176

ДНЕС ЩЕ СЛЕДВАМ ЗНАНИЕТО

Всеки час днес изживявайте себе си, следвайки Знанието. Взимайте малки решения за малки неща, ако е необходимо, но не взимайте важни решения без Знанието. Имате лично съзнание, за да взимате малки и незначителни решения. Но важните решения, трябва да се правят със Знанието.

Всеки час днес следвайте Знанието. Позволете на неговото спокойствие и сигурност да пребиват във вас. Опитайте да разпознаете неговата посока. Нека неговата сила ви въздейства. Нека то да ви се отдаде, като и вие му се отдавате.

В двете си дълги медитативни практики днес, използувайте думата РАХН и се потопете дълбоко в Знанието. Потопете се дълбоко в присъствието на живота. Навлезте дълбоко в това изживяване. Продължете да насочвате съзнанието си в тази посока. Продължавайте да отстранявате това, което ви афектира и което задържа развитието ви. По този начин вие тренирате съзнанието си, за да може то да е готово да посрещне това, което естествено трябва да се появи в него.

Днес следвайте Знанието. Ако то показва нещо и вие сте сигурни за него, последвайте го и бъдете наблюдателни. Вижте какво ще се случи и се опитайте да учите и разграничавате Знанието от вашите импулси, желания, страхове и въздържания. Това трябва да бъде научено чрез изживяване. По този начин Знанието и това, което претендира, че е Знание са разделени едно от друго. Това ще ви донесе спокойствие и самочувствие, от които ще се нуждаете в бъдеще.

Упражнение 176: *Две 30 мин. практически сесии.*
    Почасова практика.

Стъпка 177

ДНЕС ЩЕ СЕ УЧА ДА БЪДА ЧЕСТЕН

Голямата честност ви чака да я откриете. Съществува голяма честност, очакваща да я използувате за собственото си добро. Не е достатъчно само да знаете, как се чувствате. Много е важно да чувствате това, което знаете. Това е голяма честност, която е в хармония със самия живот, честност, която показва истинския напредък на всички същества на света. Това не е само изискване към вас да изпълните личните си намерения. Това е изискване към живота във вас да изрази себе си по начин, достатъчно честен за самия живот. Формата и начина на това изразяване ще бъдат съобщения, които вие трябва да предадете на другите, когато времето за това настъпи.

Учете да чувствате това, което знаете. Това е голяма честност. Тя изисква както откровеност, така и въздържание. Тя изисква да инспектирате себе си. Тя изисква обективност за вашия живот. Тя изисква спокойствие и мир, както и възможности да използувате съзнанието си активно в проучването. По този начин всичко, което сте научили досега, е отдадено и използувано в днешната практика.

Напомняйте си всеки час днес и се самонаблюдавайте във всеки момент, където и да се намирате. В медитативните си практики днес отново се потопете в тишина и спокойствие, и използвайте съзнанието си за смислена дейност. Съзнанието трябва да бъде доведено в близост до Древния си Дом, за да намери мир и покой. Това изисква самодисциплина в началото, но когато крачката е сторена, процесът протича естествено.

Учете се да бъдете по-честни днес. Учете се да разпознавате високите нива на честност, които потвърждават истинската ви природа и не предават високата ви цел.

Упражнение 177: *Две 30 мин сесии.*
Почасова практика.

Стъпка 178

Днес ще си спомням тези, които са ми давали

Днес е специален ден за признание на присъствието на истинските връзки във вашия живот. Това е специален ден на признание на специалните дарове, които сте получили. Това е ден на благодарността.

Всеки час повтаряйте това изявление и за момент си спомнете тези хора, от които сте получили нещо. Помислете много внимателно за личностите, които са ви помагали и които са показвали, както своята Мъдрост, така и своите грешки. Мислете за тези, които са начертали пътя, по който да вървите и пътя, който да избягвате. Като разследвате по-нататък в двете си практически сесии, помислете внимателно и изследвайте всяка личност, която се появи в съзнанието ви. Това е активната част от практиката в медитативните ви сесии.

В дългите си практически упражнения повторете изявлението в началото на практиката и позволете на личностите да се появят. Учете се да оценявате техният принос за възстановяване на Знанието. Учете се да оценявате техния принос за вашето физическо и емоционално благополучие. Учете се да оценявате как са ви служили тези личности. По този начин, вашата концепция за получаване, даване и служба на света би могла да се разшири и развие. Това ще ви даде реален поглед върху света, за да се учите да бъдете състрадателни с вас и с околните.

Така че това е ден на потвърждение и ден на благодарност. Постарайте се практиките ви да бъдат съдържателни и ефективни, за да можете да получите тяхната награда.

Упражнение 178: *Две 30 мин. практически сесии.*
Почасова практика.

Стъпка 179

ДНЕС ЩЕ БЛАГОДАРЯ НА СВЕТА, ЧЕ МЕ УЧИ КОЕ Е ИСТИНСКО

СВЕТЪТ СЪС СВОЯТА ВЕЛИЧЕСТВЕНОСТ И БЕЗРАЗСЪДСТВО ВИ УЧИ ДА разпознавате и да цените истинското. Този контраст трябва да бъде очевиден за вас, за да установите тези различия. За да разпознаете истинското от фалшивото и значимото от маловажното, вие се нуждаете от контраст в ученето. Трябва да опитате както значимото, така и незначимото, за да разкриете истинската им природа и съдържание. Светът ви осигурява възможности да сторите това.

СЕГА ТРЯБВА ДА ОПИТВАТЕ ИСТИНСКОТО КОЛКОТО СЕ МОЖЕ ПОВЕЧЕ, и затова ние наблягаме върху него в ежедневните ви практики. Вие сте отдадени на фалшивото толкова много, че то доминира съзнанието и вниманието ви. Сега ние ви храним с истината, но вие също така трябва да се учите да печелите от фалшивото, което сте получили. Не трябва да го изследвате, защото то ви се е разкрило. Сега се учите да откривате какво ви показва то и да използвате положителното, което може да ви предложи. Единственото положително нещо, което фалшивото може да ви предложи, е да се учите да разпознавате липсата му на съдържание и по този начин да познаете истинското, и да сте в състояние да го получите.

И ТАКА, БЛАГОДАРЕТЕ НА СВЕТА ЗА НЕГОВАТА ПОМОЩ, за неговото величие и безразсъдство, за неговите моменти на въодушевление и за неговата демонстрация на илюзия. Светът, който сте видели досега, до голяма степен е компрометиран от фантазията на личностите, но съществува велик свят, който да видите, свят, който е реален, свят, който ще извади на показ Знанието във вас, оценяването и истинската употреба за вас. Вашата цел е да спомагате за еволюцията на света, както и целта на света е да спомага за вашата еволюция.

В ДВЕТЕ СИ ДЪЛГИ ПРАКТИЧЕСКИ СЕСИИ ДНЕС, изследвайте тази идея активно в съзнанието си. Използувайте съзнанието си, за да разберете начина, по който светът ви е помагал. Мислете много внимателно за това. Това не е фантастично изследване. Това е изследване, което вие трябва да осъществите сериозно и с необходимост, защото то ще определи съществуването ви в живота, както сега, така и в бъдеще.

ВСЕКИ ЧАС СИ СПОМНЯЙТЕ НАШЕТО ИЗЯВЛЕНИЕ за днес и го пазете в съзнанието си, когато наблюдавате света. Не пропускайте този ден. Това е ден на възпоменание, ден на благодарност и ден на Мъдрост.

Упражнение 179: *Две 30 мин. практически сесии.*
Почасова практика.

Стъпка 180

Аз се оплаквам, защото ми липсва Знанието

Когато се оплаквате от живота, вие търсите Знанието. Знанието има собствено определение за живота, което е доста по-различно от риданията, които чувате във вас и около вас. Следователно като приближавате Знанието днес, разкрийте естеството на жалбата – как тя набляга на слабостите ви и на влиянието на света върху вас, и доколко това противоречи на това, което учите сега. Сега вие се учите да откривате вашето величие и вашето влияние върху света. Вие и света си взаимодействате. Опитайте да направите тази връзка здрава и значима. Позволете на света да ви отдаде това, което трябва и вие отдайте на света това, което трябва.

Благодарете на света още веднъж днес за това, което ви се дава. В дълбоките си медитативни практики, се потопете в спокойствие и тишина. Използвайте думата РАХН, за да отидете надълбоко. Използвайте думата РАХН, за да ориентира съзнанието и мисленето ви така, че съзнанието ви да може да се слее със звука на тази древна дума.

Днес е ден на важен принос. Не се оплаквайте. Разберете, че всичко, което се случва, е възможност за вас да използвате практиката си и да развиете пълните способности на вашето съзнание. Вашето оплакване ще бъде отхвърляне на приноса на света за вас. Следователно не отхвърляйте това. Не се оплаквайте от света днес, за да можете да получите неговите дарове.

Упражнение 180: *Две 30 мин. практически сесии.*

Стъпка 181

ДНЕС АЗ ПОЛУЧАВАМ ЛЮБОВТА НА ЗНАНИЕТО

ЗНАНИЕТО ПРИТЕЖАВА ИСТИНСКОТО ЗРЪНЦЕ НА ЛЮБОВТА, не сантименталната любов, не любовта, която е форма на опиянение под въздействието на желание, породено от страх. Знанието е зрънцето на истинската любов, не любовта, която иска да завладява, която желае да притежава и доминира, а любовта, която желае да служи, да дава сили и да освобождава другите. Станете получатели на тази любов днес, за да може тя да потече от вас към света, защото без вашето отричане, тя със сигурност ще направи това.

ВСЕКИ ЧАС ПОВТАРЯЙТЕ ТОВА ИЗЯВЛЕНИЕ и почувствайте истинската му сила, без значение в какви обстоятелства се намирате в момента. Позволете на всяко обстоятелство да подкрепи вашата практика и ще откриете, че вашата практика ще има все по-силно влияние върху външния ви живот. В двете медитативни сесии днес се потопете в присъствието на Знанието и получете неговата любов. Потвърдете вашето достойнство и вашата приемственост. Оставете вашите предположения за себе си и за света, и се опитайте да изживеете нещо, което ще разкрие истината отвъд всякакви предположения. Това е практиката ви за днес. Това е подаръка за вас, за вашия свят и за вашия Създател, така че да можете да получите дара на любовта.

Упражнение 181: *Две 30 мин. практически сесии.*
Почасова практика.

Стъпка 182

ПРЕГОВОР

Днес е важен момент от вашата подготовка, защото приключвате с първата и започвате втората фаза от нея. Обобщете изминалата седмица в една дълга практическа сесия и отделете време да помислите колко далече сте отишли и колко още ви остава. Почувствайте нарасналата сила и мощ във вас. Дайте си сметка колко и какво още трябва да сторите във външния си живот, както за ваше лично щастие, така и за щастието на другите. Дайте си сметка, колко малко знаете и колко много е възможно да получите. Не позволявайте на някакви съмнения да ви разсейват във вашето начинание, защото се нуждаете единствено от практика, за да получите най-големия дар, който живота може да ви предложи.

Обобщете изминалата седмица и помислете, какво се случва във вашата подготовка досега. Наблюдавайте развитието, което сте постигнали през изминалите няколко месеца – нарасналото усещане за присъствие, нарасналото чувство за вътрешна сигурност и вътрешна сила. Оценете факта, че външния ви живот започва да се разкрива за вас. Някои неща, които са били възпирани, сега са свободни и могат да се пренаредят във ваша полза. Позволете на външния ви живот да се пренареди сега, когато не се стремите да го контролирате за ваша лична защита. Успоредно с нарастването на вътрешната ви сигурност, външните условия трябва да се пренаредят във ваша полза. Така вие се превръщате не само в получатели, но и в източници.

Разберете колко далеч напред сте стигнали, но в същото време помнете, че сте начални ученици на Знанието. Нека това бъде вашата отправна точка, за да предполагате малко и да получавате много. От тази отправна точка ще можете да надникнете отвъд предразсъдъците и осъждането на хората. Ще можете да погледнете отвъд личната ви гледна точка и ще имате визия за света, която светът отчаяно желае да получи.

Упражнение 182: *Една дълга практическа сесия.*

Стъпки към Знанието

ВТОРА ЧАСТ

Във Втората част от нашата програма, Ние ще изследваме нови територии и ще продължим да култивираме вашия опит за Знанието, за да ви подготвим за сътрудници на Знанието на света. В следващите дни, Ние трябва да изследваме неща, които са ви познати, както и такива, които не са ви познати, неща, които знаете отпреди и неща, които никога не сте виждали. Мистерията на вашия живот ви зове, защото от мистерията произлизат всички неща с конкретна стойност на света.

Затова в следващите стъпки се отдайте с още по-голяма всеотдайност. Не се съмнявайте в тях. Продължавайте с още по-голяма сигурност. Вашето участие е необходимо, защото вие стимулирате Знанието и то само ще се покаже. То ще се покаже самостоятелно, когато умствените и физическите условия във вашия живот са добре подготвени и коригирани.

Нека сега да продължим със следващата стъпка от вашата подготовка.

Стъпка 183

АЗ ТЪРСЯ ОПИТ, НЕ ОТГОВОРИ

ОПИТАЙТЕ ДА НАТРУПАТЕ ОПИТ ДНЕС, защото опита ще отговори на всичките ви въпроси и ще направи питането ви ненужно. Опитайте да натрупате опит днес, за да бъдете ръководени към още по-голям опит. По-добре за вас е да питате за Знанието и да получите опита, който Знанието може да ви осигури. Вие сте свикнали да получавате много малко отговори на вашите въпроси. Истински отговор например, е покана за участие в по-голяма подготовка, подготовка, която вие не сте осигурили за себе си, но която е осигурена за вас. Следователно не търсете малки неща, осигуряващи ви моментен комфорт и облекчение. Търсете това, което е основата на вашия живот и което може да ви осигури живот, какъвто не сте имали досега.

В ДВЕТЕ ДЪЛБОКИ ПРАКТИКИ ДНЕС, приемете този опит. Използвайте думата РАХН, ако е полезна за вас и се потопете дълбоко в изживяване на Знанието. Не търсете отговори. Идеите ще се появят в необходимото време и по свой начин. Можете да сте сигурни в това. Когато умът ви е готов, той ще бъде истински приемащ и годен да носи това, което получава. Това е признанието, от което се нуждаете. То трябва да бъде породено от голямо изживяване.

ВСЕКИ ЧАС СИ НАПОМНЯЙТЕ ДА ПРАКТИКУВАТЕ И РАЗБЕРЕТЕ, че това, което търсите, не са готови отговори, а истинско изживяване. Умът ви е пълен с отговори, които не са отговорили на вашите въпроси досега.

Упражнение 183: *Две 30 мин. практически сесии.*
Почасова практика.

Стъпка 184

Въпросите ми са по-големи, отколкото предполагах

Това, за което наистина питате, е много по-голямо от онова, с което сте се занимавали преди. Въпреки че въпросите ви са възникнали от внезапни обстоятелства, вие питате за нещо, което е далеч от незабавните решения на моментните неща. Незабавните решения ще бъдат осигурени, но от Великия Източник. Великият Източник е това, което търсите, защото искате да реализирате себе си и искате подготовка, която да ви даде възможност да отдадете даровете си, за да бъде завършена дейността ви на Земята. Следователно разберете, че сте тук да служите. Вие сте тук да давате и вършейки това ще откриете вашата пълнота, а това ще осигури щастие за вас.

В двете си дълги практически сесии днес още веднъж се потопете в спокойствие и тишина, и помнете, че спокойствието култивира ума, за да може той да получава. В спокойствието вие откривате неща, които вече познавате и които сте пренебрегвали до сега. От тези практики ума ви ще стане по-чист, по-дълбок, по-концентриран и по-фокусиран във всеки аспект от вашия живот.

Това, което търсите днес, е по-голямо, отколкото сте си мислили някога. Вие се опитвате да научите значението на вашето Знание чрез неговото изразяване и неговата демонстрация.

Упражнение 184: *Две 30 мин. практически сесии.*
Почасова практика.

Стъпка 185

ДОШЪЛ СЪМ НА СВЕТА С ЦЕЛ

НИЕ ОЩЕ ВЕДНЪЖ ПОТВЪРЖДАВАМЕ ТАЗИ ИСТИНА, КОЯТО ВЪВ вашето Знание ще признаете за вярна. Независимо от сегашния стадий на личното ви развитие, реалността на вашата цел на света е вярна. Следователно, от време на време, ние повтаряме определени уроци, които са важни за вашето развитие и благополучие, и ги представяме по различен начин, за да можете да вникнете по-дълбоко в тях. По този начин те могат да открият пътя към вашите сърца, а вашите сърца могат да открият пътя към вашия ум.

ВИЕ СТЕ ТУК, ЗА ДА СЛУЖИТЕ. Вие сте тук, за да давате. Вие сте тук, защото сте богати със Знанието. Без значение от моментното ви състояние, собственото ви чувство на бедност ще бъде оставено завинаги, когато Знанието се въздигне във вас, защото не може да има чувство на загуба, когато Знанието бъде изживяно и проявено. Това е обещанието на тази подготвителна програма. Това е обещанието на вашия живот. Това е съдбата и мисията ви на Земята. Оттук ще се появи специфичния повик във вашия живот. Той ще бъде много конкретен за вашата дейност и поведение. Преди това да се случи обаче, ума ви трябва да се култивира и живота ви да се пренареди и балансира, за да отразява Знанието, а не страховете и желанията ви. По-велик живот ще бъде осигурен от Великия Източник във вас. По-велик живот е възможен за вас сега.

ВИЕ СТЕ ТУК ДА СЛУЖИТЕ, но за да служите, първо трябва да получите. Упражнявайте възприемчивост в дългите си практически сесии днес. Потопете се дълбоко в упражнението за спокойствие. Културирайте това упражнение. Вие се учите на специални умения, които да ви помогнат да вършите това. Когато волята ви придобие опит, методите ще последват естествено. Ние ви даваме само толкова методология, колкото ви е необходима, за да насочите ума си в правилната посока. Оттук вие можете да усъвършенствате практиката си и да посрещате нуждите си, без да променяте инструкциите, дадени ви в този учебен курс.

СЛЕДОВАТЕЛНО СЛЕДВАЙТЕ НАСОКИТЕ, КОИТО са ви осигурени и правете минимални корекции, ако е необходимо. Като се учите да работите с природата си, вие се учите да я използвате от свое име. Практикувайте всеки час и навсякъде, за да може всичко, което ви се случва днес, да бъде част от вашата практика.

Упражнение 185: *Две 30 мин. практически сесии.*
Почасова практика.

Стъпка 186

Аз съм потомък на Древно Наследство

Вие сте потомци на Древно Наследство. Тази идея ще се появи естествено в ума ви, въпреки че е отвъд думите и определенията. По своята същност, това е пълно изживяване и включване в живота. Това, което се помни от изживяването са връзките, които сте култивирали досега във вашата еволюция. Само възстановяването на връзките може да бъде пренесено отвъд живота ви в този свят. Личностите, които сте избрали за ваше Духовно Семейство, са вашето Духовно Семейство сега. Те формират нарастващото тяло на Знанието и включването в живота, което сега сте в състояние да изпитате.

Вие сте тук, за да служите на Духовното ви Семейство, малка група ученици, с които сте работили през вековете, която се стреми да се развива, да увеличава броя си и да се присъедини към други учащи групи и т.н. Като притоци, които увеличават пълноводността на една река, така и вие следвате неизбежния курс към източника на живота си. Това е естествен и истински път, път, който съществува отвъд всякакви спекулации и философии, отвъд всякакви страхове и амбиции на човечеството. Това е пътят на нещата – винаги мистериозен, отвъд вашето разбиране и въпреки това напълно способен да служи на непосредствените обстоятелства в живота ви. Това е величието на мистерията в живота ви и такова е нейното приложение, дори в най-малките случки от вашия живот. По този начин, животът ви тук е завършен.

Вие сте рожба на Велико Наследство и величието е с вас, заради вашите връзки. Получете това Наследство в тишината на дълбоките си медитативни сесии днес и го приемайте всеки час. Нека днешния ден разкрие за вас както реалността, така и отричането на тази голяма истина, защото виждайки как света действа чрез заместители на Знанието, вие се учите да цените Знанието и разбирате, че Знанието е вече тук.

Упражнение 186: *Две 30 мин. практически сесии.*
Почасова практика.

Стъпка 187

АЗ СЪМ ГРАЖДАНИН/КА НА ВЕЛИКАТА ОБЩНОСТ НА СВЕТОВЕТЕ

ВИЕ СТЕ НЕ САМО ЧОВЕШКИ СЪЩЕСТВА ОТ този свят. Вие сте граждани на Великата Общност на Световете. Това е физическата вселена, която разпознавате чрез сетивата си. Тя е много по-голяма, отколкото можете да си представите. Размерът на нейните връзки е много по-голям, отколкото можете да си представите, защото реалността е винаги по-голяма от представата.

ВИЕ СТЕ ГРАЖДАНИ НА ВЕЛИКАТА ФИЗИЧЕСКА ВСЕЛЕНА. Това потвърждава не само вашето потекло и вашето Наследство, но и целта на вашия живот, защото човешкия свят се появява в живота на Великата Общност на Световете. Това ви е познато, въпреки че вярванията ви може и да не го признават.

ПОТВЪРЖДАВАЙТЕ ГРАЖДАНСТВОТО СИ ВЪВ Великата Общност на Световете всеки час днес, защото това е потвърждение на великия живот, който започвате да откривате. В двете си медитативни практики още веднъж се потопете в тишина и спокойствие. Това нарастващо изживяване на спокойствие, ще ви помогне да разберете всички неща, защото вашия ум е способен да усвои появата на разбирането ви чрез Знанието. Натрупването на идеи и теории не са нито Знание, нито разбиране, защото разбирането е породено от истинското сходство и от опита на изживяването. Така то няма аналогия в света и може да служи на света, който вие възприемате.

Упражнение 187: *Две 30 мин. практически сесии.*
Почасова практика.

Стъпка 188

МОЯТ ЖИВОТ В ТОЗИ СВЯТ Е МНОГО ПО-ВАЖЕН, ОТКОЛКОТО СЪМ СИ ПРЕДСТАВЯЛ/А

Грандиозна идея ли е това? Не, не е. Тази идея, предателство към нуждата ви от смирение ли е? Не, не е предателство. Вие сте тук с велика цел, която не сте си представяли, защото вашето въображение не съдържа значението на целта в живота ви. В живота има само цел и всичко, което замества тази цел, е породено от ужасено въображение. Вие сте тук, за да живеете по-велик живот, отколкото сте си представяли и това е величието, което носите със себе си. То може да се прояви в обикновения живот и в обикновените дейности. Дейностите са велики поради същността и потенциала, който носят, а не поради стимулацията, която предизвикват в хората.

Разберете тези разграничения и ще започнете да учите как да разпознавате величието от незначителността и да учите как малкото може да служи на голямото. Това ще обедини всичко във вас, защото част от вас е малка, а друга част от вас е голяма. Личният ви ум и физическото ви тяло са малки и са предназначени да служат на величието на Знанието. Това ви обединява. Това обединява живота също така. Тук няма различия, защото всичко работи заедно, за да служи на великата цел, на която и вие сте дошли тук да служите.

В дългите си практически сесии днес, използвайте ума си активно и се опитайте да разберете тези неща. Разбирането ще бъде породено от вашето изследване, а не само от идеи, които намирате за удобни и комфортни за вас. Използвайте ума си, за да изследвате. Мислете за тези неща със затворени очи. Концентрирайте се много внимателно и когато концентрацията ви приключи, освободете всички идеи и се потопете в спокойствие и тишина. Така ума ви е включен и потопен в спокойствие. Това са две функции на ума, които ще практикувате днес.

Напомняйте си за практиката всеки час и използвайте днешния ден за развитие, което е вашия дар за света.

Упражнение 188: *Две 30 мин. практически сесии.*
Почасова практика.

Стъпка 189

МОЕТО ДУХОВНО СЕМЕЙСТВО Е НАВСЯКЪДЕ

Вашето Духовно Семейство е по-голямо отколкото си мислите. То съществува в много светове. Неговото въздействие е навсякъде. Ето затова е наивно да мислите, че сте сами, когато сте част от нещо толкова огромно и служещо на най-великата цел. Вие трябва да се откажете от самоосъждането и от чувството си за нищожност, за да разберете това, защото се идентифицирате с поведението си на света, което не е правилно. Вие се идентифицирате с ума и с физическото си тяло, което е неправилно. Сега започвате да разбирате връзката си със самия живот чрез Знанието, което е добре. Това става без да наказвате своя ум и своето тяло, защото те са радостни, когато са полезни и когато могат да служат на велика цел. Тогава физическото ви тяло е здраво и личния ви ум е използван, а това е признание за тяхното значение.

ФИЗИЧЕСКИТЕ ВИ НУЖДИ СА ЗА ЗДРАВЕ, а здравето ви е нужно, за да служите на великата цел. Вие трябва да използвате правилно ума си, което ще му даде значение и стойност, защото той желае да бъде включен в нещо смислено. Знанието е това, което позволява на ума и тялото ви да открият правилното си място в живота, а това ви дава цел, значение и посока.

ТОВА ВАЖИ ЗА ВСИЧКИ СВЕТОВЕ. Така е във физическата вселена, чийто граждани сте и вие. Разширете възгледите си за вас самите, за да се учите на обективност във вашия свят. Не преследвайте човешките ценности, предположения и цели, защото това ви заслепява относно целта ви на света и относно вашата еволюция, а така по-трудно ще оцените, че сте граждани на по-висш живот.

В ДВЕТЕ ДЪЛГИ ПРАКТИЧЕСКИ СЕСИИ ДНЕС, се опитайте да вникнете в тази идея с помощта на ума си. Използвайте първите 15 мин. от двете ви сесии за това. Опитайте сериозно да изследвате значението на тази идея. След като приключите с разследването, се потопете в спокойствие. Отчетете разликата между активното използване на ума и спокойствието му. Разберете, че двете състояния са важни и се допълват едно с друго. Всеки час повтаряйте тази идея и я обсъдете, като наблюдавате света около вас.

Упражнение 189: *Две 30 мин. практически сесии.*
Почасова практика.

Стъпка 190

Светът се присъединява към Великата Общност на Световете и затова съм дошъл/дошла в него

Вие сте дошли на света в повратна точка, но ще видите само малка част от нея през живота си. Това е момента, в който вашия свят контактува с околните светове. Това е естествена еволюция на човечеството, както и естествена еволюция на интелигентния живот във всички светове. Вашият свят търси Великата Общност. Това ще изисква обединение на вашите общества и е валидно за еволюцията на интелигентния живот във всички светове. Вие сте дошли тук да помагате и да служите за това. Има много нива, на които можете да допринасяте – като личности, като общество и като свят. Вие сте част от това велико движение на живота, а не сте тук само с лична цел. Вие сте тук, за да служите на света и да получавате същото в замяна.

В двете си дълги практически сесии, изследвайте идеята на деня. Помислете сериозно върху нея, наблюдавайки идеите, които са в хармония и в дисхармония с нея. Изследвайте вашите чувства, които са за и против тази идея. Изследвайте вашите предпочитания, вашите предубеждения, вашите вярвания, вашите надежди, вашите страхове и т.н. Това съставлява първата половина от всеки практически период. Втората половина посветете на тишина и спокойствие, и използвайте думата РАХН, ако я намирате за полезна. По-нататък ще разберете, че и двете съзнателни действия са необходими и допълващи се. Всеки час повтаряйте днешната идея. Нека тя ви помогне да видите света по нов начин.

Упражнение 190: *Две 30 мин. практически сесии.*
Почасова практика.

Стъпка 191

Моето Знание е по-велико от милосърдието ми

Вашето Знание е родено от Универсалния Живот. То затъмнява вашата човечност, но в същото време дава истинско значение на вашата човечност. Великият Живот желае да се прояви във вашия свят, във вашата ера и в условията, които съществуват в настоящия момент. По този начин великото се проявява чрез малкото, а малкото добива опит за себе си като голямо. Това е пътя на живота. Вашата човечност е без значение, докато не служи на велика цел и не е част от Великата Реалност. Без това, тя е по-скоро форма на ограничение – възпиране, затвор и бреме по отношение на природата ви, вместо нейно потвърждение.

Вашето Знание е по-велико от вашата човечност. По този начин човечността ви има значение, когато служи на нещо. Без служба тя е само ограничение, което ви задържа и сковава. Но човечността ви е предназначена да служи на Великата Реалност, която носите в себе си днес. Тази Реалност е във вас, но вие не я притежавате и не можете да я използвате в своя полза. Можете само да я получите и да и позволите да се прояви. Тя ще прояви себе си чрез човечността ви и така ще придобиете голям опит в живота си.

В дългите си практически сесии днес се потопете в спокойствие и всеки час повтаряйте тази идея, за да можете да разберете истинското и значение. Не правете само предположения или прибързани заключения, защото днешната идея изисква дълбоко отдаване от ваша страна. Животът има дълбоко значение и вие трябва да го осъзнаете, да го приемете и разберете. Тогава ще възстановите отново естествената си връзка с живота.

Упражнение 191: *Две 30 мин. практически сесии.*
Почасова практика.

Стъпка 192

ДНЕС НЯМА ДА ПРЕНЕБРЕГВАМ МАЛКИТЕ НЕЩА

Не пренебрегвайте малките неща, които трябва да свършите днес. Вършенето на дребни неща в никакъв случай не означава, че сте малки. Ако не се идентифицирате с поведението и дейностите си, вие можете да разкриете вашето величие, като го потвърдите. Великите хора могат да вършат незначителни неща, без да се оплакват. Личност, която е със Знанието, може да върши ежедневните си задължения без чувство на срам. Задълженията са си задължения. Те не представляват истинската ви природа и същност. Истинската ви природа и същност са източник на вашия живот и ще се проявят чрез дребните дейности, като се научите да ги приемете и видите в подходяща перспектива.

Не пренебрегвайте дребните неща. Грижете се за тях, за да е стабилен живота ви и да напредвате във вашето развитие. Днес, в двете си дълбоки сесии още веднъж се потопете във величието и дълбочината на Знанието, защото грижейки се за малките неща, вие сте предани и отдаващи. По този начин, външния ви живот е направляван правилно, а на вътрешния ви живот също се обръща внимание, защото сте на границата между велик живот и живот на света. Така грижейки се за малкото, вие получавате голямото. Това е истинската ви функция, защото сте тук да давате Знанието на света.

Повтаряйте тази идея всеки час днес, както досега. Пазете я във вас и не я забравяйте.

Упражнение 192: *Две 30 мин. сесии.*
Почасова практика.

Стъпка 193

ДНЕС ЩЕ СЛУШАМ ДРУГИТЕ БЕЗ ДА ГИ ОЦЕНЯВАМ

Днес слушайте другите без да ги оценявате. Знанието ще покаже дали това, което казват е полезно или не. То ще стори това без оценяване и без сравнения от ваша страна. Знанието е привлечено от Знание, а не от това, което не е Знание. Следователно можете да откриете правилния път за вас, без да съдите или да мразите някого или света. Това е Вътрешната ви система за ръководство, която ви служи. Тя ще ви насочва там, където трябва да бъдете и ще ви подсеща да съдействате и отдавате когато, където и колкото е необходимо. Ако слушате другите без осъждане, вие ще чуете, както Знанието така и повика за Знание. Ще видите къде съществува Знанието и къде то е било отхвърлено. Това е естествено. Не трябва да съдите хората, за да определите това. То е ясно.

Слушайте другите, за да видите себе си като слушатели, защото задачата ви не е да съдите света или да определяте къде и как да бъдат отдадени вашите дарове. Вашата задача е да видите себе си в живота и да позволите на Знанието да се възвиси, защото то ще отдаде себе си когато и където е нужно. Това ви прави спокойни, защото не се опитвате да контролирате света.

Нека практиката ви бъде дълбока днес. Практикувайте всеки час, както до сега. Слушайте другите днес, за да можете да видите себе си във връзка с тях и за да може истинското им съобщение за вас, да бъде дадено и разбрано. Това ще потвърди за вас присъствието на Знанието и нуждата от Знание на света.

Упражнение 193: *Почасова практика*

Стъпка 194

ДНЕС ЩЕ БЪДА ТАМ, КЪДЕТО СЪМ НУЖЕН

БЪДЕТЕ ГОТОВИ ДА ОТИДЕТЕ ТАМ, където сте нужни и където трябва да бъдете. Тази необходимост от действия ще даде значение на вашата активност и ще потвърди значението на всичките ви постъпки днес. Бъдете там, където сте нужни и където трябва да бъдете. Разделете истинската мотивация за това от всякакво чувство на вина или задължение към другите. Не се нагърбвайте с нереални изисквания. Не позволявайте на другите да поставят нереални изисквания към вас, извън обикновените ви занимания днес. Бъдете там, където наистина има нужда от вас.

НАПОМНЯЙТЕ СИ ЗА ТОВА ВСЕКИ ЧАС, за да можете да проникнете и да изпитате значението на тази идея. Ако сте свикнали с вина и задължения, днешната идея ще направи компромис с вашите затруднения. Въпреки това, тя наистина потвърждава Знанието във вас, позволявайки му да ви води и да покаже значението си за вас. Това няма нищо общо със зависимостта, защото вие трябва да сте независими за фалшивите неща и да следвате това, което е истинско. Такава е цената на свободата.

В ДЪЛГИТЕ СИ ПРАКТИЧЕСКИ СЕСИИ се потопете дълбоко в Знанието и пазете тази идея жива, докато сте на света. Опитайте се да почувствате дълбокото присъствие във вас, като сте в света на обикновени неща и на малките обстоятелства. Великото е тук, за да служи на малкото. Запомнете това.

Упражнение 194: *Две 30 мин. практически сесии.*
Почасова практика.

Стъпка 195

ЗНАНИЕТО Е ПО-СИЛНО, ОТКОЛКОТО ПРЕДПОЛАГАХ

ЗНАНИЕТО Е ПО-СИЛНО, ОТКОЛКОТО ПРЕДПОЛАГАТЕ. То също така е по-чудесно, отколкото предполагате. Вие сте притеснени от неговата мощ. Вие не сте сигурни дали то ще ви доминира и контролира, несигурни сте за това, къде ще ви отведе, какво ще се изисква от вас и какъв ще бъде резултата от всичко това. Но ако се отдалечите от него, вие ще се завърнете към объркването си и към света на фантазиите. Когато се приближите към Знанието, вие се приближавате към спокойствието, потвърждението, реалността и целта. Как да различите Знанието от разстояние? Как да определите значението му, без да сте получили неговите дарове?

ПРИБЛИЖЕТЕ СЕ ДО ЗНАНИЕТО ДНЕС. Позволете му мълчаливо да бъде с вас, докато и вие се учите мълчаливо да бъдете с него. Нищо друго не може да бъде по-близо до вашето естествено изживяване, от изживяването на Знанието. Бъдете щастливи, че то е по-велико отколкото сте предполагали, защото вашата оценка е била незначителна. Бъдете радостни, че все още не можете да разберете Знанието, защото разбирането ви само ще го сковe и ще ограничи неговото значение за вас. Позволете на великото да бъде с вас, за да може вашето величие да бъде демонстрирано и преживяно днес.

ПРАКТИКУВАЙТЕ ТАЗИ ИДЕЯ ВСЕКИ ЧАС ДНЕС. ПОМНЕТЕ я през днешния ден. В двете си дълги практически сесии се опитайте да почувствате дълбочината на Знанието. Почувствайте дълбочината на Знанието. Решително се опитайте да го постигнете. Бъдете дисциплинирани, защото тук самодисциплината е много необходима и трябва да се използва мъдро. Знанието е по-велико, отколкото предполагате. Следователно трябва да се учите да приемете неговото величие.

Упражнение 195: *Две 30 мин. практически сесии.*
Почасова практика.

Стъпка 196

Преговор

ДНЕС ОБОБЩЕТЕ ИЗМИНАЛИТЕ ДВЕ СЕДМИЦИ НА ПОДГОТОВКА. Прочетете инструкциите за всеки ден и обобщете това, което сте изпитали през този ден. Започнете с първия ден от двуседмичния период и следвайте всеки ден стъпка по стъпка като обобщавате подготовката си за двуседмичния период. Това ви се дава, защото възприятията и разбирането ви са се развили и нараснали.

СПОМНЕТЕ СИ ВСЕКИ ДЕН ОТ ИЗМИНАЛИТЕ ДВЕ СЕДМИЦИ. Опитайте да си спомните практиката и изживяването си. Уроците сами ще възстановят изживяванията ви, които сте забравили. Опитайте да видите прогреса в учението си, за да можете да разберете как да учите. Опитайте да откриете това, което потвърждава Знанието и това, което отхвърля Знанието във вас, за да можете да учите в тази насока.

ДА БЪДЕТЕ ИСТИНСКИ УЧЕНИЦИ НА ЗНАНИЕТО ще изисква от вас голяма самодисциплина, голямо постоянство и приемане на това, което сте научили досега. Следването ще ви подготви да бъдете лидери, защото всички лидери са големи последователи. Ако източника на лидерството ви е израз на доброта и истина, тогава трябва да се учите да го следвате. И за да го следвате, трябва да се учите как да учите от него, как да го получите и как да го отдавате.

НЕКА ВАШЕТО ОБОБЩЕНИЕ ДНЕС, КОЕТО ВЕРОЯТНО ЩЕ ВИ ОТНЕМЕ два часа, да бъде обобщение на миналите две седмици. Бъдете обективни за вашия живот. Не е необходимо да съдите, защото вие се учите да учите, вие се учите да следвате и се учите да използвате Знанието, защото и Знанието ще ви използва. Тук Знанието и вие ще бъдете в истинска хармония и съюз. Така Знанието е по-силно и вие сте по-силни. Тук няма неравнопоставеност и всички неща са в своята естествена среда и проявление.

Използвайте това обобщение, за да задълбочите разбирането си за своята подготовка и помнете, че разбирането винаги идва със закъснение. Това е голяма истина в Пътя на Знанието.

Упражнение 196: *Една дълга практическа сесия.*

Стъпка 197

Знанието трябва да бъде изживяно, за да бъде разбрано

"Днес няма да мисля, че мога да разбера Знанието с интелекта си или, че мога да възприема величието на живота. Няма да мисля, че само с обикновена идея или предположение мога изцяло да проникна в Знанието. Осъзнавайки това ще разбера, какво се изисква от мен и какво трябва да дам за практиката си."

Вие трябва да дадете от себе си. Не си мислете, че идеи и надежди могат само да отговорят на големите ви нужди. Осъзнавайки това, повторете упражненията си всеки час днес и в двете си дълбоки медитативни практики отдайте себе си напълно, за да придобиете опита на Знанието. Потопете се в спокойствие. Потопете се и се отдайте напълно. Така ще практикувате силата на ума си за собствена полза. Тогава ще разберете, че имате сила да разсеете объркването; че имате сила да разсеете страха; че имате сила да разсеете пречките, защото волята ви е да познаете Знанието.

Упражнение 197: *Две 30 мин. практически сесии.*
Почасова практика.

Стъпка 198

ДНЕС ЩЕ БЪДА СИЛЕН

Бъдете силни днес. Следвайте плана, който ви е даден. Не изоставайте и не променяйте инструкциите по някакъв начин. Тук няма преки пътеки, а само директен път. Стъпките са ви дадени. Следвайте ги и бъдете силни днес. Единствено идеите ви за вас самите издават слабост. Единствено оценката ви за вас самите казва, че сте патетични, неспособни и неподходящи. Трябва да имате вяра в силата си и да упражнявате тази вяра, за да реализирате силата си. Всеки час повтаряйте това изявление и го изпитвайте в ситуацията, в която се намирате.

През двете си дълбоки практики днес, използвайте силата си, за да се потопите напълно в спокойствието. Нека ума ви се освободи от оковите на собствените си концепции. Нека тялото ви се освободи от измъчващия го ум. Така вашия ум и вашето тяло ще бъдат потопени в естествената си функция и всички неща ще бъдат на мястото си във вас. Знанието ще намери израз чрез ума и тялото ви, а вие ще имате възможност да донесете на света това, което е велико и живота ви ще се потвърди в резултат на това.

Упражнение 198: *Две 30 мин. практически сесии.*
Почасова практика.

Стъпка 199

Светът, който виждам се присъединява към Великата Общност на световете

Без ограничението на човешката гледна точка, вие ще можете да видите еволюцията на вашия свят в широк контекст. Наблюдавайки света, непроменен от собствените ви желания и страхове, вие ще можете да откриете неговите движения и да различите посоките му. Важно е да разберете движението на вашия свят, защото това дава значение на вашата цел и на повика ви, докато сте на света. Вие сте дошли да служите на света в еволюцията му в този момент и вашите дарове са предназначени да му служат в бъдеще.

Вашият свят се готви да се присъедини към Великата Общност. Доказателствата за това са навсякъде около вас. Без отхвърляне или вярване нещата са лесно забележими. Така демонстрацията на живота е очевидна и не е необходимо да се търси в сложността. Това, което го усложнява е желанието на хората да бъде той такъв, какъвто не е. Те също така желаят да са такива, каквито не са и съдбата им да бъде такава, каквато не е. Така хората се опитват да изкопчат от живота това, което потвърждава собствения им идеализъм и понеже животът не може да им го осигури, всичко изглежда отчайващо, конфликтно и тъжно. Механизмът на живота може би е сложен в определени детайли, но значението му е очевидно за всеки, който наблюдава без изопачаване, без осъждане или предпочитания.

Разпознайте, че вашия свят се присъединява към Великата Общност. Правете това без украшенията на вашата фантазия. Не е нужно да давате форма на бъдещето. Само разберете моментния курс на света. Така собствените ви унаследени качества и бъдещото им проявление ще бъдат много ясни за вас.

Повтаряйте това изявление всеки час и го обмислете сериозно, защото то е основата на живота ви и е нужно да го разберете. Това не е обикновено вярване; това е еволюцията на света. В двете си дълбоки медитативни практики днес, използвайте активно съзнанието си, за да вникнете в тази идея. Наблюдавайте своите вярвания, които я подкрепят или са против нея. Наблюдавайте как се чувствате относно тази идея. Това е време за мисловно свързване. Използвайте практическите си периоди с пределна концентрация и се потопете напълно в тях. Позволете на ума си да проникне през повърхността на собствените си лекомислени идеи.

В Знанието всичко се превръща в спокойствие и тишина. Там всичко става ясно и очевидно. Там започвате да виждате разликата между познание и мислене, и разбирате, че мисленето може само да служи за подготовката на Знанието, но че Знанието далеч надхвърля всякакво лично мислене. Там ще разберете, как ума може да служи на духовната ви същност и ще разберете еволюцията на света.

Упражнение 199: *Две 30 мин. практически сесии.*
          Почасова практика.

Стъпка 200

Моите мисли са прекалено малки, за да съдържат Знание

Вашите мисли са прекалено малки, а Знанието е велико. Вярванията ви са прекалено ограничени, а Знанието е велико. Следователно отнасяйте се със Знанието, като с мистерия и не се опитвайте да му придавате форма, защото то е по-велико от всяка форма и ще надхвърли вашите очаквания. Нека Знанието бъде мистериозно, за да ви отдаде своите дарове без остатък. Нека мислите и идеите ви се приложат към видимия свят около вас, защото мисленето ви може да се развие по полезен начин, като разбере механизма на вашия физически живот и на присъединяването ви към другите. Въпреки това, позволете на Знанието да бъде отвъд механичното приложение на ума ви, за да може да се влее във всяка ситуация, да я благослови и да и даде цел, значение и посока.

Напомняйте си за тази идея всеки час и я оценете сериозно в каквато и ситуация да се намирате. В двете си медитативни практики днес, още веднъж се потопете в спокойствие и тишина, използвайки думата РАХН, ако намирате това за уместно и полезно. Преминете отвъд идеите и шаблоните на мисленето си. Позволете на вашия ум да бъде себе си, защото неговата цел е да служи на Знанието.

Упражнение 200: *Две 30 мин. практически сесии.*
Почасова практика.

Стъпка 201

Моят ум е създаден, за да служи на Знанието

Разбирайки това, вие ще оцените значението на вашия ум и няма да го съдите. Разбирайки това, вие ще разберете важността на вашето тяло и няма да го съдите, защото ума и тялото ви са средство за проявление на Знанието. Така вие се превръщате в получатели на Знанието. Така вие помните великото си Наследство. Така вие сте успокоени за великата си съдба.

Тук няма илюзии. Тук няма самозаблуди. Тук всички неща са на точното си място. Тук вие разбирате правилната пропорция на всички неща. Тук вие разбирате цената на ума си и няма да желаете да го пробвате за нещо, за което той не е достатъчно компетентен. Така вашият ум ще бъде използван по предназначение, а не за невъзможни начинания и вие ще разберете стойността на вашето тяло, както и големите му възможности като инструмент за комуникация. Така ще приемете неговата ограниченост, защото то трябва да бъде ограничено. Вие също така ще оцените неговия механизъм. Вие ще оцените всички срещи, които имате с други личности на този свят. Вие ще бъдете радостни, че имате ум и тяло, за да комуникирате със силата и същността на Знанието.

Повторете тази идея всеки час днес и я осмислете. В двете си дълбоки медитативни практики позволете на ума си да се успокои и да се учи да служи. Вие трябва да учите отново това, което е естествено за вас, защото вече знаете неестественото, което сега трябва да забравите. На негово място естественото ще бъде стимулирано, защото когато естественото е стимулирано, то става изразено. Тогава ума се пренарежда със своята истинска функция и всички неща откриват истинската си стойност.

Упражнение 201: *Две 30 мин. практически сесии.*
Почасова практика.

Стъпка 202

АЗ ВИЖДАМ ВЕЛИКАТА ОБЩНОСТ ДНЕС

ВИЕ МОЖЕТЕ ДА ВИДИТЕ ВЕЛИКАТА ОБЩНОСТ, защото живеете в центъра и. Това, че сте на повърхността на света ангажирани с вашите начинания и ограничени от времето и пространството не значи, че не можете да зърнете величието на Великата Общност. Можете да сторите това, като погледнете небето отвъд и света долу. Можете да разберете това, като вникнете във връзката на човечеството с вселената и като разберете, че човечеството е още една раса, която се опитва да развие своята интелигентност и Знание, и да се присъедини към Великата Общност. Наблюдавайки по този начин, вие изпитвате състрадание към вас и към другите, защото състраданието е породено от Знанието. Знанието не отрича това, което се случва, а му влияе за добро.

ВСЕКИ ЧАС РАЗГЛЕЖДАЙТЕ ДНЕШНАТА ИДЕЯ. Погледнете света и себе си като свидетели на Великата Общност. Мислете за вашия свят като за един от многото, в същия етап на еволюция. Не измъчвайте ума си, като се опитвате да дадете форма на това, което е отвъд вашите възприятия. Живеете във велика и мистериозна вселена, която едва сега започвате да разбирате.

В ДВЕТЕ СИ ДЪЛБОКИ МЕДИТАЦИИ, използвайте мисълта си и активно обмисляйте тази идея. Опитайте да видите живота си отвъд човешката гледна точка, защото ако не го сторите, вие ще виждате само човешкия си живот, човешкия свят и човешката вселена. Вие не живеете в човешка вселена. Вие не живеете в човешки свят. Вие не живеете чисто човешки живот. Разберете, че човешкото тук не е отречено, а е включено в по-голям живот. По този начин човешката ви природа се превръща в източник и проявление вместо в ограничение, което налагате на себе си. Опитайте се да бъдете много активни в двете си дълбоки практики. Използвайте ума си конструктивно. Използвайте ума си обективно. Погледнете идеите си. Не позволявайте да бъдете разклатени от тях. Наблюдавайте вярванията си. Не ги отричайте и не ги следвайте сляпо. Учете това обективно и ще се научите да виждате със Знанието, защото Знанието наблюдава физическото и умственото със спокойствие.

Упражнение 202: *Две 30 мин. практически сесии.*
Почасова практика.

Стъпка 203

ВЕЛИКАТА ОБЩНОСТ ВЛИЯЕ НА СВЕТА, КОЙТО ВИЖДАМ

Ако можете да приемете очевидния факт, че вашия свят е част от Великата Общност, вие ще приемете, че света се влияе от Великата Общност, защото е част от нея и не може да бъде независим. По какъв начин Великата Общност влияе на вашия свят, е отвъд сегашните ви възможности да разбирате. Но, за да разберете, че светът се влияе, вие трябва да го погледнете от различна перспектива, която от човешка гледна точка е много трудно постижима, защото чистата човешка гледна точка не допуска наличието на друг интелигентен живот. Абсурдността на тази гледна точка е очевидна, когато наблюдавате вселената обективно. Това ще ви учуди и ще предизвика вашия интерес и внимание. Това е много важно, защото светът е повлиян от Великата Общност и вие сте част от него.

Както физическият свят, в който живеете е повлиян от велики физически сили отвъд видимото, така и светът е повлиян умствено от интелигентния живот, който е свързан с вашия свят. Този интелигентен живот представлява сили на добро и сили на невежество. Вие трябва да разберете фундаменталната истина: слабите съзнания се влияят от силните съзнания. Това е истина, както за вашия, така и за всички останали светове. Отвъд физическото това не е така, но във физическият свят е по този начин. Това е причината да сте ангажирани, да развивате вашия ум и да се учите да отговорите на Знанието, което представлява добрата сила навсякъде във вселената. Като станете по-силни, вие започвате да разбирате все повече и повече. Оттук и вашия ум трябва да бъде култивиран в Знанието, за да стане по-силен и да служи на истинска кауза.

Всеки час днес повтаряйте тази идея и в двете си дълбоки практически сесии опитайте да се концентрирате върху думите, които ви даваме тук. Използвайте ума си активно. Не му позволявайте да се отклонява и да търси убежище в малки и незначителни неща. Мислете за величието на тези идеи, но не се страхувайте от тях, защото страхът не е нужен. Нужна е обективност, за да можете да разберете величието на вашия свят, на вашата вселена и на вашата възможност в тях.

Упражнение 203: *Две 30 мин. практически сесии.*
Почасова практика.

Стъпка 204

ДНЕС ЩЕ БЪДА СПОКОЕН/СПОКОЙНА

Бъдете спокойни днес. Не позволявайте на негативните ви фантазии да представят образи на загуба и унищожение. Не позволявайте на тревогата да погълне концентрацията ви в Знанието. Обективно погледнато, вашият свят и Великата Общност, в която живеете, не трябва да подбуждат страх, а уважение – уважение за силата на времето, в което живеете и неговото значение за бъдещето, уважение за вашите качества и тяхната полза за света, който възприемате, уважение за величието на физическата вселена и уважение за силата на Знанието, което е дори по-велико от вселената, която виждате.

Напомняйте си да бъдете спокойни всеки час днес. Използвайте силата си и се посветете на това упражнение. Отдайте му се. В дълбоките си медитативни практики, използвайте думата РАХН, ако е необходимо и успокойте ума си, за да може той да се потопи във величието на Знанието, на което трябва да служи. Бъдете спокойни днес, защото се учите да бъдете със Знанието.

Упражнение 204: *Две 30 мин. практически сесии.*
Почасова практика.

Стъпка 205

ДНЕС НЯМА ДА СЪДЯ СВЕТА

Не позволявайте на вашия ум да се оценява, като проектира вина към света. С обвинения светът е неразбран, а вашия ум се превръща в бреме, вместо в придобивка за вас. Днешната идея изисква упражнения, дисциплина и приложение, защото вашият ум и умовете на света са неразбрани, неизползувани по предназначение и погрешно напътствани. Така вие се учите да използвате ума си позитивно, като му давате истинска функция в служба на Знанието.

Не обвинявайте света днес. Не съдете света днес. Нека умът ви бъде спокоен, като го наблюдавате. Знанието за света нараства постоянно. То нараства естествено. Идеята може и да говори за това, но не го съдържа. Знанието представлява смяна на вашата гледна точка, промяна на вашето изживяване, обща промяна в акцента ви и цялостна трансформация на вашата ценностна система. Това е доказателство за Знание.

Не обвинявайте света днес. Умът ви е невинен, защото показва, че Знанието не е било приобщено към него. Какво друго би могъл да върши ума, освен да греши и сглупява? Какво друго би могъл да направи ума ви, освен да изразходва големи ресурси? Човечеството може само да греши без Знанието. Умът може да твори само фантазии. Той може само да губи. Следователно умът не заслужава осъждане, а прилагане на Знанието.

Упражнявайте се всеки час и не обвинявайте света. Не пропускайте часове без да практикувате. Посветете днешния ден на служба по този начин, защото без осъждане вашата любов към света ще се възвиси и ще се прояви естествено. В двете си дълбоки практики опитайте да потопите ума си в спокойствие. Без обвинение и осъждане спокойствието е достъпно, защото е естествено. Без осъждане вашия ум може да бъде спокоен. В спокойствието няма обвинение или осъждане. В спокойствието любовта ще заструи от вас във всички посоки и ще продължи да го прави отвъд обхвата на сетивата ви.

Упражнение 205: *Две 30 мин. практически сесии.*
Почасова практика.

Стъпка 206

ЛЮБОВТА СЕ ИЗЛЪЧВА ОТ МЕН СЕГА

ЛЮБОВТА СЕ ИЗЛЪЧВА ОТ ВАС И ДНЕС МОЖЕТЕ ДА ОПИТАТЕ ДА ИЗЖИВЕЕТЕ ТОВА, като се освободите от нещата, които затрудняват това изживяване. Без осъждане, без илюзия, без фантазия и без ограниченията на чисто човешката гледна точка, вие ще видите, че любовта се излъчва от вас. Вие ще видите, че цялата ви неудовлетвореност от живота е неспособността ви да изживеете и отдадете тази любов, която желае да се излъчи от вас. Това винаги е така без значение от ситуациите, в които неудовлетвореността ви расте, защото не можете да излъчвате любов. Оценяването на трудностите и проблемите могат несъмнено да прикрият този факт, но не могат да отхвърлят неговото съществуване.

ВСЕКИ ЧАС ДНЕС ПОЗВОЛЕТЕ НА ЛЮБОВТА ДА СТРУИ ОТ ВАС ОСЪЗНАВАЙКИ, че не трябва да се ангажирате с даден модел на поведение, защото любовта ще се покаже естествено от вас, като уханието на цвете. В дълбоките си упражнения, позволете на ума ви да се успокои, за да може любовта да заструи от вас. Така вие ще разберете естествената функция на вашия ум и величието на Знанието, което е във вас, но не е ваша собственост.

НЕ ПОЗВОЛЯВАЙТЕ НА ОСЪЖДАНИЯ ИЛИ СЪМНЕНИЯ КЪМ ВАС САМИТЕ да ви отклонят от тази възможност днес. Без вашата намеса, любовта ще се лее естествено от вас. Не трябва да имате никакви претенции или да се държите по специфичен начин, за да се случи това. С времето поведението ви ще представлява това, което се излъчва от вас естествено. Позволете на любовта да заструи естествено от вас днес.

Упражнение 206: *Две 30мин. практически сесии.*
Почасова практика.

Стъпка 207

ПРОЩАВАМ НА ВСИЧКИ, ЗА КОИТО МИСЛЯ, ЧЕ СА МЕ НАРАНИЛИ

Това изявление показва вашите намерения да имате Знанието, защото непрощаването е само осъждане на ситуацията, в която не можете да разберете и изразите Знанието. Всичките провали са ваши. Това може да ви изглежда като бреме в началото, докато не разберете голямата възможност, която то ви дава. Понеже всичките провали са ваши, вие разбирате, че всички корекции са ви дадени и могат да бъдат приложени. Чуждите провали не са ваши, но осъждането им е ваш провал. Следователно всеки провал, който поражда непрощаване във вас, е ваш провал, защото чуждите провали нямат нужда от вашата коравосърдечност или от вашето обвинение. Всъщност неуспехите на другите ще пораждат вашето състрадание и прилагането на Знанието в бъдеще, и не е необходимо да пораждат вина или нещастие във вас.

Знанието не е шокирано от света. Знанието не е ужасено. Знанието не е обезкуражено. Знанието не е оскърбено. Знанието разбира незначителността на света и неговите грешки. Това е, защото то познава себе си и всичко, което не е Знание, е само възможност за Знанието да бъде приложено отново. Така вашето нежелание да простите, е само възможност за вас да приложите Знанието отново.

Повтаряйте днешната идея всеки час и не подценявайте нейното значение за вас, които търсите начин да бъдете освободени от нещастието и скръбта. В двете си дълбоки практики мислете за всички тези, към които не чувствате прошка – личности, които познавате, както и такива, за които сте чули или за които сте мислили, личности, които са изпитали падение и провал. Те ще се появят в съзнанието ви, когато ги повикате, защото всички те чакат да им простите. Позволете им да се покажат един след друг. Като направят това, простете на себе си, че не сте използвали вашето

Знание. Когато се появят пред вас им напомнете, че сега се учите да използвате Знанието и няма да се измъчвате заради тях, и те също не трябва да страдат заради вас. Желанието да простите, е желание да реализирате Знанието и да го използвате, защото Знанието прогонва коравосърдечието, както светлината прогонва тъмнината. Това е така, защото има само Знание и нужда от Знание. Това е всичко, което вие вероятно можете да възприемете във вселената.

В ДВЕТЕ СИ ПРАКТИЧЕСКИ СЕСИИ ДНЕС се изправете срещу тези, които сте обвинявали и им простете за това, че не сте използвали Знанието в разбирането си за тях и във връзките си с тях. Направете това без чувство на вина или самообвинение, защото е невъзможно да не се провалите, когато не сте със Знанието и не го използвате. Приемете предишните си ограничения и се посветете на възприемане на света по нов начин, без обвинения и с величието на Знанието.

Упражнение 207: *Две 30 мин практически сесии.*
        Почасова практика.

Стъпка 208

Всички ценни неща за мен ще се проявят чрез Знанието

Всички ценни неща в човешкия живот – любов, търпение, преданост, толерантност, прошка, истинска реализация, кураж и вяра – всички те естествено се издигат от Знанието, защото то е техният извор. Те са външно проявление на ума, който служи на Знанието. Ето защо, те не трябва да бъдат насилвани с тежка самодисциплина от някого. Те се появяват естествено, защото умът, който служи на Знанието, може само да илюстрира собственото си величие и собствените си способности. Това, което изисква самодисциплина, трябва да преориентира фокуса ви, да преориентира предаността и службата ви. Вие или служите на Знанието, или на заместниците на Знанието, защото и в двата случая трябва да служите.

Повтаряйте тази идея всеки час, за да можете да я възприемете през деня. В двете си дълбоки практики, ангажирайте ума си активно, за да вникнете дълбоко в тази идея. Трябва да мислите конструктивно. Не се залъгвайте с образи, които намирате за забавни. Не осъждайте само, защото нещо дразни вас и другите. Учете се да бъдете обективни като използвате ума си. Опитайте да потопите ума си дълбоко във вас. Не се задоволявайте с обикновените неща, които намирате за приемливи.

Мислете за примерите, които споменахме днес, защото можете да разпознаете някои от тях. Всички важни и ценни неща ще се проявят от Знанието, защото Знанието е техния източник.

Упражнение 208: *Две 30 мин практически сесии.*
Почасова практика.

Стъпка 209

ДНЕС НЯМА ДА БЪДА ЖЕСТОК КЪМ СЕБЕ СИ

Не бъдете жестоки към себе си, като се опитвате да носите короната от тръни, която представлява вашите вярвания и предположения. Не се обременявайте с теглото на обвиненията и неспособността ви да прощавате. Не се опитвайте да насилвате ума си да илюстрира качествата, които желаете, защото те се появяват естествено от Знанието.

В замяна на това се потопете в спокойствие в двете си дълбоки практически сесии, като отчетете отново, че всичко, което истински цените, ще бъде естествено показано чрез Знанието. Нещата, които намирате за противни и отблъскващи, ще отпаднат естествено. Така освободения ви ум ще може да отдаде най-великия възможен дар на света.

Осмисляйте това всеки час, като се опитвате да използвате днешната идея във всичко, което виждате, чувате и вършите. Не бъдете жестоки към себе си днес, защото няма извинение за това. Позволете си да бъдете благословени, за да можете да благословите света. Опитайте да благословите света, за да можете и вие да получите неговата благословия.

Упражнение 209: *Две 30 мин. практически сесии.*
Почасова практика.

Стъпка 210

ПРЕГОВОР

Днес обобщете изминалите две седмици на подготовка прочитайки всеки урок, както е даден и припомняйки си практиката в този ден. В дългия си практически период днес, още веднъж опитайте да оцените напредъка в упражненията си. Опитайте да видите връзката между това, как използвате ума си и какво изживявате в резултат на това. Погледнете живота си обективно без вина и обвинения, за да разберете истинското му събуждане и възраждане.

В дългата си практическа сесия днес, използвайте ума си активно за негово добро. Вие се учите да сте обективни за собствения си прогрес като ученици. Вие се учите да сте обективни за самото учене. Вие се учите да сте обективни, за да можете да виждате. Нека това обобщение ви даде голяма перспектива за дейността на Знанието на света и за присъствието му във вашия живот.

Упражнение 210: *Една дълга практическа сесия.*

Стъпка 211

ИМАМ ВЕЛИКИ ПРИЯТЕЛИ ОТВЪД ТОЗИ СВЯТ

Вие имате велики приятели отвъд този свят. Това е причината човечеството да желае да се присъедини към Великата Общност, защото Великата Общност е граничната линия за неговото истинско приятелство. Вие имате истински приятели отвъд вашия свят, защото не сте сами на света и не сте сами във Великата Общност на световете. Вие имате велики приятели отвъд този свят, защото вашето Духовно Семейство има представители навсякъде. Вие имате приятели отвъд този свят, защото работите не само за еволюцията във вашия свят, но и за еволюцията във вселената. Това е истина, която е отвъд вашата фантазия и вашите концептуални възможности.

Почувствайте величието на вселената, в която живеете. Почувствайте възможностите, които имате да служите на Великата Общност, част от която сте и вие. Вие служите на големите си приятели на този свят и на приятелите ви отвъд, защото дейността на Знанието е навсякъде. Това е привличането на Бог. Това е приложението на добротата. Това е силата, която изкупва всички разделени съзнания и дава цел, значение и посока във вселената. Без значение от механизма на физическия свят, неговите ценности се определят от неговата същност и от неговата съдба, като и двете са отвъд вашето разбиране. Разбирайки, че Знанието е значението, което движи света в правилната посока, вие можете да оцените и получите това, което ви дава цел, значение и посока в живота

Всеки час разглеждайте идеята, че имате приятели отвъд този свят, както в световете от видимия, така и от невидимия свят. Мислете върху това, че имате тази велика връзка. В двете си дълбоки практически сесии днес потопете ума си в спокойствие, за да можете да почувствате тези неща. Не фокусирайте фантазията си върху тях, а потопете ума си в спокойствие, за да може той да подари Знанието на вашето внимание и опит. Вие имате приятели отвъд този свят и те се упражняват днес с вас.

Упражнение 211: *Две 30 мин. практически сесии.*
Почасова практика.

Стъпка 212

АЗ ЧЕРПЯ СИЛА ОТ ТЕЗИ, КОИТО ПРАКТИКУВАТ С МЕН

Вие черпите сила от всеки, който практикува с вас, защото всеки ум, който се свърже със Знанието, влива сила в друг ум, който прави същото. По този начин вие влияете на света и всеки, който иска да служи на истинската цел, влияе на вас. Това противостои и противодейства на невежите и разрушителни сили на света и влияе на всички съзнания, които се събуждат от дълбокия си сън.

Имайте вяра в днешната идея, защото тя ще ви направи уверени, когато разберете, че вашето старание е изключително повлияно от старанието на другите. Това ще надхвърли всякакво чувство на празнота, което може да изпитвате. Това ще преодолее всяко чувство на двойственост, което засяга истинската подготовка, защото всички съзнания, които участват във възстановяване на Знанието, са в състояние да ви помогнат тук и сега.

Величието е с вас, величието на Знанието и величието на тези, които желаят да възстановят Знанието. С тях вие споделяте истинската цел, защото истинската ви цел пази живо Знанието на света. От Знанието всички добри неща са дарени на народите, за които са предназначени, независимо дали притежават духовна или материална същност.

Всеки час повтаряйте тази идея и в двете дълбоки практически сесии се опитайте да получите влиянието на всички, които се опитват да възстановят Знанието. Позволете на техните дарове да дойдат в съзнанието ви, за да можете да почувствате истинската оценка на живота и да разберете значението и ефикасността на собствените ви опити като ученици на Знанието.

Упражнение 212: *Две 30 мин. практически сесии.*
  Почасова практика.

Стъпка 213

Аз не разбирам света

Вие не разбирате света. Вие само го осъждате и се опитвате да разберете защо го правите. Светът ще се разкрие пред вас, когато го погледнете без резерви и ограничения. Тогава може да откриете, че вашите вярвания могат да бъдат полезни, като ви помагат да крачите напред в живота. Заради това не трябва да ограничавате вашето възприятие за вселената. Вие не можете да бъдете на света без вяра или предположения. Въпреки това вашите вярвания и предположения трябва да бъдат средство за служба на ума ви, да му дадат временна структура, за да може той да използва естествените си възможности в положителен аспект.

Вие не разбирате света днес. Радвайте се, че това е така, защото вашето осъждане е неоснователно. Вие не разбирате света днес и това ви дава възможност да сте негови свидетели.

Повтаряйте тази идея всеки час, като наблюдавате света и си напомняйте, че не разбирате това, което виждате и сте свободни да гледате отново. Ако не сте свободни да наблюдавате това означава, че се опитвате да оправдаете вашите осъждания. Това не е наблюдение. Това е само забавление за вашата фантазия. В двете си дълбоки практики днес потопете съзнанието си в спокойствие, защото без бремето на опитите ви да оправдаете фантазиите си, вашето съзнание естествено ще потърси истинското си място в служба на Знанието. Вие не разбирате света и себе си днес.

Упражнение 213: *Две 30 мин. практически сесии.*
Почасова практика.

Стъпка 214

АЗ НЕ РАЗБИРАМ СЕБЕ СИ

Това не е изявление на неуспех или ограничение. Това е само изявление, което ви освобождава от вашите спънки. Как е възможно да разберете себе си, ако Знанието не ви е разкрило всички необходими неща? Как е възможно да разберете света, ако Знанието не ви е разкрило света? Това е чисто изживяване, отвъд всички концепции и вярвания, защото концепциите и вярванията могат само да следват изживяването и да се опитат да осигурят структура, където опита може да се издигне отново. Няма начин вярванията, предположенията или идеите да имитират самото Знание.

Вие не разбирате себе си и света, защото разбирате само вашите идеи, а те не са вечни. По този начин идеите ви могат да се провалят и да ви заблудят, ако разчитате на тях, а не на Знанието, да ви разкрият себе си и света.

Всеки час си напомняйте, че не разбирате себе си. Освободете се от бремето да оправдавате вашите осъждания. Вгледайте се в себе си през двете ви медитативни практики и си напомняйте, че не разбирате себе си. Сега вие сте свободни да се потопите в спокойствие, защото не опитвате да използвате опита си, за да оправдаете фантазиите за вас самите. Вашия ум е свободен да бъде това, което е и вие сте свободни да оцените себе си.

Упражнение 214: *Две 30 мин. практически сесии.*
Почасова практика.

Стъпка 215

МОИТЕ УЧИТЕЛИ СА С МЕН. АЗ НЕ СЪМ САМ/А

ВАШИТЕ УЧИТЕЛИ СА С ВАС, те са зад вас. Те са много внимателни, за да не увеличат въздействието си върху вас, защото вие все още не сте готови да получите повече и да го използвате в своя полза. Разберете, че имате голяма помощ в живота си, защото вашите Учители ви помагат да разберете и култивирате Знанието.

ПЪРВО, ТЕ ТРЯБВА ДА ВИ ПОМОГНАТ ДА ОТКРИЕТЕ НУЖДАТА си от Знание, защото вашата нужда за Знание трябва да бъде напълно разбрана, преди да започнете неговото възстановяване. Вие трябва да разберете, че без Знание животът е безнадежден, защото нямате цел, значение и посока. Само тогава вашите грешки могат да ви научат и само те могат да подкрепят вашето непрощаване.

РАЗБИРАЙКИ ПРОВАЛА НА СОБСТВЕНИТЕ СИ ИДЕИ КАТО заместители на Знанието, вие можете да се обърнете към Знанието и да приемете неговите истински дарове. Тук всички неща, които истински търсите, ще бъдат задоволени смислено. Тук вие ще имате истинска основа в живота ви. Тук Небесата и Земята ще бъдат заедно във вас и разделението ще приключи. Тук можете да приемете ограниченията на физическото си съществуване и величието на духовния си живот. По този начин завръщането ви към Знанието, е вашето най-голямо преимущество.

НАПОМНЯЙТЕ СИ ЗА ТАЗИ ИДЕЯ всеки час и в двете си дълбоки медитативни практики днес се потопете в спокойствие, използвайки помощта на думата РАХН. Бъдете щастливи днес да получите това, което ви освобождава.

Упражнение 215: *Две 30 мин. практически сесии.*
    Почасова практика.

Стъпка 216

Съществува Духовно Присъствие в моя живот

Духовното Присъствие в живота ви е винаги с вас, винаги готово да ви помогне и винаги напомнящо ви да погледнете отвъд вашите осъждания. То винаги ви осигурява подкрепа, съдействие и напътствие, толкова нужни, за да намалите грешките на ума си, да увеличите правилните му действия и по този начин да позволите на Знанието да се появи във вас.

Сега вие се учите да получавате и да уважавате това Духовно Присъствие и с времето ще разберете важното му значение за вас и за света. Това ще генерира величие и смирение във вас и вие ще разберете, че не сте източника на величието си, а средство за неговото проявление. Така ще бъдете във връзка с това, на което служите. Във вашите връзки, вие получавате всички плюсове от нещата, за които казвате, че са ваши. Със Знанието обаче, вие няма да величаете себе си, защото ще разберете собствените си ограничения и огромната си нужда от Знание. С това разбиране ще осъзнаете и приемете източника на живота. Ще осъзнаете също така, че сте на света, за да служите на Знанието и че света трябва да бъде негов получател.

Във вашия живот има Духовно Присъствие. Почувствайте това всеки час, като повтаряте тази идея. В двете си дълбоки медитативни сесии се потопете дълбоко в Присъствието, защото това Присъствие е без съмнение с вас и желае да ви се отдаде днес.

Упражнение 216: *Две 30 мин. практически сесии.*
Почасова практика.

Стъпка 217

Днес се отдавам на Знанието

Днес се отдайте на Знанието, като практикувате с истинска отговорност и преданост, и като не позволявате на собствените си идеи да ви ограничават, и да взаимодействат с истинския ви стремеж. Така вие се отдавате на Знанието, като му позволявате да ви се отдаде по същия начин. Колко малко се изисква от вас и колко голяма е вашата награда, защото с всеки миг, който прекарвате в изживяване на спокойствие или смислено участие на ума ви, Знанието става все по-силно и по-присъстващо във вас. Вие може да се чудите и питате,"Какъв е моя дар за света?" Вашият дар е това, което получавате днес. Отдайте се на Знанието, за да може и то да ви се отдаде.

Припомнете си тази идея всеки час днес и се потопете в Знанието в двете си медитативни сесии. През цялата си практика показвайте желанието да се отдадете на Знанието, което изисква да бъдете спокойни и приемащи.

Упражнение 217: *Две 30 мин. практически сесии.*
Почасова практика.

Стъпка 218

ЩЕ ПАЗЯ ЗНАНИЕТО В МЕН ДНЕС

Заедно със Знанието идва и Мъдростта, как да използвате Знанието на света. Така Знанието е източника на разбирането ви, а Мъдростта е изучаване как да го използвате смислено и конструктивно на света. Вие още не сте мъдри, така че пазете Знанието във вас днес. Позволете му да расте и укрепва. То ще ви се отдаде естествено, без да се опитвате да го проявите целенасочено. С времето вие ще се научите на мъдрост, както чрез демонстрация на Знанието, така и чрез собствените си грешки. Вие сте извършили достатъчно грешки до сега в подкрепа на това, за което ви говорим.

ПАЗЕТЕ ЗНАНИЕТО В СЕБЕ СИ днес, за да може то да расте във вас. Опитайте да увеличите неговото присъствие към една или две личности, за които виждате, че могат да го оценят, защото вашия ум е още прекалено слаб за Знанието и не може да устои на превратностите в този свят. То още не е достатъчно силно във вашите разбирания, за да отговори на силния страх и омразата, които се ширят на света. Знанието може да устои на всичко това без проблем, но вие, които се учите да сте приематели и средство за Знанието, не сте достатъчно силни, за да го сторите.

ПАЗЕТЕ ЗНАНИЕТО ВЪВ ВАС ДНЕС, ЗА ДА МОЖЕ то да расте. Напомняйте си за това всеки час, като носите този скъпоценен дар в сърцето си. В дълбоките си практически сесии, които не ви ограничават по никакъв начин, опитайте да се завърнете към голямата любов, за да можете да се потопите в истинска връзка със Знанието. С времето всички ограничения за проявата на Знанието ще бъдат премахнати, като се научите мъдро да използвате неговото съобщение на света. Но, засега пазете Знанието в сърцето си, за да може то да расте все по-силно и по-силно.

Упражнение 218: *Две 30 мин. практически сесии.*
Почасова практика.

Стъпка 219

НЯМА ДА ПОЗВОЛЯ НА АМБИЦИЯТА ДА МЕ ЗАБЛУДИ ДНЕС

ЗНАНИЕТО ПОНИКВА ВЪВ ВАС СЕГА, ЗАТОВА не позволявайте на вашата амбиция да ви заблуди. Амбицията е породена от личните ви нужди за признание и презастраховане. Тя е опит да противодействате на страха, като контролирате мненията на другите. Тук вашата амбиция е разрушителна, но както и други умения на ума ви, с времето и тя може да послужи на величието на Знанието. Вие още не сте достигнали тази фаза; следователно не се опитвайте да употребите вашето Знание, защото трябва първо да го получите, а не да го използвате. Във възможността ви да получите Знанието, се крие успеха ви да го откриете, за да може то да ви служи и да ви бъде полезно.

НЕ ПОЗВОЛЯВАЙТЕ НА АМБИЦИЯТА ДА ВИ ОТВЕДЕ ТАМ, КЪДЕТО НЕ МОЖЕТЕ ДА ОТИДЕТЕ. Не и позволявайте да злоупотреби с вашата виталност и енергия. Учете се на търпеливост и спокойствие със Знанието, защото Знанието има собствена цел и посока в живота, които вие се учите да следвате.

ПРЕЗ ДНЕШНИТЕ СИ ПОЧАСОВИ УПРАЖНЕНИЯ И във вашите медитации, се опитайте да бъдете без амбиция, защото не знаете какво да сторите със Знанието. В дългата си медитация се освободете от амбицията, за да се потопите в спокойствие и да напуснете физическия свят.

Упражнение 219: *Две 30 мин. практически сесии.*
Почасова практика.

Стъпка 220

ДНЕС ЩЕ БЪДА СДЪРЖАН, ЗА ДА МОЖЕ ВЕЛИЧИЕТО ДА РАСТЕ В МЕН

Бъдете сдържани по отношение на способностите, които разпознавате за вредни или изтощителни за възстановяването на Знанието. Въздържайте се, за да може Знанието да расте във вас. Това не е ограничение, което сами си поставяте. Това е използване на вашия ум и сила за култивиране на съзнателност за Великата Сила във вас и начин да и позволите да се въздигне, да ви напътства и води.

В днешния урок, както и до този момент, вие се учите да разпознавате източника на Знанието, както и средството, което носи то и да не ги обърквате. Учете се на въздържание днес, за да може Знанието да расте във вас. Не си мислете, че въздържанието е само израз на минало поведение, където сте ограничавали това, което е било истинско във вас. Не, днешния ви фокус е да учите формата на съзнателно въздържание, което представлява израз на вашата сила и самодисциплина. Вашата сила и самодисциплина трябва да бъдат упражнявани, за да укрепнат, защото вашето тяло и вашия ум са средството носещо Знанието и като такива, те трябва да се развиват и укрепват.

В дълбоката си практика днес, както и в почасовите си упражнения се въздържайте от тези форми на мислене и поведение, които могат да предадат Знанието ви, за да можете да се потопите в спокойствие и мир. В тези въздържания ще откриете свободата, която е отвъд този свят и в него, защото свободата е дар на Знанието.

Упражнение 220: *Две 30 мин. практически сесии.*
Почасова практика.

Стъпка 221

ДНЕС СЪМ СВОБОДЕН ДА СЕ ОБЪРКАМ

НЕ ОЦЕНЯВАЙТЕ ОБЪРКВАНЕТО СИ КАТО ПРОВАЛ. Не разглеждайте объркването си като нещо, което ви излага на опасност или ви подценява. Объркването ви означава, че разбирате ограничеността на вашите идеи и предположения. Трябва да загърбите това, за да може Знанието да бъде очевидно за вас, защото Знанието има отговор, независимо от всички важни решения, които трябва да осъществите днес. Това не е отговор, който можете да откриете измежду други отговори, които си давате или които други осигуряват за вас.

СЛЕДОВАТЕЛНО ПОЗВОЛЕТЕ НА ВСИЧКО, КОЕТО ЗАМЕСТВА Знанието, да ви напусне. Не се притеснявайте да се чувствате объркани, защото когато сте объркани Знанието може да се появи естествено от вас. Това представлява вашата свобода, защото свободата ви дава право да сте объркани.

НАПОМНЯЙТЕ СИ ЗА ТАЗИ ИДЕЯ всеки час и не се задоволявайте с обикновени обяснения или предположения за нещо. Трябва да осмислите дълбоко тази идея и да разберете истинското и значение за вас, което ще се разкрие естествено с времето. Позволете си да бъдете объркани, защото вие сте объркани и трябва да започнете оттам, от където сте. Знанието е с вас. Свободни сте да бъдете объркани. В дългите си практически сесии днес се потопете в спокойствие, независимо дали сте объркани или не, защото спокойствието, благоволението и мира винаги са на ваше разположение.

Упражнение 221: *Две 30 мин. практически сесии.*
Почасова практика.

Стъпка 222

Светът е объркан. Аз няма да го съдя

Единствената оценка, която можете да отправите към света е, че той е объркан. Тази оценка не трябва да съдържа ярост, тъга, омраза или отмъщение. Тази оценка не трябва да бъде някакъв вид атака. Светът е объркан. Не го съдете. Как е възможно да не е объркан, когато Знанието не му е познато? Вие можете да погледнете своя живот до този момент и да разберете размера на вашето объркване. Как може да бъде по друг начин, когато не сте били със Знанието, въпреки че то е било винаги във вас? Вие започвате да възстановявате Знанието и то естествено ще се проявява все по-често чрез вас. Това е велик дар, който се учите да получавате. Това е дар, който човечеството ще се учи да получава чрез вас.

Всеки час наблюдавайте светът и неговите действия без осъждане, защото светът е объркан. Ако страдате днес не се осъждайте, защото вие сте объркани. В дълбоките си практически сесии се потопете в спокойствие. Вие го правите, защото желаете да бъдете спокойни. Това е дар, който си правите сами и отдавате себе си, за да го получите. Тук няма подател и получател, защото подаръкът въздейства на вас и на вашия Източник, и по този начин Знанието, и неговото средство се потвърждават едно с друго.

Светът е объркан. Той е без Знание, но вие сте дар за света, защото днес се учите да получавате Знанието.

Упражнение 222: *Две 30 мин. практически сесии.*
Почасова практика.

Стъпка 223

Днес ще получа Знанието

Всеки час, както и в двете си дълги практически сесии днес, получавайте Знанието. Отдайте себе си, за да го получите. Това е упражнението ви за днес. Всичко останало е форма на объркване. Няма нищо в живота ви, което да замени днешната практика за вас, защото Знанието благославя всички неща в и извън вас. То прогонва това, което не е нужно и целенасочено ви включва в това, което е истински нужно за вас.

Завърнете се към Знанието без значение от обстоятелствата в живота ви. Получете Знанието, за да имате спокойствие на света и за да разберете собствената си цена и значимост.

Упражнение 223: *Две 30 мин. практически сесии.*
Почасова практика.

Стъпка 224

ПРЕГОВОР

Днес практикувайте обективно и обобщете практиката си през последните две седмици. Още веднъж прочетете уроците си за съответния ден и си спомнете практиката в него. Започнете с първата практика за двуседмичния период и продължете напред стъпка по стъпка. Укрепвайте вашите умения да наблюдавате прогреса си обективно и установете какво се случва, когато се справяте добре с практиката и когато не го правите толкова успешно. Представете си за момент, че наблюдавате с очите на вашите Учители, които ви следят отдалеч. Те не ви обвиняват. Те само отбелязват вашите силни и слаби страни, усилвайки първите и намалявайки ефекта на вторите. Като се учите да наблюдавате своя живот обективно, вие ще се научите да го наблюдавате през очите на вашите Учители. Това е наблюдение със Знанието. Това е наблюдение без осъждане. Правейки това, вашия ум става средство за Знанието и Знанието ще ви дари с всички идеи и дейности, които са истински полезни за вас.

Нека вашите практически сесии днес бъдат във ваша полза. Използвайте ума си целенасочено и не му позволявайте да се разсейва. Преодолейте навика си да мислите безцелно. Преодолейте навика си да се занимавате с глупави и безполезни неща. Опитайте чрез Обобщението днес, да покажете на себе си, че сте истински ученици на Знанието.

Упражнение 224: *Една дълга практическа сесия.*

Стъпка 225

ДНЕС ЩЕ БЪДА СЕРИОЗЕН И ВЕСЕЛ

Няма противоречие в днешното съобщение, ако го разберете правилно. Да сте сериозни в живота означава, да получите неговото благоволение, което ще ви направи щастливи. Следователно трябва да сте много сериозни със себе си, защото сега се учите да бъдете средство за Знанието и трябва да сте много щастливи и безгрижни, че Знанието е във вас. Това е истинското приложение на вашия ум, защото сте весели с това, което е весело и сериозни с това, което е сериозно. Съзнание, което е сериозно на повърхността и безгрижно вътрешно ще бъде напълно хармонично. Това ще бъде съзнание, в което Небето и Земята се докосват.

Благословията, която ще получите днес, ще породи щастие и истинско оценяване, но за това ще бъде нужно вашето сериозно участие, вашето искрено посвещение и използването на физическия и психическия ви капацитет. Вашите силни страни са вашето щастие и то е подсилено от използването на истинските ви възможности.

Мислете за това всеки час днес и си повтаряйте тази идея. Използвайте ума си сериозно, когато медитирате, за да може той да изпита веселието и голямата радост на Знанието. Така ще разберете, че днешната идея се покрива напълно със своето значение. Така вие няма да бъркате това, което е сериозно с това, което е щастливо. Това ще ви даде голямо разбиране за света.

Упражнение 225: *Две 30 мин. практически сесии.*
Почасова практика.

Стъпка 226

Знанието е с мен. Аз няма да се страхувам

Знанието е с вас и когато вие сте със Знанието, няма да се страхувате. С течение на времето, като се научите да бъдете със Знанието, страхът във вашия живот ще става все по-повърхностен и по-незначителен. Значението на днешната идея трябва да бъде разпознато в светлината на факта, че ума ви е ангажиран със страха по навик толкова много, че това затруднява употребата и приложението на Знанието за вас. Това е трудно, само защото умът ви е ангажиран със страха от миналото. Навиците могат да бъдат преодолени. Нови мисли и поведения могат да бъдат наложени и усилени. Това става чрез използване на ума и е резултат на редовни упражнения.

Днешната практика е да бъдете със Знанието, което ще премахне всички навици, хвърлили булото си върху вас и върху света. Съществуването в света е практика и форма на служба. Днес упражнявайте истината като и служите и по този начин всички грешки ще намалеят. Тяхната основа е премахната и вие ще започнете да учите нов път, по който да бъдете на света, нов път, по който да се включите към света и да имате по-стабилна основа, чрез която да използвате мисловните и физическите си умения.

Всеки час днес бъдете със Знанието. Отхвърлете страха и си напомняйте, че Знанието е с вас. Напомняйте си, че и вашите Учители са с вас. Напомняйте си, че учениците, които са заети с възстановяване на Знанието навсякъде, са с вас. По този начин светът става малък и вие ставате големи. В дълбоките си практики опитайте да бъдете свободни, за да изживявате Знанието. Проникнете дълбоко в спокойствието на съзнанието, докато то се слива с присъствието на любовта.

Упражнение 226: *Две 30 мин. сесии.*
Почасова практика.

Стъпка 227

ДНЕС НЯМА ДА СИ МИСЛЯ, ЧЕ ЗНАМ

Началните ученици винаги си мислят, че знаят неща, които не знаят и винаги си мислят, че не знаят неща, които знаят. Това изисква голямо прецизиране, а също така откриване на истинското и фалшивото, както и възможност чрез този контраст двете да бъдат разграничени. С времето ще се научите да разграничавате истинското от фалшивото и няма да се заблуждавате от опитите на фалшивото да имитира и подражава на истинското.

Всеки час днес си напомняйте да не мислите, че знаете. Да си мислите, че знаете, е само форма на замяна. Вие или знаете, или не. Мисленето по този начин само подкрепя или отхвърля това, което знаете. Но мисълта, че знаете, е мисъл без Знание, а това винаги е безсмислено и поражда объркване и съмнение във вас.

Не се заблуждавайте с мисли, че знаете в дълбоките си медитативни сесии днес и още веднъж се завърнете към истинското изживяване на Знанието. В мир и спокойствие се отдайте напълно на практиката днес. Знанието е изживяване и опит, и ще породи свои собствени идеи. То ще стимулира и подкрепя тези форми на поведение, които наистина подкрепят вашата същност. Не бъдете съгласни с неща, които си мислите че знаете, защото това е само още една форма на отричане, която ще ви направи нещастни.

Упражнение 227: *Две 30 мин. практики.*
Почасова практика.

Стъпка 228

ДНЕС НЯМА ДА СЪМ БЕДЕН

Не трябва да сте бедни, защото бедността не е вашето наследство, нито е истинската ви съдба. Не бъдете бедни днес, защото Знанието е най-голямото богатство и веднъж, когато му дадете възможност да се появи в съзнанието ви, то ще генерира естествено своето присъствие на света. То започва да балансира и хармонизира ума, който е негово средство и предава специфични неща на специфични хора по специфичен начин. Това е геният, който е във вас. Как можете да сте бедни с такъв дар? Единствено самоосъждащите ви идеи и поведение могат да предизвикат бедност.

Следователно днес наблюдавайте все по-дълбоко тези неща, които са някакъв вид пречка за вас. Мислете върху това всеки час днес. В двете си дълбоки практически сесии, използвайте съзнанието си активно и се опитайте да различите специфичните форми на самозаблуда и самозабрана. Правете това без осъждане, но с обективност, която е необходима, за да видите себе си ясно. Не се тревожете, че съществуват толкова фини форми на самозаблуда. Те са много сходни помежду си. Тяхната сложност и размери са маловажни, когато ги разпознаете. Всички те са породени от страха и от опита ви да го компенсирате, като се включите в илюзията и като се опитате да спечелите подкрепата на другите. Всички идеи без Знание служат на тази цел директно и индиректно. Истинската цел е великата сила отвъд идеите, отвъд всички дейности и поведения, които са за истинска служба.

Днес ще следим за затруднения, но не със срам, вина или тревога. Опитайте само да заздравите присъствието и приложението на Знанието и се гответе, за да бъдете по-добро средство за Знанието на света. Това е целта на днешната ви практика. Следователно упражнявайте се с истинска отдаденост. Вие сте по-велики от грешките, които възприемате и те не могат да ви заблудят, ако ги наблюдавате обективно.

Упражнение 228: *Две 30 мин. практически сесии.*
Почасова практика.

Стъпка 229

Няма да обвинявам друг за моята болка

Дешната идея представлява изключителна промяна в разбирането. Тя обаче трябва да бъде породена от Знанието, за да бъде наистина ефективна. Нейното значение не е очевидно в момента, защото вие скоро ще откриете, че съществуват много ситуации, в които другите изглеждат напълно отговорни за вашата болка. Ще бъде много трудно да промените мисленето си по навик, с което живеете и да отхвърлите предположенията, че други са причина за вашата болка. Не така ви вижда Знанието и вие трябва да спрете да се възприемате по този начин.

Болката винаги е резултат от решенията, които сте извършили в отговор на някакъв стимул около вас. Тялото ви изпитва физическа болка ако е стимулирано, но това е по-скоро отговор на сетивата. Това не е истинската болка, която ви наранява. Болката, която ви измъчва е короната от тръни на вашите идеи и предположения, на собствените ви опасения и грешната информация, на това да не прощавате на света и на себе си. Това причинява болка в съзнанието и в тялото ви. Това е болката, която желаем да ограничим днес.

Следователно определете днешната идея като лекарство срещу болката. Ако някой друг е причина за вашата болка, няма друг лек освен да атакувате или да промените тази личност. Но дори опита ви да промените някого към по-добро, ще бъде форма на атака, защото вашия алтруизъм ще съдържа омраза и възмущение. Следователно няма лек за болката, ако причината е извън вас, но има лечение за всяка болка, когато Знанието е с вас.

Следователно всяка болка трябва да бъде отчетена като резултат на собствените ви решения. Тя трябва да бъде разгледана като резултат от собствените ви интерпретации. Може и да чувствате, че сте наранени от някой друг или от света. Това чувство е в съзнанието ви и не трябва да бъде отхвърляно, а трябва да погледнете отвъд него към неговият източник и към механизма на неговото появяване. За да сторите това обаче, трябва да използвате своите умения. Това ще ви даде голяма сила. Ще можете да сторите това, защото Знанието е във вас и защото със Знанието можете да сторите всичко, което Знанието желае от вас да сторите.

Без осъждане светът ще бъде толкова свободен, че ще може да се възстанови сам. Следователно всеки час повтаряйте тази идея и осмислете нейното значение. Потопете се дълбоко в нея и открийте нейното значение за вас. В дългите си практически сесии се потопете в тишина и спокойствие, защото без осъждане на света и себе си, съзнанието ви вече е спокойно.

Упражнение 229: *Две 30 мин. практически сесии.*
Почасова практика.

Стъпка 230

Измъчвам се, защото съм объркан

Вашето страдание е породено от объркването. Бъдете объркани, за да разберете истинския път на възстановяването. Обърква ли ви подобна идея? Може и така да е, защото хората не признават, че са объркани. Те лъжат и заблуждават казвайки, че са уверени, когато са объркани; те обвиняват другите, за да оневинят себе си или се самообвиняват, за да извинят другите. Така всичко става много объркано.

Когато разберете, че сте объркани, тогава можете да възстановите вашата увереност. Ако не признаете, че сте объркани, вие ще използвате заместители на увереността в себе си и на света, и така ще отдалечите себе си от възможността да възстановите вашата увереност. Затова трябва да разберете, че объркването е източника на вашето страдание и трябва да сте объркани, за да познаете истинското си затруднение. Разбирайки затрудненото си положение, вие ще разберете голямата нужда от Знание и това ще породи във вас преданост и усърдие, които са необходими, за да получите вашето наследство.

Повтаряйте тази идея всеки час днес и не забравяйте да сторите това. В дългите си практически сесии използвайте активно съзнанието си, за да разберете дълбочината и значението на днешната идея. Разберете обективно всички чувства и мисли, които я подкрепят, както и тези, които са против нея. Бъдете много внимателни, за да разберете всяко неодобрение, което вашето съзнание има към днешната идея. Тогава разпознайте силата на тази идея в собственото си съзнание. Това ще ви помогне да разберете устройството на ума ви. Всичко това е част от вашето обучение, като ученици на Знанието. Опитайте се да разберете днешната идея и не се задоволявайте с обикновени отговори и обяснения, защото днешната идея съдържа дар, който все още не сте изпитали.

Упражнение 230: *Две 30 мин. практически сесии.
Почасова практика.*

Стъпка 231

Повикан съм на този свят

Повикани сте на този свят, но не за това, за което си мислите. Причината ще изплува от вашето Знание, когато дадете възможност на Знанието да се появи в ума ви. Вие сте повикани на този свят, за да осъществите специфични дейности тук. Целта ви на този свят, е да възстановите Знанието във вас и да му позволите да се прояви само. Това обикновено изявление на вашата цел, е дълбоко по своята същност и голяма част от него трябва да бъде осъществена във времето.

Вие сте повикани на този свят и сте тук, за да осъществите нещо, като за тази цел притежавате ум, както и специфична, и различна от другите природа. Когато осъзнаете вашия зов ще разберете защо мислите и действате по начина, по който го правите и всичко ще бъде на правилното си място в хармония и баланс. Това ще заличи обвиненията, които изпитвате към себе си, защото все още не сте разбрали своята полезност. С други думи, вие сте създадени за нещо, което все още не разбирате. Вие ще се съпротивлявате на вашата природа мислейки си, че тя ви ограничава по някакъв начин. С времето обаче ще разберете, че тя е безценен източник за реализация, защото вие сте повикани на света.

Всеки час си напомняйте, че все още не знаете защо сте повикани. Ще можете да откриете истината без да правите някакви предположения. В дълбоките си практически сесии днес се потопете в спокойствие и тишина, използвайки още веднъж думата РАХН, ако е необходимо. Това е ден на подготовка за вас, за да разберете защо сте повикани на света. Това е ден отдаден на Знанието, далеч от неверни предположения и заблуди. Този отдаден на Знанието ден ви приближава до момента, в който ще разберете защо сте повикани и той ще ви се разкрие естествено без помощта на вашите предположения, когато вие и тези, с които трябва да бъдете във връзка, сте готови за това.

Упражнение 231: *Две 30 мин. практически сесии.*
Почасова практика.

Стъпка 232

Моят зов в живота изисква развитието на другите

За да приемете повика в живота си, не е достатъчно само вашето развитие, а и прогреса на тези, с които ще бъдете в пряка връзка. Това е така, защото целта на вашия живот включва връзки с други личности, а не е само индивидуален стремеж за вас. Това не е личностно осъществяване. В действителността не съществува индивид, който е напълно откъснат от останалите, защото индивидуалността има значение само в смисъла на изразяване на това, което свързва и включва целия живот.

Следователно днес развивайте мъдростта и разберете, че истинското ви развитие и осъществяване зависи от развитието и осъществяването на другите. Не си мислете, че знаете кои са тези други личности, защото още не сте ги срещнали всички. Някои от тях са в този свят, а други извън него. Те може изобщо да не са от вашата лична сфера.

Как тогава да продължите, когато вашето развитие до някаква степен зависи от други? Продължавайте като се отдадете на вашата подготовка. Силата на това, което вършите, ще даде сила на тези, с които ще бъдете свързани чрез повика в живота ви. Вие сте във връзка, защото си влияете и въздействате едни на други. Колкото повече се приближавате до Знанието, толкова по-близо до вас ще са и другите. Колкото повече се въздържате, толкова повече задържате и тях. Вие не можете да видите механизмът, по който се случва всичко това, защото, за да го видите, трябва да сте отвъд този свят. Вие обаче можете да схванете идеята, че всички съзнания си въздействат и по-специално тези, които са предназначени да имат връзка в живота.

Следователно вашият напредък зависи от собствените ви усилия и от усилията на другите. Усилията на другите обаче, са допълнени и подсилени от вашите усилия. По този начин вашите успехи са дадени да ги осъществите, но и вашия успех ще ви слее с живота и ще задълбочи съдържанието и изживяването на връзките отвъд това, което вие сте могли да изживеете.

В ПОЧАСОВИТЕ ВИ ПРАКТИКИ, както и във вашите медитации бъдете спокойни и позволете на усилията ви да помагат на другите, които от своя страна ще подкрепят вашите усилия. Нека вашето взаимно отдаване да бъде източник на сила, която вие ще изпитате днес и която ще бъде изживяна от тези, които все още не сте срещнали в този живот.

Упражнение 232: *Две 30 мин. практически сесии.*
Почасова практика.

Стъпка 233

АЗ СЪМ ЧАСТ ОТ ВЕЛИКА СИЛА ЗА ДОБРОТО НА СВЕТА

Това изявление е абсолютно вярно, въпреки че е трудно разбираемо от гледна точка на разделението. Не се очаква от вас да разберете днешната идея, но въпреки това тя ви се дава, за да можете да почувствате нейната сила и потенциал, защото бидейки представители на истината, вие бихте могли да я откриете и да изживеете Знанието. Най-голямата възможност за всяка идея е – да се превърне във вход към Знанието.

Ето защо тази идея трябва да бъде разгледана много внимателно. Трябва да разберете ограничеността на отделната гледна точка и да не се опитвате да преценявате значимостта на днешната идея. Не можете да я осъждате. Можете само да и отговорите или да я отхвърлите, защото нейната истина е по-голяма от вашата моментна интерпретация. Осъзнавайки сегашната си ограниченост, вие ще можете да се доближите до великото, защото без да се опитвате да браните това, което ви отслабва, можете да откриете пътя към това, което ви прави по-силни и което ви дава цел, значение и посока.

Вие сте част от Велика Сила за добро, защото тази сила е подкрепяна и направлявана от Знанието. Знанието е отвъд това, което един индивид може да притежава. Следователно няма "ваше" или "мое" знание; има само Знание. Това са само твои, мои и техни интерпретации и те могат да породят противоречия, но Знанието е Знание. То води хората заедно напред; то ги и разделя. Ако това се разбере напълно от спокойствието и обективността, неговата истинска посока може да бъде разкрита и следвана.

Станете по-силни днес, като повтаряте тази идея всеки час. Знайте, че всичките ви усилия в името на Знанието са допълнени от тези, които се упражняват с вас – тези, които вие можете да видите и тези, които не можете да видите. В по-дълбоките си практики позволете на вашата самодисциплина, която ви подготвя да влезете в тишина и спокойствие, да бъде също надградена. Така вашето постижение днес ще подкрепи усилията на всички, които практикуват и на всички, които отучват фалшивото и изучават истинското заедно с вас.

Упражнение 233: *Две 30 мин. практически сесии.*
Почасова практика.

Стъпка 234

Знанието помага на хората по всякакъв начин

Знанието активира всички психически и физически способности за добро. То направлява всички личностни стремежи, които са в услуга на човечеството. В изкуствата, в науката, във всички начинания, в обикновените жестове и в най-великите дела, Знанието демонстрира велик живот и увеличава най-големите качества в личностите, които са във връзка с него.

Знанието е велико и затова вие не трябва да го свързвате само с големи неща, защото Знанието може да се прояви дори в най-незначителната дума или жест и по този начин те също да имат огромен ефект върху другите. Силата на Знанието в личността активира силата на Знанието в други личности и така стимулира и подкрепя обновлението на живота в съзнанията, които съществуват в отлъчените фантазии. Когато сте на света, вие не можете да разберете потенциала на всичко това, но можете да го изпитате във вашия живот и да го видите демонстрирано в контекста на връзките, в които сте включени сега.

Не си мислете, че знаете. Вие или знаете или не. Помнете това поради вероятността да се заблудите, защото още нямате волята да се изправите срещу себе си изцяло страхувайки се, че това, което ще откриете, ще ви обезкуражи и унищожи. Когато обаче се изправите срещу себе си всичко, което ще откриете, ще бъде Знание.

В дълбоките си практики днес се отдайте на спокойствие още веднъж и използвайте методите, които сте научили до този момент. Не позволявайте на нищо да ви отдалечава от вашата цел. Вие сте част от Велика Сила и тази Велика Сила ви подкрепя.

Упражнение 234: *Две 30 мин. практически сесии.*

Стъпка 235

Силата на Знанието е очевидна за мен

Ще ви е нужно време, за да разпознаете силата на Знанието, защото то е далеч по-велико, отколкото сте си представяли. То обаче е и много по-обикновено и по-фино, отколкото бихте могли да разберете. То може да бъде видяно в невинните детски очи; може да бъде изразено във величието на движението на галактиките. То може да се прояви както в най-малкото, така и в най-великото действие.

Приемете, че едва започвате да откривате присъствието на Знанието във вашия живот и в живота навсякъде. Това се определя от възможността ви за Знание, което заедно с желанието ви за Знание култивирате сега. Ето затова се упражнявате на спокойствие и тишина ден след ден и прекъсвате вашите практики само, за да практикувате активно включване на ума си за големи цели. Така практикувайки всеки ден, вие изграждате вашите способности и желание за Знание, и по този начин практиката ви развива вашата способност да изживявате Знанието.

Вие започвате да разпознавате присъствието на Знанието, силата на Знанието и доказателството за Знанието. Напомняйте си всеки час и не забравяйте това, като още веднъж в практическите си сесии се отдайте на тишина и спокойствие, защото това ще заличи обвиненията и липсата на прошка във вас и ще ви разкрие силата на Знанието, което сега се учите да приемате.

Упражнение 235: *Две 30 мин. практически сесии.*
Почасова практика.

Стъпка 236

Със Знанието знам какво трябва да върша

Със Знанието ще знаете какво да вършите и ще бъдете толкова убедени и силни, че съмненията и противоречията ви ще намалеят драстично. Трябва да сте готови да действате и трябва да действате смело и решително. Ако сте загрижени да браните вашите идеи и физическото си тяло, вие ще се страхувате от Знанието и ще мислите, че Знанието ви води към нещо рисковано и опасно. Знанието може единствено да бъде демонстрирано. Неговият дар трябва да бъде изживян. То може да бъде изживяно и почувствано, като се приеме неговото присъствие и се следва неговата посока.

Със Знанието ще знаете какво да сторите и увереността ви ще надвиши многократно увереността, която сте имали и демонстрирали досега. Съмнението във вас може да продължи дори и със Знанието, но Знанието е много по-велико и цялото ви същество ще бъде ангажирано в действията. Само нищожността на съмненията, породени от фалшивите ви вярвания, могат да спорят с него. Техните аргументи обаче, са патетични и жалки, и нямат дълбочина и убеденост.

Знанието ще се движи във вас от време на време, защото то наблюдава в тишина всички неща и е готово да се намеси, и да действа, а когато действа, то действа! Така вие ще се учите да бъдете спокойни на света със Знанието и когато действате ще го направите ефективно и резултатно. По този начин, вие може да бъдете едновременно личности на действието и на съзерцанието, защото съзерцанието ви ще бъде дълбоко и смислено, а действията ви също ще бъдат дълбоки, смислени и решителни.

Със Знанието ще знаете какво да вършите. Не си мислете, че знаете какво да правите, докато не сте със Знанието и то не ви покаже какво да сторите. Не правете жалки опити да разрешите проблемите си, защото без Знанието опитите ви ще бъдат незначителни и ще увеличат вашето разочарование.

Всеки час повтаряйте днешната идея и я обмисляйте. В дълбочината на дългите си сесии, използвайте уменията, които сте усвоили до този момент, за да се потопите в тишина и спокойствие. Когато Знанието е спокойно и вие бихте могли да сте спокойни. Така, когато Знанието провокира действие, вие ще можете да действате и тогава решението, което имате ще бъде по-добро, отколкото сте си представяли.

Упражнение 236: *Две 30 мин. практически сесии.*
　　　　　　　　　Почасова практика.

Стъпка 237

ЕДВА ЗАПОЧВАМ ДА РАЗБИРАМ ЗНАЧЕНИЕТО НА МОЯ ЖИВОТ

ВИЕ ЕДВА ЗАПОЧВАТЕ ДА РАЗБИРАТЕ ЗНАЧЕНИЕТО на вашия живот. Това разбиране ще се появи естествено, без да се опитвате да го оформяте като идея. Значението и целта в живота ви ще се разкрият и ще се проявят днес и утре, и в следващите дни, защото Знанието е много обикновено и фундаментално. Така интелекта ви може да бъде използван, за да се справи с физическите нужди в живота ви, с особеностите в живота ви и с механизма на живота ви, защото това е приложението на интелекта. Величието на Знанието осигурява цел, значение и посока, които интелектът никога не може да осигури. Следователно интелектът е дарба, чиято истинска функция е тук, защото той служи на величието на Знанието.

ВИЕ ЕДВА СЕГА ЗАПОЧВАТЕ ДА РАЗБИРАТЕ значението и същността на Знанието. Не си мислете, че вашите заблуди досега са достатъчни за нуждите ви, защото сте начални ученици на Знанието и няма да грешите като разчитате само на вашите предположения. Началните ученици правят малко на брой грешки и са нетърпеливи да научат всичко необходимо за тях. Днес бъдете начални ученици. Осъзнайте колко малко знаете и колко много трябва да учите. Имате цял живот да учите това и живота ви може да бъде активиран и укрепен отвъд онова, което сте установили до сега. С времето величието, което носите с вас ще се прояви чрез вас и чрез вашите действия, както големи така и малки.

ДНЕС В ДВЕТЕ СИ ДЪЛБОКИ МЕДИТАТИВНИ сесии се потопете в спокойствие, като продължите да култивирате усещането си за Знание. Участвайте в практиката си като търпеливи градинари, които не изискват реколта от всички плодове днес и които разбират сезоните на растежа и промяната. Мислете по този начин, защото с времето ще разберете обективно как човешките същества се развиват и укрепват, и какво носят с тях. Когато напуснете този свят, ако сте успели да развиете Знанието и сте му дали възможност да отдаде всичките си дарове на света, вие ще сте готови да бъдете един от Учителите на тези, които остават отвъд. Така вие ще осъществите учението си на света, като отдадете на другите всичко, което сте придобили на света. Така вашият дар е осъществен, а техният е по-далечен.

Вие едва започвате да разбирате тези думи. Укрепете вашият опит за Знанието днес, за да можете да задълбочите осъзнаването на тези думи. Повтаряйте тази идея всеки час, за да могат всички ваши действия и връзки в каквато и среда да се намирате, да са благоприятни за вашата практика, защото няма събитие и взаимодействие, които Знанието да не може да благослови и хармонизира.

Упражнение 237: *Две 30 мин. практически сесии.*
　　　　　　　　Почасова практика.

Стъпка 238

ПРЕГОВОР

Би трябвало да започнем двуседмичното ви Обобщение със следния призив:

"Аз съм пратен/а на света, за да служа на Духовното ми Семейство, което служи на този свят и на всички светове във физическата вселена. Аз съм част от Велика Сила за добро и съм начален ученик на Знанието. Аз съм признателен/а за дара, който ми е даден и който започвам да разбирам. Аз ще продължа своята практика днес с абсолютна преданост и вярност, за да мога да оценя значението на моя живот".

Следвайки тази зов, започнете дългото си Обобщение. Започнете с първия урок от двуседмичния период обобщавайки инструкциите и практиката си, и продължете напред ден след ден. Когато завършите вашето Обобщение, още веднъж повторете призива за днес и прекарайте няколко минути в мълчание. През това време на спокойствие, започнете да чувствате силата на това, което вършите. Силата на Знанието и благословията, която е дарена на света е това, което вие ще учите да получавате и да проявявате в следващите дни и седмици.

Упражнение 238: *Една дълга практическа сесия.*

Стъпка 239

Свободата е моя днес

Свободата е ваша, вие, които сте със Знанието. Свободата е за вас, вие, които не трябва да се товарите с бремето на ненужно мислене и спекулации. Свободата е за вас, вие, които можете да се посветите на единствената си цел и на специфичните задачи, които произлизат от тази цел. Каква по-голяма свобода от това да използвате вашето Знание и да изпълните неговата съдба на света? Нищо друго не може да се нарече свобода, защото всичко останало е само свобода да сте в хаос, който се изражда в нещастие.

Вие сте свободни днес, за да позволите на Знанието да бъде с вас. Днес в почасовите си упражнения и в двете си медитативни практики помнете, че сте свободни. Когато имате свободата да сте със Знанието в медитативните си практики, се потопете в спокойствие и не позволявайте на никакво чувство, идея или мисъл да ви разсейва от изживяването на голямата свобода, избягвайки от света към Знанието.

Тези практики са много важни за вашето цялостно благополучие. В резултат на това ще получите ключа към Знанието във всичките ви външни усилия, като се учите да бъдете в мир със Знанието и като се учите да следвате Знанието, когато то упражнява своята Мъдрост на света. Вие сте свободни днес да бъдете със Знанието, защото днес сте свободни.

Упражнение 239: *Две 30 мин. практически сесии.*
Почасова практика.

Стъпка 240

Малките идеи не могат да задоволят нуждата ми от Знание

Великите идеи, фантастичните образи или прекрасните вярвания не могат да задоволят нуждата ви от Знание. Идеите могат да ви подготвят за вашия път, но не могат да ви отведат на пътешествието. Те могат да ви говорят за велики неща, които ви очакват, но не могат да ви отведат там, защото Знанието трябва да ви води към съдбата и осъществяването ви. С идеите, вие стоите в началото, сочите пътя на останалите, но не можете да вървите по него.

Когато пътувате със Знанието, то ще разшири себе си чрез идеите. То ще се увеличи чрез действията, чрез жестовете и чрез всички средства за комуникация на този свят. Следователно не се задоволявайте само с идеи. Не си мислете, че само чрез спекулации с идеи разбирате естеството на Знанието и неговото истинско приложение на света. Тези неща могат да бъдат изживени и наблюдавани, но личностите, които ги изживяват и наблюдават трябва да бъдат съсредоточени в своята истинска същност.

Следователно не се задоволявайте с малки неща, вместо с величието на вашето истинско същество и на вашата цел на света. Завърнете се към Знанието и бъдете благодарни, че идеите са ви упътили в тази посока. Разберете също така, че силата, която може да ви води, силата, която ви дава, силата да се готвите и участвате, е родена от голямата Мъдрост и Знание, които са във вас. Това изисква Знанието да следва Знанието и Знанието да се готви за Знание. Така Знанието се упражнява, дори когато го приближавате.

Не бъдете само с вашите идеи в началото на пътешествието ви. Не приемайте малките неща, вместо величието на вашите действия. Напомняйте си за това всеки час и в двете си дълбоки медитативни сесии отново се потопете в тишина и спокойствие. Упражнявайте се без да поставяте въпроси и жалби. Напомняйте си, че в Знанието всички неща се дават, всички неща се получават и всички неща се използват, когато са нужни. Когато съзнанието ви стане обикновено и отворено, то ще се превърне в средство, чрез което Знанието да осъществи себе си на света.

Упражнение 240: *Две 30 мин. практически сесии.*
Почасова практика.

Стъпка 241

Моят гняв не е оправдан

Гневът не е оправдан, защото гневът е вашия отговор на провала ви да приложите Знанието. Това поражда гняв в самия му източник. Това обаче не трябва да се случва, защото гневът е реакция и като такъв, той може да предизвика гняв у другите и да стимулира насилствена вътрешна и външна реакция, където и да се приложи. Знанието от друга страна ще преобразува гнева така, че да няма разрушителни качества, защото това, което искате да покажете, е това, което ще укрепи Знанието в другите. Силата на вашето убеждение и собственото ви желание да се наранявате и да наранявате другите, е истинската ефикасност на емоциите, което е и същността на гнева. Така може да се каже, че гневът ви е истинска комуникация, изопачена от вашите проекции на обвинение и страх. Веднъж, когато тези изопачения са изчистени, може да бъде проявена истинска комуникация, която е семето на всеки гняв. Това може да породи само добро.

Гневът не е оправдан, защото той е погрешно разбиране на истинската комуникация. Вашият гняв не е оправдан, защото е породен от объркване. Объркването обаче, води до подготовка и истинско приложение на Знанието. Следователно грешните не са наказани, а напътствани. Порочните и лошите не са пратени в ада, а са готвени за Небесата. Това е истинската същност на Божията цел на света. Затова Бог никога не може да бъде ядосан, защото Бог не е засегнат, Бог е себе си там, където е временно забравен.

В по-широк аспект на нещата, дори отлъчването на индивидуалните съзнания е временно състояние. Вие все още не можете и още дълго няма да можете да мислите по този начин, защото трябва да преодолеете различните етапи на развитие, които обединяват вашето съзнание с по-велико изживяване в различните връзки и в живота. Но, когато продължите и преодолеете отделни стъпки разширяващи хоризонта ви, вие ще започнете да разбирате, че гневът не е оправдан. Той е провал да използвате Знанието в дадена ситуация. Това е зов за лечение и поправка, а не за осъждане. Вие ще разберете, че гневът трябва да бъде разбран. Той не трябва да се отхвърля, защото ако го отхвърлите, вие ще отхвърлите източника на гнева, което е истинска комуникация. Следователно, ние желаем да изчистим това, което е повредило истинската ви комуникация, за да може тя да заблести, защото тя винаги идва от Знанието.

Мислете за тази идея всеки час днес. В дълбоките си практически сесии, активно използвайте съзнанието си за наблюдение на всяко нещо, на което сте ядосани, от малките до големите такива, които ви разстройват и обезкуражават. Напомняйте си, докато обобщавате причината за гнева, че гневът не е оправдан. Напомняйте си, че това е зов за приложение на Знанието и че във всяко гневно изживяване или чувство, което имате, има зрънце истина. Следователно не трябва да отхвърляте, а да пречистите гнева си, защото като го пречистите, вие ще можете да съобщите това, което сте възнамерявали да съобщите в началото, когато сте се провалили. Тогава вашето самоизразяване ще бъде пълно и гневът вече няма да съществува.

Упражнение 241: *Две 30 мин. практически сесии.*
Почасова практика.

Стъпка 242

МОЕТО ЗНАНИЕ Е НАЙ-ГОЛЕМИЯ МИ ДАР ЗА СВЕТА

ЗНАНИЕТО Е НАЙ-ВЕЛИКИЯ ВИ ДАР. Този дар насища всички други дарове и им придава значение. Този дар дава значение на всички човешки проявления, на всички човешки начинания и изобретения, които желаят да подкрепят благополучието на човечеството в неговата еволюция. Знанието не е нещо, което можете да определите и дадете, не е нещо, което да сложите в пакет или да очертаете с вашите идеи. То е присъствие и качество на живота, което е и неговата същност. Знанието дава значение на всички дарове и съдействия.

ТОВА Е НАЙ-ВЕЛИКИЯ ВИ ДАР, който сега се учите да получавате. Когато го получите, той ще се отдава естествено, защото не можете да пазите Знанието единствено за себе си. Веднъж появило се във вас, то започва да се проявява във всички и в конкретни посоки, в специфични участия с конкретни хора и в зависимост от своя замисъл и Мъдрост. Така, ако получите Знанието, то трябва да бъде отдадено. То ще се отдаде и вие ще желаете да го дадете, защото притежавате богатство, а богатството може да расте чрез даване. По този начин целия живот се състои в даване на Знание. Когато това даване не може да се осъществи, се появяват всякакви заблуди, разочарования и отчаяния. Но, когато даването започне в тези условия, всички характерни черти на отричане ще бъдат разсеяни и Знанието още веднъж ще прояви себе си по специфичен начин.

СЛЕДОВАТЕЛНО ВСЕКИ ЧАС НАПОМНЯЙТЕ на себе си тази велика истина и в дълбоките си медитативни сесии се опитайте да изживеете Знанието. Опитайте се да го получите. Опитайте се да отдадете себе си на това упражнение. Така Знанието ще отдаде себе си и вие ще бъдете задоволени, защото сте дали на живота най-големия дар, който може да се даде.

Упражнение 242: *Две 30 мин. практически сесии.*
Почасова практика.

Стъпка 243

Не трябва да сме специални, за да даваме

Опитите ви да бъдете специални, са в основата на всяка човешка амбиция. Всяка човешка амбиция, която не е породена от Знанието, е опит да се компенсира огромното разочарование и безпокойство от разделението. Опитите ви да бъдете специални, са опити да укрепите разделението. Това са опити да се представите като по-велики за сметка на другите. Това винаги отрича живота и Знанието, и винаги води до голямо объркване, отчаяние и безнадеждност.

Днес сте свободни от опитите ви да бъдете специални, защото по този начин ще изпитате истинско облекчение, което сте търсили в предишните си начинания. Неповторимото във вас е уникалната ви форма на проявление, която е наследена от живота. По този начин това, което съединява живота и самия живот, са потвърдени. Вашата индивидуалност също е потвърдена, но не по отношение на ценността на някое друго проявление на живота. Тук вие не сте специални. Вие сте вас самите. Вие сте по-велики от личността, защото сте част от живота, но в също то време сте и индивидуалности, защото проявявате живота индивидуално. Тук приключват всички конфликти и обърквания. Ограниченото проявява безграничното и уникалното изразява това, което е вродено и присъщо. Това е решението, което търсите, защото наистина не желаете да сте специални. Вие единствено желаете личния ви живот да има цел, значение и посока.

Всеки час мислете за това, като повтаряте идеята за днес. В дълбоките си практики, се потопете в спокойствие и тишина. Не молете за отговори, защото не трябва да правите това в медитативните си сесии. Сега е време да практикувате получаване на Знанието, в което вашата индивидуалност е почетена и потвърдена относно истинската и цел, и в която вашата уникалност, която е била гибелно и невъзможно бреме за вас, е нежно отместена от вашите рамене. Не се опитвайте да сте специални днес, защото това не е целта на вашия живот. Така всякакъв страх от смъртта и разрушението ще ви напусне. След това всяко осъждане и сравнение с другите ще ви напусне и вие ще сте в състояние да почетете живота и вашите връзки, които са проявление на всичко, на което ви учи днешния урок.

Упражнение 243: *Две 30 мин. практически сесии.*
Почасова практика.

Стъпка 244

АЗ СЪМ ПОЧЕТЕН/А, КОГАТО ДРУГИТЕ СА СИЛНИ

КОГАТО СТЕ СИЛНИ, ДРУГИТЕ СА ПОЧЕТЕНИ. Когато те са силни, вие сте почетени. По този начин, Знанието потвърждава себе си на света, където е било забравено. Знанието се нуждае от потвърждение чрез опита и проявлението, за да бъде дадено на другите. Най-великото ви учение в този свят, е да отдадете живота си, като го демонстрирате на другите. Всъщност, това е най-големия подарък за вас самите, тъй като стойността на вашия живот ще ви се разкрие, оценката ви за вас самите ще бъде поправена и вие ще разберете истинската си стойност в контекста на самия живот.

СЛЕДОВАТЕЛНО, КОГАТО ДРУГИТЕ СА СИЛНИ, вие сте почетени. Така няма да опитвате да подценявате другите, за да укрепите себе си. Няма да опитвате да потвърдите вашето предимство, базирано на нечий друг ущърб. По този начин няма да има вина във вашия успех, защото никой не е предаден, когато вие трупате опит и напредвате в живота.

УРОКЪТ ЗА ДНЕС Е МНОГО ДЪЛБОК И ЩЕ изисква повече обсъждане. Всеки час повтаряйте тази идея и я обмисляйте сериозно във всяка ситуация, в която се намирате. В дълбоките си практики днес, се потопете в спокойствие и тишина. Подарете си този дар, защото днешната идея е много вярна и обикновена. Тя в никакъв случай не е сложна, но се нуждае от внимателна преценка, защото вие сте свикнали да забелязвате само повърхностните неща. Във вашата практика през дните, седмиците и месеците, вие се учите да използвате ума си да разпознава това, което е очевидно и ясно, но което още не е очевидно за вас, вие, които се забавлявате с елементарни неща.

СЛЕДОВАТЕЛНО ДНЕС ОТДАЙТЕ ТОВА ВРЕМЕ НА ЗНАНИЕТО. Отдайте време на това, което прави по-силни вас и другите индивидуалности във вселената. Когато другите са силни, вие сте почетени. Така всяко разделение приключва и истинското отдаване става явно.

Упражнение 244: *Две 30 мин. практически сесии.*
Почасова практика.

Стъпка 245

Когато всички се провалят, ще си спомня за нуждата от Знание

Нека провалите на другите ви напомнят за вашата нужда от Знание. Не подценявайте нуждата си от Знание. Така не трябва да заклеймявате или осъждате тези, които се провалят, а да разберете тяхната и вашата нужда. Това само ще потвърди дълбочината, с която трябва да се готвите, защото вие се готвите не само за вашия напредък и реализация, но и за напредъка, и реализацията на човечеството. Това не е празно изявление или претенция. Това е абсолютна истина, защото с всяка стъпка, която правите към Знанието, вие отдавате вашата реализация на света и намалявате бремето на всички онези, които страдат от собствените си фантазии и от чувството си на провал.

Тогава вашия живот се превръща в учение за вас, защото това е живота на Знанието. Той демонстрира присъствието на Знанието в света, което е присъствието на Бог. Това е резултат от вашата служба като напреднало средство на Знанието. Във вашия напредък всички човешки възможности са допълнени, всички човешки задължения са изчезнали, това, което е най-вярно и истинско в индивидуалния човешки живот в света е възвишено и онова, което е отвъд човешкия живот, но което съдържа човешки живот, също е потвърдено. Следователно всеки следващ провал е зов за вашето включване със Знанието. Това е зов за вашия напредък и укрепване, защото вие сте дошли на света да давате.

Напомняйте си всеки час за това и в двете си дълги практики, активно включете съзнанието си за осмисляне на тази идея. Спомнете си всички личности, за които си мислите, че са се провалили и разберете значението на днешния урок в светлината на тези индивидуалности, които ви служат. Осмислете нуждата от Знание за вашия и за техния живот. Те грешат, за да запалят искрата на Знанието във вас. По този начин, те ви служат и това предизвиква вашата признателност, а не вашето осъждане. Те ви учат да цените ценното и да се освободите от ненужното. Не мислете, че те не ви пестят време. Те го правят. Те ви показват това, което трябва да учите и да приемате. Следователно посветете се на тяхното благополучие, защото те ви учат да цените Знанието. Като цените Знанието, резултата от вашата оценка се отдава обратно на тях и вашето постижение ги укрепва и почита.

Упражнение 245:   *Две 30 мин. практически сесии.*
                  Почасова практика.

Стъпка 246

Няма извинение за провала да възстановим Знанието

Няма извинение за грешките. Няма извинение за отхвърлянето на Знанието. Няма никакво извинение. Не се опитвайте да извините грешките си като обвинявате себе си или живота затова, че не ви дава онова, което заслужавате. Не извинявайте грешките си днес като обвинявате за това вашето детство, вашите родители или възпитанието си. Грешките не могат да бъдат оправдани. Това, което не може да бъде оправдано обаче, може да бъде изоставено, защото му липсва истинско значение и полезност.

Затова днес е ден на свобода, ден на проявление на свободата за вас, които все още по традиция и навик се опитвате да оправдаете грешките си като се обвинявате и като се считате за отговорни. Това няма никакъв смисъл, защото днес се приближавате към Знанието и отдавате себе си на опита ви за Знание. Вие можете да оправдавате грешките си и да ги използвате като извинение, за да не приближите Знанието, но понеже няма извинение за грешките, няма и причина за вас, да не приближите Знанието. Без тези извинения, вие сте оправдани, защото сте проявление на Знанието. Това е вашата съдба и цел на света. Ако грешките не са оправдани, то на истината е дадено цялото оправдание.

Повтаряйте си тази идея всеки час. Правете това и през двете си дълги практики в тишина, спокойствие и приемственост. Бъдете признателни, че грешките ви са опростени. Бъдете благодарни днес, че осъждането не е оправдано. Бъдете благодарни, че имате възможност да се приближите към Знанието, което ще потвърди истинското и великото във вас. Днес бъдете признателни, че няма извинение за отхвърлянето, защото без вина и обвинение, вие можете да получите това, което живота ви предлага.

Нека това бъде ден за празнуване на вашата свобода. Нека този ден бъде потвърждение, че не обвинявате и че сте ученици на Знанието. Нека това бъде ден на потвърждение, че всички проблеми на света могат да се решат, защото без обвинение, всички световни проблеми могат да бъдат решени.

Упражнение 246: *Две 30 мин. практически сесии.*
Почасова практика.

Стъпка 247

Днес ще слушам моите Вътрешни Учители

Слушайте вашите Вътрешни Учители, защото те имат мъдри съвети за вас. Приемете техния съвет и работете с него, осъзнавайки, че само като следвате съвета, ще разберете значението и стойността му.

Отделете време всеки час и си напомняйте, че Вътрешните ви Учители са с вас. Бъдете с тях в медитативните си практики, когато ще сте освободени от външните си задължения. Те ще ви говорят днес и ще ви помогнат да се учите да слушате и да отсявате техния глас от другите гласове, които объркват съзнанието ви. Те представляват единствения глас, който ще говори на душата ви. Те не са заместителите, които създавате, за да поддържате страха в себе си. Следователно подсилете вярата си във Вътрешните ви Учители, както и те са засилили вярата си във вас, защото ви дават Знанието на света – най-великата форма на доверие и признание, която можете да си представите. За да станете средство на Знанието на света, трябва да печелите от величието на вашия произход и наследство, и от Божествената оценка за вас.

В дълбоките си практически сесии днес слушайте себе си в спокойствие и тишина. Слушайте целенасочено и се опитайте да бъдете възприемчиви, за да познаете вашите Учители стоящи отзад, които ви наблюдават, обичат ви и ви подкрепят. Те ще ви говорят за неща отвъд света и за неща на света. Те ще ви напомнят за вашата цел и функция, като се учите да слушате днес.

Упражнение 247: *Две 30 мин практически сесии.*
Почасова практика.

Стъпка 248

ЩЕ СЕ НАДЯВАМ МЪДРОСТТА НА ВСЕЛЕНАТА ДА МЕ ОБУЧАВА

Разчитайте на Мъдростта на вселената, а не само на себе си, защото вие не знаете нищо. Вие нямате Знание и връзки. Разчитайте на Мъдростта на вселената, която е достъпна за вас чрез Знанието, стимулирано от присъствието на вашите Учители. Не се заблуждавайте, че можете да направите нещо сами, защото сами не можете нищо. Заедно с живота обаче, всичко, което е нужно за вашето осъществяване, както и най-големия ви принос, са посочени и обещани.

Следователно напомняйте си за тази идея всеки час и в медитативните си сесии още веднъж потърсете убежището на Знанието в спокойствие и тишина. Позволете на Мъдростта на вселената да ви се разкрие, вие, които се учите да получавате тази мъдрост в откритост и смирение.

Нека това бъде ден на слушане, ден на размишление и ден на приемане. Не ставайте жертва на навици, осъждания или грижи, а се опитайте да вникнете в живота днес, за да може да получите от живота, защото вие му служите.

Упражнение 248: *Две 30 мин. практически сесии.*
    Почасова практика.

Стъпка 249

Нищо не мога да сторя сам/а

Нищо не можете да сторите сами, защото нищо в живота не се върши самостоятелно. Това е толкова очевидно, ако наблюдавате какво се случва около вас. Никой не прави нищо сам/а. Това е истината; не можете да го отречете, ако сте искрени. Дори ако сте сами на някой връх, без никой наоколо, няма да бъдете сами, защото вашите Учители ще бъдат с вас и всичко, което искате да извършите ще бъде споделено с тях, както и всичко, което правите на света с други хора, е споделено усилие. Това потвърждава вътрешното естество на връзките и напълно доказва факта, че нищо не може да бъде извършено самостоятелно. Трябва да се учите да оценявате вашите връзки, защото те са средството ви за успех във всички области и във всички начини на проявление.

Следователно, ние наблягаме на ползата от връзките за вас в опита ви да възстановите Знанието. Тези връзки трябва да бъдат напоени със Знанието, което вие възстановявате. Тогава те ще бъдат стабилни, ефикасни и почетени със Знанието във вас, защото само връзки, базирани на Знание могат да носят Мъдростта, която Знанието ще упражни на света. Връзки базиращи се на личностно привличане или фантазия, нямат основата да носят Знанието и ще се провалят стремглаво в присъствието на нуждите и изискванията на истинския живот.

Следователно като възстановявате Знанието, вие също така учите уроците на връзките. Напомняйте си за това всеки час и бъдете свидетели на очевидното в днешния урок, където и да се намирате. Ако наблюдавате ще видите, че нищо не може да бъде сторено самостоятелно – на никакво ниво и по никакъв начин. Нищо не може да бъде осъществено самостоятелно. Не съществува индивидуална креативност. Няма индивидуален принос. Няма индивидуални изобретения. Единствено фантазията може да бъде индивидуална и това се върши много успешно. Но дори тя е споделена и подсилвана, тъй като всеки индивид я укрепва в собственото си въображение. Следователно дори илюзията е споделена и подкрепена чрез връзките. Нищо не може да бъде осъществено самостоятелно. Дори илюзията не може да бъде осъществена поединично. Няма начин това да бъде сторено. Във факта, че няма изход от живота е надеждата за вашето изкупление, защото животът ще ви изкупи и всичко, което сте донесли на света, ще бъде активирано и отдадено.

В ДВЕТЕ СИ ДЪЛБОКИ ПРАКТИЧЕСКИ СЕСИИ ДНЕС се потопете в Знанието и се отдайте на Учителите си в спокойствие и смирение. Разберете, че нищо не можете да сторите сами. Дори опитите ви да дисциплинирате съзнанието си и да се подготвите за медитация е нещо, което вие споделяте с другите, които практикуват също така с вашите Учители. Цялата мощ на Господ може да бъде проявена чрез вас, защото нищо не можете да сторите сами.

Упражнение 249: *Две 30 мин. медитативни сесии.*
　　　　　　　　Почасова практика.

Стъпка 250

Днес няма да стоя настрана от другите

Вие може да сте отделени само във фантазиите си, а фантазията няма да ви даде нищо ценно, значимо и постоянно. Не предавайте вашето Знание днес като се отделяте от другите. Не се самонаказвайте за грешките, които нямат стойност и които на практика са само израз на вашето объркване. Няма оправдание за грешките и няма извинение за това, че се държите настрана. Вие сте част от живота и ще трябва да разчитате на връзките си с другите и с живота като цяло, за да завършите всичко, дори да оцелеете.

Като мислите за това, благодарността ще се появи естествено във вас и ще разберете, че земята под вас и всичко, което виждате и докосвате, което е полезно и плодотворно, е постигнато чрез даване и сътрудничество. Тогава вашата благодарност ще извади на преден план любовта и чрез нея ще разберете как са завършени всички неща във вселената. Това ще ви даде сила и увереност за това, което трябва да учите.

Всеки час си напомняйте за това и в дълбоките си медитативни сесии се опитайте да получавате. Не се дръжте настрана от Знанието, което очаква да ви благослови във вашата медитация. Тогава идвате пред Божия олтар, за да представите себе си на Бог и там Бог представя Бог на вас, вие, които се учите да получавате Знанието.

Упражнение 250: *Две 30 мин. практически сесии.*
Почасова практика.

Стъпка 251

Ако се придържам към Знанието, няма да има объркване в моите отношения

Ако Знанието не е объркано, как вие, които сте с него можете да бъдете объркани? Да бъдете със Знанието означава, да не се опитвате да решавате определени неща, да не се опитвате да разбирате някои неща, да не се опитвате да контролирате или да убеждавате някой за нещо. Вие не се опитвате да осъществите вашите способности като използвате други, за да ги подчертаят. Вие не се опитвате да извинявате грешките си като обвинявате другите.

Със Знанието няма объркване във връзките. Вие знаете с кого да сте и с кого не, и в това няма нищо лошо. Вие знаете къде да отдавате и никой не трябва да ви осъжда за това. Вие избирате нещо заради друго, а не правилното пред грешното. Вие отивате някъде, вместо на друго място, защото така трябва. Колко нормално е това и колко ефективно е то. Това потвърждава Знанието във всеки индивид и няма осъдени. Така вратите на ада са широко разтворени и всички са свободни да се завърнат към Знанието, което зове тези, които живеят в ада да се завърнат към Бог. Какво е ад, ако не живот без Бог и живот без Знание? Това е недействителен и нереален свят и това е всичко.

Следователно получете зова на Знанието, който е Божия зов за вас да се събудите, да съдействате и да участвате в живота. Нищо не можете да сторите сами и вашите връзки ще бъдат ясни, когато сте със Знанието. Спомняйте си за това всеки час и в двете си дълги практики днес наблюдавайте активно себе си във всяка отделна връзка, която сте имали. Разпознайте в тези взаимоотношения объркването и безсилието си, големите очаквания и разочарования, които сте преживявали, горчивината от грешките, чувството ви на провал и отправянето на обвинения.

Така ще установите, че със Знанието нищо подобно не може да се случи, защото със Знанието значението и целта на всяка връзка са били разкрити в началото и потвърдени в края.

Р̲АЗБЕРЕТЕ, ЧЕ СЪС З̲НАНИЕТО ВСИЧКИ неща в сегашните ви връзки ще бъдат ясни и вие можете да продължите без вина или обвинение, без принуда или задължение. Със Знанието можете да следвате това, което е полезно за вас и тези, които обичате, защото всички връзки са почетени и благословени чрез Знанието, и всички индивиди откриват своето точно място едни с други. Така всички личности са почетени и тяхното Знание е потвърдено. Опитайте се да разберете това днес.

Упражнение 251: *Две 30 мин. практически сесии.*
Почасова практика.

Стъпка 252

ПРЕГОВОР

ПОТВЪРДЕТЕ ВСЕКИ ОТ УРОЦИТЕ СИ през последните две седмици с присъствието на Знанието в живота ви. Обобщете всеки урок и всяка практика. Обобщете обективно размера на вашата отдаденост и осъзнайте възможността да отдадете себе си още повече и още по-пълно. Осъзнайте колко безсмислено е вашето отричане и колко голяма е наградата, която ви е дадена за участието ви в живота. Ще разберете това като преразгледате упражненията си, защото те показват вашата двойственост към Знанието и към присъствието на самото Знание.

С ВРЕМЕТО КАТО ПРИБЛИЖИТЕ ЗНАНИЕТО ще разберете, че всички неща, които са значими и ценни ще се потвърдят, а ако се отдалечите от Знанието, вие ще се приближите към тъмнината на фантазиите си. Това ще ви помогне да разберете накъде да се насочите. Това ще ви убеди в огромното присъствие, което е с вас и ви помага. Това ще ви убеди, че сте включени в живота и че вашите Учители са с вас. Всяко препятствие или неяснота, които можете да забележите или да си представите, са лесно преодолими със Знанието. Вашето желание за Знание и капацитета ви за Знание трябва да бъдат усилени. Когато това е изпълнено, Знанието ще прояви себе си, а вие ще бъдете наследници на най-големия дар в живота.

В ДЪЛГАТА СИ ПРАКТИЧЕСКА СЕСИЯ се опитайте да потвърдите вашата практика с голяма дълбочина и откровеност. Нека този ден да потвърди вашето обучение. Нека това бъде потвърждението, че вие сте спасени.

Упражнение 252: *Една дълга практическа сесия.*

Стъпка 253

Всичко, от което наистина се нуждая, ще ми бъде осигурено

Трябва напълно да повярвате на това твърдение, въпреки отчаянията и разочарованията си в миналото. Но дори в този случай трябва да признаете, че са ви осигурени всички неща, които са наистина важни за развитието на Знанието и на вашите физически и психически умения.

Всичко, от което наистина се нуждаете, ще ви бъде осигурено. Вашето съзнание е объркано, когато желаете ненужни неща и това ви води до разочарования и спекулации. Това, от което наистина се нуждаете ще ви направи щастливи, а това, от което нямате нужда, ще ви обърка. Това е толкова естествено, правилно и директно. Знанието е винаги такова. Знанието утвърждава това, което е съществено и важно. По този начин вашия живот става обикновен и непосредствен, и вие го изживявате обикновено и директно.

Ако живеете нечестно, животът ви ще изглежда такъв. Ако живеете обикновено и честно, животът ви ще изглежда обикновен и честен. Знанието ще покаже кое е истински нужно и кое е неприсъщо за вас, ще покаже това, което трябва да носите и това, което е баласт и бреме за вас. Ако желаете това, което не е необходимо и му се посветите, вие ще изгубите връзка с реалните и истински неща в живота си и ще бъдете объркани и нещастни.

Изричайте тези думи всеки час и ги осмисляйте. Животът около вас ще потвърди тяхната правота. В дълбоките си медитативни сесии се потопете в спокойствие и тишина. Насочете усилията си в своя полза и съзнанието ви ще отговори на вашата команда. Вашето желание за Знание ще ви донесе всички необходими неща. Тази увереност в живота ще ви даде сигурност да продължите напред. Тази увереност ще ви даде сигурност, че живота ви е ценен за света. Тази увереност в живота ще утвърди това, което насочва самия живот, защото в живота има и Знание, и фантазия, но по своята същност животът е Знание.

Упражнение 253: *Две 30 мин. практически сесии.*
Почасова практика.

Стъпка 254

Вярвам на моите Учители, които са с мен

Вярвайте на вашите Учители, защото те напълно заслужават вашето доверие. Те са тук, за да инициират Знанието във вас, да ви напомнят за вашия произход и съдба, и да ви направляват в трудни и не толкова трудни моменти. Вярвайте на вашите Учители. Те няма да заемат мястото на Знанието, а ще се оттеглят, когато то се покаже. Вярвайте на вашите Учители, защото те вече са приключили с това, което вие сега започвате и ви го преподават, за да изпълнят своята съдба на света. Вярвайте на вашите Учители, защото те нямат друга амбиция или цел освен Знанието. Затова тяхната помощ за вас е напълно безкористна – без заблуда, объркване или конфликт на съзнанието.

Като се учите да приемате вашите Учители, вие се учите да приемате техния принос в живота. Така те ще ви дадат хармония, баланс, сила и посока. Не можете да отговорите нечестно на честността. Трябва да се учите да отговаряте на насоката с желание за насочване. Трябва да отговаряте на посвещението с посвещение. По този начин, отговаряйки на Учителите си, вие се учите как да отговаряте. Вие се учите да цените ценното и да освобождавате или игнорирате безсмисленото.

Ако вярвате на вашите Учители, вие ще вярвате и на себе си. Помнете това всеки час днес. В двете си медитативни практики се завърнете към вашите Учители, на които вече вярвате. В тишина и спокойствие те ще бъдат с вас и вие ще можете да се потопите в тяхната любов. Можете да изпитате универсалната им обич и да получите тяхното благоволение, което ще стимулира вашето Знание, защото то може да бъде стимулирано.

Упражнение 254: *Две 30 мин. практически сесии.*
    Почасова практика.

Стъпка 255

ГРЕШКИТЕ В ТОЗИ СВЯТ НЯМА ДА МЕ РАЗУБЕДЯТ

НЕ ПОЗВОЛЯВАЙТЕ НА ОБЪРКВАНЕТО ДА ВИ РАЗУБЕДИ, защото всички грешки са породени от объркване. Помнете, че когато индивидите са без Знание, те грешат и проявяват своето объркване. Те са объркани и служат на объркването. Това ще ви научи да цените важните и да разпознавате маловажните неща. Това ще ви покаже, че винаги служите, усилвате и упражнявате това, което цените.

СЕГА СЕ УЧИТЕ ДА ЦЕНИТЕ И ДА УПРАЖНЯВАТЕ ЗНАНИЕТО. Вие се учите да откривате Знанието и да му служите. Това е демонстрацията, от която се нуждаете. Не позволявайте на объркването в света да ви разубеди, защото то ви напомня за голямата ви нужда. Как може да ви разубеди объркването в света, когато то би трябвало да ви окуражи? Ако е видяно и разбрано правилно, то може само да ви подтикне да се отдадете още по-дълбоко на подготовката. Тази подготовка, в която сте включени, обещава да активира Знанието във вас. Вие само трябва да следвате нейните стъпки.

НЯМА ДА ОТКРИЕТЕ СПОКОЙНО МЯСТО НА СВЕТА, НА КОЕТО ДА СЕ УСАМОТИТЕ. Вие вече сте опитали да го откриете, провалили сте се и ще продължите да се проваляте, ако продължавате да го търсите. Вие сте тези, които трябва да се отдават на света, защото притежавате Знанието.

СЛЕДОВАТЕЛНО ПОЛУЧЕТЕ ЗНАНИЕТО ДНЕС в почасовите си практики и в дълбоките си сесии. Не позволявайте на грешките в света да ви разубедят. Нека тези грешки ви насърчават и вдъхновяват за Знанието, защото това е част от дара на света за вас. Другата част от този дар е да бъдете арена и да позволите на Знанието да се отдаде чрез вас. Така светът и вие сте благословени. Тогава ще бъдете благодарни за грешките и за постиженията на света, защото едното стимулира Знанието, а другото го осъществява. Следователно днес се учете да мислите правилно, за да може умът ви да бъде полезен слуга на Знанието и всички аспекти от вас да бъдат почетени.

Упражнение 255: *Две 30 мин. практически сесии.*
Почасова практика.

Стъпка 256

Светът се присъединява към Великата Общност на Световете

Това твърдение е вярно и засяга еволюцията на вашия свят. Така можете да разберете посоката и значението на вашето участие и приноса ви на света. То няма за цел да ви плаши, да ви създава несигурност или безпокойство, защото със Знанието несигурността и безпокойството не са съществени. Със Знанието няма несигурност, защото спокойствието и движението на Знанието е вашата сигурност. Всичките ви физически и психически сили могат да служат за изразяването на това, независимо от начина, по който сте предопределени да служите.

Изявлението, че света се присъединява към Великата Общност на Световете, е потвърждение на вашата цел, защото вашето възприемане, разбиране и оценяване на света, трябва да расте. Не можете да имате ограничена представа за света и да разберете значението на вашето Знание. Трябва да мислите глобално, а не само за себе си – за собствените си желания и страхове – защото сте част от велик живот, на който сте дошли да служите. Светът, на който служите сега и на който ще се учите да служите в бъдеще, се присъединява към Великата Общност на Световете.

Повтаряйте тази идея всеки час и мислете за нея наблюдавайки света около вас. В дълбоките си практики използвайте активно ума си и се опитайте да разберете днешния урок. Днешната ви практика не е фокусирана върху спокойствието, а върху разбирането. Така че използвайте пълноценно ума си, защото той трябва да бъде използван пълноценно или изобщо да не се използва. Опитайте се да осмислите всички идеи от днешния урок. Опитайте да разберете вашите неодобрения, вашите вярвания, страхове и предпочитания. Когато те са разбрани, вие ще можете да знаете. Знанието ще бъде стимулирано от днешната сесия, защото целта на днешната сесия е да го стимулира.

Упражнение 256: *Две 30 мин. практически сесии.*
Почасова практика.

Стъпка 257

ЖИВОТЪТ Е ПО-ВЕЛИК, ОТКОЛКОТО НЯКОГА СЪМ СИ ПРЕДСТАВЯЛ/А

Животът е по-велик, отколкото сте си представяли и естествено по-велик, отколкото сте си мислили. Неговото величие е породено от факта, че живеете във Великата Общност на Световете. Неговото величие е породено и от факта, че Знанието е основната част, която носите с вас. Величието на живота се потвърждава от присъствието на Вашите Учители и на всички, които се готвят да възстановят Знанието заедно с вас.

Така вие имате велика цел във велика вселена. Така можете да видите света какъвто е, защото ще играете малка, но значителна роля в неговата еволюция. Тази роля ще бъде във вашите възможности да я осъществите. Едно малко нещо, което е направено за нещо голямо означава, че малкия принос носи величието на това, на което служи. Това е изкуплението ви пред вас самите и пред живота. Това отхвърля тъмнината и премахва всички негативни представи, защото вие служите на велик живот.

В дългите си практически сесии, се опитайте да разберете значението на днешната идея. Използвайте съзнанието си активно и обективно, защото това е неговата цел.

Упражнение 257: *Две 30 мин. практически сесии.*

Стъпка 258

Кои са моите приятели днес

Всички, които възстановяват и които вече са възстановили Знанието, са ваши приятели днес. Утре ваши приятели ще бъдат тези, които ще възстановят Знанието. Следователно всеки е или ще бъде ваш приятел. Това е въпрос на време, а времето е продължително само за тези, които постоянно и безцелно мислят за него. За тези обаче, които са с него и имат цел, времето се движи бързо и носи големи резултати.

Кои са вашите приятели днес? Всички са ваши приятели или ще бъдат такива. Защо да имате врагове тогава? Защо да бъдете враг с някого, с когото ще станете приятели? Знанието ще ви обедини. Вие възстановявате Знанието и така трамбовате пътя за това.

Кои са вашите приятели днес? Вашите Учители, Духовното ви Семейство и всички, които възстановяват Знанието. Така кръга на приятелството ви е огромен. Има много пътища за възстановяване на Знанието, но основата е да сте обединени със самото Знание и да му позволите да се изяви чрез вас. Така вселената е изпълнена с ваши приятели – някои от тях може да разпознаете, с някои може да се сближите, с някои може да изпълните нещо заедно, а с други няма да сторите това. Всичко е въпрос на време.

Повтаряйте тази идея всеки час днес. Нека тя да бъде пътепоказател за вас. В дълбоките си практики се потопете в спокойствие и тишина, за да можете да изпитате дълбочината на връзката с истинските ви приятели. Вашият живот е изпълнен с любов. Той е пълен заради всички тези, които възстановяват Знанието сега. Желанието ви за Знание е мотивирано от всички тези, които ще откажат да възстановят Знанието, защото в бъдеще и те ще бъдат ваши приятели. Гледайте по този начин и ще разберете, че дори тези, които ще бъдат ваши приятели в бъдещето, са всъщност ваши приятели днес, защото ви служат и молят да им служите чрез вашето осъществяване със Знанието.

Упражнение 258: *Две 30 мин. практически сесии.*

Стъпка 259

ДОШЪЛ СЪМ ДА ПРЕПОДАВАМ НА СВЕТА

ДОШЛИ СТЕ, ЗА ДА ОБУЧАВАТЕ. Всичко, което сте вършили откакто сте тук на света, е да обучавате. Мислите и поведението ви са средства за обучение. Дори като малко дете, вие сте преподавали, доставяли сте радост и сте разочаровали тези, които са ви обичали. Вие сте преподавали във всяка възраст от живота си, защото това е естествена функция и демонстрация на живота. Така вие естествено имате преподавателска роля. Дори ако това не е формално проявено с хората, животът ви е изява и следователно форма на преподаване.

ЗАТОВА, КОГАТО ЖИВОТЪТ ВИ СЕ СВЪРЖЕ със Знанието и го изразява, той също се превръща в учител. Тогава независимо по какъв път вървите, което ще бъде съгласно вашата същност, вие ще можете да преподавате с малки и големи жестове, с или без думи, във всеки аспект от живота, защото сте на света да преподавате. Светът може да ви обучава как да преподавате истината. На това ви учи животът. Той ви учи на нужда от Знание и на присъствие на Знанието. Така светът служи и подкрепя истинската ви функция, а вие служите и подкрепяте истинската функция на живота.

НАПОМНЯЙТЕ СИ ЗА ТАЗИ ИДЕЯ ВСЕКИ ЧАС. В двете си дълбоки медитативни практики мислете за това много, много внимателно. Това са практики на мисловно ниво. Мислете за значението на днешната идея. Разберете, че винаги сте обучавали чрез демонстрация. Мислете за това, което желаете да преподавате и за това, което искате да укрепите в живота си. Мислете за това, което искате да дадете и за това, което животът ви е дал, за да стимулира това желание. Всичко това ще акумулира правилно мислене, правилно действие и по този начин Знанието ще се лее без проблем чрез вас, за да благослови живота около вас и да осигури цел, значение и посока на вашите връзки.

Упражнение 259: *Две 30 мин. практически сесии.*
Почасова практика.

Стъпка 260

ДНЕС СЪМ ПРИЯТЕЛ НА СВЕТА

Вие сте приятели на света днес и изпитвайки това, вие ще изпитате и света като ваш приятел, защото светът може само да отрази вашата цел, която вие проявявате и изживявате. Така изпитвате новия свят чрез Знанието, свят, който не сте познавали преди и който само на моменти сте изпитвали в миналото.

Бъдете приятели на света днес, защото сте дошли да бъдете приятели. Светът е в огромна нужда. Той демонстрира огромно объркване и грешки, но въпреки това вие сте дошли да бъдете негови приятели, защото той има гореща нужда от вашето приятелство. Така вие получавате по-голяма награда от всичко, което можете да осигурите за себе си, защото всичко, което можете да осигурите за вас, трябва да го вземете от живота. И все пак всичко, което давате и получавате като приятели на света, животът ви го дава безрезервно и не губи при тази размяна. Така няма вина, когато давате и когато получавате. Така вашите включвания са полезни и чисти. Това е очевидно със Знанието и ви се показва ден след ден, докато най-накрая научите, че е вярно без изключение.

Всеки час днес бъдете приятели на света. Осъзнайте, че всеки гняв идва от объркването и че Знанието се показва сега, за да поправи всяко объркване. В резултат на това, вашият живот сега е ангажиран с истинска резолюция, а не с утежняване на положението на света. Вашият живот е свързан с разрешаване на проблеми, а не със създаване на затруднения. Бъдете приятели на света. В двете си дълбоки практики в спокойствие, отдайте приятелството си на света, защото това ще намали неговото объркване. Като се учите да давате приятелството си на света с Мъдрост и прозорливост, вие ще позволите на света да бъде ваш приятел, защото светът също желае да бъде ваш приятел.

Упражнение 260: Две 30 мин. практически сесии.
 Почасова практика.

Стъпка 261

ТРЯБВА ДА СЕ УЧА ДА ДАВАМ С ПРОЗОРЛИВОСТ

Ако отдавате без лична амбиция, вие давате съгласно Знанието, а вашия дар ще бъде специфичен и ще окрили вас и тези, които могат да го получат. Това ви води към Знанието. Ако дарявате, за да се проявите или заради собствения си нарцисизъм, или за да облекчите чувството си на вина, или от некомпетентност, вие няма да давате с прозорливост. Тогава даването ви няма да бъде предназначено за правилното място, а това ще доведе до конфликт и ще ви обезкуражи.

Нищо в живота не е случайно. Всичко е с някаква цел. Следователно това, което давате трябва да бъде дадено с прозорливост и тази прозорливост трябва да се учи стъпка по стъпка и ден след ден. Това е Мъдростта, която съществува на света и вие трябва да учите тази мъдрост чрез Знанието; в противен случай няма да отдадете истинските си дарове ефективно и ще интерпретирате погрешно техните резултати. Знанието ще ви даде това, което наистина трябва да ви се даде и ще ви насочва, за да отдавате истински. Ако не се намесвате и не утежнявате своето даване, то ще бъде напълно ефективно и ще потвърди както този, който дава, така и този, който получава.

Спомняйте си за това всеки час днес. Упражнявайте вашата проницателност. Има хора, на които не трябва да давате директно. Има и такива, на които трябва да давате директно. Има ситуации, в които не трябва да бъдете. Има и такива, в които трябва да присъствате. Има проблеми, в които не трябва да участвате. Има и такива, с които трябва да се ангажирате. Как да сте сигурни къде да отдавате вашите дарове? Само Знанието може да определи това, а вие можете да го определите със Знанието. Следователно вярвайте на вътрешните си влечения днес. Не позволявайте на импулсите породени от вина или страх да ви водят и мотивират в желанието ви да давате. Упражнявайте се на прозорливост. Упражнявайте се на настройване със Знанието.

В дългите си практики още веднъж се опитайте да разберете днешния урок. Не се задоволявайте с грешни предположения. Обмислете всички мисли и чувства за или против днешната идея. Опитайте да наблюдавате личните си амбиции. Опитайте да откриете как те се пораждат от вашите страхове. Опитайте да прозрете колко лесно е да се следва Знанието. Силата идва от простотата. Трябва да се учите да бъдете прозорливи. Изучаването на прозорливостта изисква време. Така вие се учите да използвате всички изживявания за добро, защото никое изживяване не трябва да бъде осъждано. Всяко изживяване винаги трябва да бъде използвано за обучение и подготовка. По този начин вие няма да оправдавате грешките, а ще ги използвате за личното си развитие и за напредъка на света.

Упражнение 261: *Две 30 мин. практически сесии.*
Почасова практика.

Стъпка 262

Как мога да се самообвинявам, когато не знам кой съм

Когато не знаете кои сте, вие можете само да се осъждате за това, което мислите, че сте. Мислите ви за вас самите са базирани на очакванията и разочарованията ви. Много е трудно да се самонаблюдавате, защото съзнанието ви е изградено от вашите мисли, които не са родени от Знанието. За да наблюдавате себе си чрез Знанието, вие трябва да сте във връзка с него. Това ще ви даде възможност да видите себе си по различен начин. Това ново изживяване трябва да бъде повтаряно и проявявано отново и отново в много и различни ситуации. Тогава ще започнете да разбирате кои всъщност сте вие. Това чувство и опит няма да са породени от обвинение и липса на прошка, защото разочароваща може да бъде само идеята ви за вас самите. Животът ще ви разочарова по този начин, защото животът може да ви изпълни само според вашата истинска природа и Истинския ви Аз. Ако разберете това значи, че сте разбрали значението на живота и вашата роля в него. Това изисква проницателност. Това изисква Мъдрост. Това изисква подготовка стъпка по стъпка. Това изисква търпение и толерантност. Това изисква да се учите да използвате опита си за добро, а не за зло на всички.

Следователно обвиненията към вас самите са неоснователни. Те се базират единствено на предположения. Спомняйте си за това всеки час днес и го разглеждайте в светлината на всички събития през деня, които ще ви учат на значението на днешния урок. В двете си дълги практически сесии още веднъж ангажирайте активно вашия ум, в опит да разберете значението на днешния урок.

Когато проникнете в самообвиненията си ще разберете, че те са породени от страха ви и се базират на предположения. Ако разберете, че не знаете кои сте и сте напълно объркани от това, тогава ще бъдете в позиция на истински ученици на Знанието. Тогава ще можете да учите всички неща, вместо да се опитвате да защитавате вашите предположения. Това представлява вашето обучение. Сега функцията в живота ви е да бъдете ученици на Знанието. Използвайте целенасочено ума си днес. Използвайте го обективно. Използвайте ума си, за да разберете това, което не знаете, както и всичко, което трябва да знаете. Използвайте ума си, за да оцените и използвате стъпките, които са ви дадени и за да възстановите Знанието на света.

Упражнение 262: *Две 30 мин. практически сесии.*
Почасова практика.

Стъпка 263

Със Знанието всички неща се изясняват

Защо да продължавате да спекулирате? Защо да продължавате да обвинявате и съдите? Защо да усложнявате и разочаровате допълнително живота си, когато всичко се изяснява със Знанието? Защо да объркате още повече съзнанието си? Защо да определяте още качества за себе си? Защо да изобретявате нови нива на мислене и съществуване, когато със Знанието всички неща се изясняват? Защо да проектирате все повече и повече различия върху света? Защо да правите света да изглежда толкова безнадеждно сложен и безсмислен, когато със Знанието всички неща се изясняват?

Трябва да се учите да бъдете със Знанието, да виждате това, което вижда Знанието, да правите това, което върши Знанието и да имате спокойствието и милостта на Знанието, обхвата на Знанието, връзките на Знанието и всичко, което Знанието съдържа и което света вероятно не може да повтори.

В двете си дълбоки упражнения се завърнете към Знанието в смирение и простота, в спокойствие и тишина. Вдишвайте Знанието. Отворете тялото си за Знанието, за да може то да се изпълни с него. Опитайте да се потопите в Знанието и всички неща ще се изяснят, защото със Знанието всичко се изяснява и всички въпроси изчезват.

Упражнение 263: *Две 30 мин. практически сесии.*

Стъпка 264

ДНЕС ЩЕ УЧА ЗА СВОБОДАТА

Днес ще имате възможност да научите повече за свободата. Стъпката, която ще направите, ще бъде много съществена и ще ви даде нова гледна точка по отношение на свободата, на ограничението, на решаването на проблеми и на същността на истинския напредък.

Всеки час днес мислете за урока си и за това какво е свобода. В дългите си практически сесии, отдайте ума си на мисли за свободата. Това е много важна отправна точка. В дългите си медитации, отдайте ума си напълно и преразгледайте идеите си за свобода. Какво според вас представлява свободата? Какво според вас възпира хората да бъдат свободни? Какво създава сигурна и продължителна свобода? Как тя може да бъде постигната? Как да я поддържате в бъдещето? След като прекарате около тридесет минути мислейки за това в двете си сесии, се потопете в тишина и спокойствие. Отворете себе си, за да позволите на Знанието да ви говори. Бъдете с вашите Учители и след като сте изчерпали вашите идеи, се потопете в спокойствие и приемственост.

Много важно е да бъдете съзнателни за вашите идеи за свобода, защото докато не бъдат разпознати и коригирани, те ще продължат да ви въздействат. Те ще продължат да въздействат върху вашето мислене и поведение. Голяма свобода е възможна сега за вас, но трябва да се учите да я прегърнете. Днес би трябвало да учите повече за свободата – какво мислите, че означава тя и какво е тя наистина.

Упражнение 264: *Две 40 мин. практически сесии.*
Почасова практика.

Стъпка 265

СЪЩЕСТВУВА ВЕЛИКА СВОБОДА, КОЯТО МЕ ОЧАКВА

ЗНАНИЕТО ЩЕ ИЗИСКВА ОТ ВАС ДА СЕ ОСВОБОДИТЕ ОТ МИНАЛОТО и от тревогите си за бъдещето. То изисква от вас да сте присъстващи в живота. Това означава да сте отворени и откровени. Това ще изисква от вас вяра и постоянно самоусъвършенстване. Това ще изисква от вас да не сте в конфликт. Това ще изисква от вас да обичате и уважавате себе си и да сте признателни към света. Това ще изисква да сте в състояние да почувствате вашето Духовно Семейство и да разпознаете истинското си място във вселената.

ЗНАНИЕТО ИЗИСКВА ТОВА ОТ ВАС, за да можете да използвате пълния си потенциал и да го приемете. По този начин, вие сте свободни, докато се учите да сте свободни. Вие сте направлявани от Знанието, като се учите да бъдете направлявани от Знанието. Вие постигате целта си като крачите напред. Няма магическа формула, чрез която да се освободите на момента. Няма магическа система, която веднъж приета да ви освободи от задръжките от миналото и от загрижеността ви за бъдещето. Вие се учите на тази свобода от приложението, стъпка по стъпка. Така като се учите да възстановявате Знанието, Знанието ви възстановява. И също така, като учите какво е свобода, вие всъщност ставате свободни.

ВАШАТА РОЛЯ Е МАЛКА, А НАШАТА Е ГОЛЯМА. Вие само трябва да следвате стъпките и да ги практикувате. Стъпките, които са ви дадени, ще гарантират резултата. Голяма свобода ви очаква и когато я наближите, вие приемате тази свобода, ползвате всички нейни качества и демонстрирате всичките и аспекти. Такова е естеството на перфектния План, който е отвъд човешкото разбиране. Той е толкова перфектен, че не бихте могли да го повредите, ако го следвате искрено. Той ще ви обнови и ще възстанови вярата, самочувствието и любовта ви към вас, както и разбирането ви за вас самите на света.

Мислете за тази идея всеки час днес и в дълбоките си медитативни практики се потопете в спокойствие и свобода. Велика свобода е да имате възможност да се потопите в Знанието, да се потопите в присъствието и в същността на истинските връзки във вселената. Като доближите това състояние, вие ще разберете, че това е вашата свобода и че вече сте свободни да го разберете. Следователно днес ще направите голяма крачка към разбирането, че ви очаква велико бъдеще. Тази стъпка ще ви освободи от грижите, тъгата, болката и разочарованията в миналото ви. Тя ще ви покаже великата свобода, която ви очаква.

Упражнение 265: *Две 30 мин. практически сесии.*
    Почасова практика.

Стъпка 266

ПРЕГОВОР

Днес, както и до този момент обобщете изминалите две седмици на подготовка. Използвайте възможността в дългата си практическа сесия да прегледате отново всичко, което се е случило през тези две седмици и което засяга посоката на подготовката ви, това, което сте изпитали и най-общия резултат за вашия живот. Правете това обобщение с възможно най-голяма обективност, най-вече по отношение на резултата във вашия живот, повечето от който не можете да прецените обективно.

Много неща ще се променят като напредвате в обучението си. Някои неща ще ви напуснат, други ще започнат да се изграждат във вас. Световни проблеми ще започнат да ви притискат и ще изискват вашето участие и намеса. Други неща, за които сте мислили и сте били загрижени, ще се отдалечат от вас, няма да изискват вашето участие и няма повече да ви тревожат. Така вътрешния ви мир се коригира от само себе си и вие разбирате на какво да се посветите. По този начин вътрешния и външния ви свят се отразяват един друг. Това е много важно. Вие се учите как да учите и в резултат на това виждате промените на света. Качеството на изживяванията ви ще бъде трансформирано с времето и така всички неща, обикновени и изключителни, ще бъдат разглеждани от по-различен ъгъл, отколкото преди. Вие ще се учите да използвате всички възможности и да оценявате живота, дори и в разочароващите неща произтичащи от него.

Упражнявайте се на това в днешното си обобщение. Бъдете много изчерпателни във вашето разследване. Започнете с първия урок от двуседмичния период и продължавайте напред ден след ден. Откривайте какво се случва в живота ви всеки ден. Опитайте да си спомните. Опитайте да се концентрирате. Така ще усетите движението на собствения си живот. Чрез това усещане с течение на времето и като усетите как етапите в живота ви напредват, вие ще разберете, че сте стъпили здраво по пътя на

Знанието. Тогава ще разберете, че има все по-малко и по-малко неща зад вас, които ви задържат и че бъдещето ще се разкрие пред вас и ще ви приюти. Това е ползата от живота, който ви прави реверанс, когато се превърнете в ученици на Знанието.

Упражнение 266: *Една дълга практическа сесия.*

Стъпка 267

ИМА ОБИКНОВЕНО РЕШЕНИЕ НА ВСИЧКИ ПРОБЛЕМИ, С КОИТО СЕ СБЛЪСКВАМ ДНЕС

Всички лични проблеми имат много обикновен отговор. Как да откриете този отговор? Ще го откриете ли, ако се самоизмъчвате? Ще го откриете ли, ако опитвате всяко възможно решение, за което си спомните? Ще го откриете ли като се безпокоите и измъчвате за него? Ще го откриете ли, ако го отричате и вместо това търсите различни удоволствия? Ще го откриете ли като потънете в депресия и мислите, че животът е толкова тежък за вас, че не можете да отговорите на изискванията на собствените ви обстоятелства?

Съществува обикновен отговор на проблемите, с които се сблъсквате днес. Той ще бъде открит в Знанието, но за да откриете Знанието, трябва да станете спокойни и наблюдателни, и да учите как да се освободите от страха и тревогите. Голяма част от живота ви ще бъде включена в решаването на проблеми и в обучение как да правите това ефективно, отговорно и дори ентусиазирано, за да постигнете това, за което сте дошли тук.

Напомняйте си за тази идея през днешния ден и не се разсейвайте от сложността на различните проблеми. Проблемите са комплексирани само, когато се опитвате да извлечете полза от тях като ги решавате или отбягвате. Когато имате предпочитания, които ръководят ума ви, вие не сте в състояние да видите очевидното. Като се учите да гледате различните проблеми със Знанието ще видите, че решението е очевидно. Ще видите, че не сте могли да различите това преди, защото сте се страхували от резултата по някакъв начин или сте били разтревожени, че резултата от решението на проблема ще ви остави разорени и бедни. Днес ще имате различно виждане по този въпрос.

В двете си дълбоки практически сесии бъдете със Знанието. Не се опитвайте да отговорите на проблемите си, а бъдете спокойни и възприемчиви. Знанието знае как се случват нещата и ще се опита да ви въздейства, за да можете да му отговорите и да го следвате. Без постоянна намеса от ваша страна, очевидното ще се покаже и ще научите какво да правите стъпка по стъпка. Така ще разберете, че съществува прост отговор на всички проблеми, с които се сблъсквате. Това ще бъде потвърждение на Знанието и вие ще бъдете щастливи, че животът ви предоставя тези проблеми, за да упражнявате истинските си качества при решаването им.

Упражнение 267: *Две 30 мин. практически сесии.*
     Почасова практика.

Стъпка 268

Сложностите няма да ме заблудят днес

Проблемите в света се усложняват, когато има затруднение, което изисква корекция и развитие, и когато това се смесва с предпочитанията на всеки, с желанието на всеки да защити това, което има и с конкуренцията между всички. Затова проблемите на света се усложняват и без значение какво вършите, за да ги решите, някой остава лишен от права. Някои са разстроени, други са губещи и това е очевидно във вашите общества. Но това представлява само страха на хората и тяхната амбиция, контрастиращи със Знанието в тях. Със Знанието вие сте съгласни да изоставите всичко, което стои на пътя на Знанието. Вие сте съгласни да изоставите всичко, което наранява вас или околните. Вие сте съгласни да се оттеглите от всякаква ситуация, която не е изгодна за вас или за околните. Това е така, защото Знанието прави възможна истинската откровеност. Това е безкористна форма на включване в света и е от полза за всички.

Следователно, когато разглеждате даден проблем на света и той изглежда сложен, е много трудно в началото да разберете неговата същност. Решението обаче винаги е много директно. Човешкият страх не позволява да се различи очевидното. Днес ви е дадено да разберете, че съществува директно решение на проблемите, които се нуждаят от решение. Понякога решението е очевидно на момента. Понякога то трябва да бъде постигнато на етапи. Всяка стъпка обаче е много директна, ако следвате Знанието.

За целта вие трябва да решавате проблемите без страх или предпочитания. Вие трябва да следвате Знанието и да не се опитвате да го използвате за решението на неща, съгласно вашия вкус. Не можете да използвате Знанието по този начин, но можете да го следвате и като го следвате, вие следвате пътя на решенията. Много малко хора ще ги различат в началото, но те ще докажат своята ефективност с времето, защото ще освободят всеки, който е включен и ще осигурят успешна реализация за всички, които участват. Така мъжете и жените на Знанието на света се превръщат в извор на решения за възстановяването на света, а тяхното присъствие и действия винаги ще влияят положително за добрия изход на всяка ситуация.

Не се заблуждавайте от привидната сложност на световните проблеми, защото със Знанието всички неща се решават много лесно. Знанието не е заблудено и като се учите да бъдете със Знанието, вие също няма да бъдете заблудени.

Напомняйте си за тази идея всеки час и в двете си дълбоки медитативни практики се потопете още веднъж в спокойствието във вас. Свиквайте със спокойствието, защото Знанието е спокойно. Свиквайте със спокойствието, защото в спокойствието вие потвърждавате вашата доброта и полезност. Спокойният ум не е войнстващ ум. Спокойният ум не е заблуден от света.

Упражнение 268: *Две 30 мин. практически сесии.*
Почасова практика.

Стъпка 269

Силата на Знанието ще расте чрез мен

Силата на Знанието ще расте чрез вас, вие, които получавате Знание. Отначало това ще бъде едва доловимо, но като продължите да се развивате и упражнявате, силата на Знанието ще расте все повече и повече. Тя ще бъде притегателна сила за някои и отблъскваща сила за други, които няма да могат да и отговорят. Тя ще въздейства на всички. Ето затова трябва да се учите да бъдете много проницателни във връзките си, защото с напредъка ви като ученици на Знанието, влиянието ви върху другите ще бъде значително. Не бива да използвате това влияние за собствени цели или действията ви ще бъдат разрушителни за вас и за околните.

Знанието осигурява спирачките, за които говорим и вие трябва да ги практикувате в своя полза. Ако сте амбициозни със Знанието, ще навлечете големи рискове за вас и за другите, защото Мъдростта, състраданието, въздържанието и самоконтрола трябва да вървят успоредно с развитие на Знанието. Ако се опитате да използвате Знанието, за да печелите или за нещо, от което си мислите, че света има нужда, вие ще се заблудите и Знанието няма да ви следва.

Приемете въздържанието и развитието, за да ви пазят и да ви осигурят възможност да отдадете даровете си с минимален риск и несъгласие. Те ще гарантират пълнота и почтеност на вашия принос и той няма да бъде опорочен от себични мотиви.

Упражнявайте се всеки час, повтаряйки тази идея и медитирайте потопени в спокойствие два пъти през днешния ден. Нека това бъде ден за укрепване на Знанието.

Упражнение 269: *Две 30 мин. практически сесии.*
Почасова практика.

Стъпка 270

С ВЛАСТТА ИДВА И ОТГОВОРНОСТТА

С ВЛАСТТА ИДВА И ОТГОВОРНОСТТА. Знанието ще ви упълномощи, а вие трябва да сте отговорни към него и да го следвате. Когато следвате, вие се превръщате в лидери, защото сте в състояние да получавате и да бъдете водени. Така вие ще обучавате другите да получават и ще осигурявате напътствие за тях. Това е естествено увеличение на дара, който сега получавате и който с времето ще изразите посредством живота си.

МНОГО Е ВАЖНО ДА ОТКРИЕТЕ ВРЪЗКАТА МЕЖДУ властта и отговорността. Отговорността изисква самодисциплина, сдържаност и самоконтрол. Тя изисква обективност за живота ви, която малцина са постигнали на този свят. Отговорността е бреме, докато не бъде призната като източник на защита. Тя е гаранция и обещание, че вашия дар ще открие полезното и ще приеме проявлението във вас, както и това, че сте напреднали и завършени чрез изпълнението на вашия принос.

ЧЕСТО СРЕЩАНО ЯВЛЕНИЕ Е ХОРАТА ДА ЖЕЛАЯТ ВЛАСТ БЕЗ отговорност, защото тяхната идея за свобода е да не са признателни за нищо. Това е изключително непродуктивно и има опасни последици за тези, които са последователни в опитите си. Вие, които сте ученици на Знанието, трябва да учите да приемете дадените ви отговорности, защото те доказват защитата и насоката, от която се нуждаете, за да можете да се развивате внимателно, позитивно и пълно. Отговорностите са уверение, че подготовката ви ще приеме големия резултат, за който е предназначена.

МИСЛЕТЕ ЗА ТАЗИ ИДЕЯ ВСЕКИ ЧАС И НЕ Я ЗАБРАВЯЙТЕ ДНЕС. В дълбоките си практики, мислете много внимателно за това, какво е значението на това изявление. Мислете за своите идеи, за силата и се опитайте да откриете колко голяма отговорност носят те към Великия Извор, за да се използват и изразят по подходящ начин. Двете ви медитативни сесии ще бъдат време за умствена дейност и употреба. Мислете много внимателно за всичките си идеи относно урока ви днес. Много важно е да изучавате мислите и вярванията си, защото трябва да разберете моментното си психическо състояние, за да можете да разберете неговото влияние върху вътрешния ви живот. Днешния урок може и да изглежда умерен отначало, но с времето ще ви даде увереност и самочувствие, че трябва да прогресирате цялостно.

Упражнение 270: *Две 30 мин. практически сесии.*
Почасова практика.

Стъпка 271

ДНЕС ЩЕ ПОЕМА ОТГОВОРНОСТ

Поемете отговорност, която е вашата способност да реагирате. Посрещнете я, приемете я, развийте я и й се радвайте. Това ще ви направи силни. Това е, което ще ви направи предани. Това е, което ще изгради връзките, за които винаги сте мечтали. Това е пълномощие, от което толкова силно се нуждаете и което се учите да приемате. С него идва и възможността за упълномощаване – че отговаряте на Знанието и го следвате, че се въздържате от всички мотивации, които не са родени от Знанието, че сте обективни със себе си и с мотивите си, че се питате без съмнение и се обграждате с личности, които могат да подкрепят зараждането на Знанието във вас и са свободни да ви съобщят своите схващания. Това е основата на вашето благополучие и развитие. Това е, което ще ви предпазва от грешки и заедно с израстването ви, ще има все по-голямо въздействие върху вас и околните.

Бъдете отговорни днес. Приемете това, защото то представлява вярата ви и голямата ви нужда. Отговорността ще ви даде възможност да обичате света и да се отворите към него.

Всеки час днес, мислете върху днешната идея и докато медитирате два пъти днес, бъдете напълно отговорни за това, че сте ученици на Знанието. След това се потопете в спокойствие и тишина с цялото си същество. Не позволявайте на мислите и съмненията да ви заблудят. Не позволявайте на раздвоението да ви задържа на място. Продължете напред. Отворете се и се потопете в мистерията на вашия живот, за да можете да му отговорите, защото това е значението на отговорността.

Упражнение 271: *Две 30 мин. практически сесии.*
Почасова практика.

Стъпка 272

Моите Учители ще ме напътстват по пътя ми

Ще имате нужда от напътствията на вашите Учители продължавайки по пътя на Знанието, защото ще преминете отвъд вашите предположения и идеи. Вие ще бъдете ангажирани с живот, който още не разбирате. Ще получите сила и ресурси, които още не познавате напълно. Ще се потопите дълбоко в живота, отвъд човешките предположения, вярвания и обичаи. Ще се нуждаете от много силни напътствия, както от Знанието, така и от основните ви връзки. Вашите Вътрешни Учители представляват основните ви връзки, защото тези връзки са изцяло базирани на Знанието и са ви дадени, за да ги развивате безопасно и пълно.

Следователно приемете ограниченията си като ученици на Знанието, за да продължите с помощта, която ви е нужна. Бъдете благодарни, че такава голяма помощ може да ви бъде оказана и че тя може да проникне навсякъде, защото е невидима за вашите очи. Бъдете благодарни, че можете да я изживеете във всяка ситуация и да получите съветите на вашите Учители, където и когато са нужни.

Потвърдете присъствието на вашите Учители днес, за да имате кураж и ентусиазъм в подкрепата ви за израстване на Знанието. Всеки час си напомняйте, че вашите Учители са с вас. В двете си дълбоки практики се потопете в спокойствие и тишина с тях, за да могат те да ви отдадат присъствието и съвета си, ако ви е нужен. Приемете, че сте ученици, за да се учите да давате на света.

Упражнение 272: *Две 30 мин. практически сесии.*
Почасова практика.

Стъпка 273

Моите Учители пазят спомена за Древния ми Дом

Вашите Учители представляват Духовното ви Семейство отвъд този свят. Те пазят спомена за вашия произход и съдба, които вие трябва да се учите да осъзнавате чрез преживяването си на света. Те знаят пътищата на света. Те познават неговите трудности и неговите възможности. Те са наясно с вашите минали и бъдещи грешки. Те са достатъчно подготвени, за да ви помагат и имат необходимата Мъдрост и знания, за да го сторят.

Следователно, не омаловажавайте значението им за вас и винаги помнете, че са част от живота ви, за да ви инициират в Знанието. Те желаят да станете силни със Знанието, толкова, колкото силни са и те. Затова вашите Учители служат в голямата ви нужда и цел, и вие трябва да ги следвате, да ги приемете и да почитате тяхното присъствие, както учениците почитат учителите си. Това ще ви позволи да получите даровете им и ще ви освободи от всякакви фалшиви асоциации, които бихте могли да имате към тях. Това е много отговорна връзка, която ще ви помогне да израстете и да узреете.

Приемете присъствието на вашите Учители. Приемайте го всеки час, както и в двете си медитативни сесии като си напомняте, че вашите Учители са с вас и че трябва да сте отворени, за да ги приемете. Това е огромна възможност за Знанието. Вашите Учители ще ви инициират в Знанието, защото вие можете само да ги познаете. Вашите образи и представи за тях са без значение, защото по този начин можете само да ограничите приближаването си към тях. Вие трябва да изпитате същността на вашите Учители, която е в тяхното присъствие, за да ги опознаете напълно. И когато развиете това изживяване, вие ще откриете начина, по който да изживеете живота като цяло.

ВЪПРЕКИ ЧЕ ВАШИТЕ ЧУВСТВА ЩЕ възприемат формата на нещата, сърцето ви ще изживее същността им и това е начина, по който нещата ще бъдат познати. Веднъж разбрани, вие ще разберете как да участвате с тях. Така способностите на вашия ум ще бъдат използвани за една велика цел, защото Знанието ще използва всички ваши дарби и умения на света и защото изкуплението на света, е изкупление на Знанието на света.

Упражнение 273: *Две 30 мин. практически сесии.*
 Почасова практика.

Стъпка 274

ДНЕС ИСКАМ ДА СЕ ОСВОБОДЯ ОТ КОЛЕБАНИЕТО

Опитайте да се освободите от колебанието, защото то е източник на човешкото объркване, на човешкото нещастие и на човешкото безсилие. Колебанието е нерешителност за участие в живота. То е нерешителност да бъдете в живота. То е нерешителност да живеете. От тази нерешителност възникват всякакви видове самоналагане, всякакви нападения и всякакъв вид конфронтация. От тази колебливост, хората живеят във фантазия без Знанието.

Внимавайте с колебанието. Това е знак, че функционирате без Знание и се опитвате да правите изборите си изцяло на базата на спекулация, лични предпочитания и страх. Решения без основание водят човечеството към заблуди. Решения без основания водят вас самите към заблуди. Знанието разсейва колебанието като поставя ясна посока. То не е загрижено с избори и обмисляне, защото знае кое е правилно и ви води напред към вашето осъществяване, стъпка по стъпка, с увереност и постоянно убеждение.

Всеки час помнете, че желаете да изоставите колебанието си. Установете колко много е загубен живота ви, докато се опитвате да избирате и докато се питате, "Какво би трябвало да сторя сега", докато се питате кое е правилно и кое е грешно, чудейки се кой е най-добрия избор и какви могат да бъдат последиците от него. Знанието ви освобождава от това бреме и от разточителното приложение на вашия ум. Знанието не обмисля. То само чака подходящото време и действа. То е напълно уверено в посоката. То е непоклатимо в убежденията си. Ако следвате най-големия дар на Бог за вас, вие, които живеете в света на разделението и объркването ще откриете, че имате цел, значение и посока, и че ден след ден те стават все по-достъпни за вас.

В ДЪЛБОКИТЕ СИ МЕДИТАЦИИ отдайте цялото си сърце на практиката. Не бъдете раздвоени относно практиката си. Не се въздържайте поради страх и несигурност, защото участвате в тази подготовка и защото Знанието ви е повикало да отдавате себе си всеки ден. Като продължим заедно вашата подготовка, Знанието ви ще укрепва ден след ден, защото това е основата за вашето участие тук. Каква друга причина можете да имате, освен да се превърнете в ученици на Знанието?

СЛЕДОВАТЕЛНО В ДВЕТЕ СИ ДЪЛБОКИ практики и в почасовите си напомняния затвърдете убеждението, че трябва да изоставите колебанието си. Разберете смъртоносната цена на двойствеността. Вижте как тя държи хората изгубени в идеите им и отрича участието им в живота. Вижте огромната цена, която плащат хората около вас. Разберете, че с увереност всеки ще открие правилното си място. Светът ще продължи без търканията, които трябва да търпи. По този начин всички неща заедно търсят осъществяване във включването си в живота. Това е Пътя на Знанието.

Упражнение 274: *Две 30 мин. практически сесии.*
Почасова практика.

Стъпка 275

Днес искам да се освободя от неувереността

Да се освободите от неувереността значи, да се стремите към свобода, която е истинска, реална и напълно заслужава името си. Вие или знаете какво правите или не. Ако не знаете какво правите, вие чакате Знанието. Ако знаете какво вършите, вие следвате това, което знаете. Толкова е просто. Излишни спекулации, опити да вземете прибързани решения базирани на страх и предпочитания, твърдения, че сте убедени, когато не сте и обвинения към вас и другите за провалите от слабите ви решения са това, с което е сковано съзнанието, тялото и света ви. Това е, което трябва да изоставите днес и да откриете свобода в сигурността, която Бог ви е дал. Това е увереността, която трябва да откриете и да следвате. Като я следвате, вие ще пожънете всичките награди и ще ги дарявате на света.

Всеки час си напомняйте за тази идея и открийте пълната й приложимост на света за вас. В дълбоките си практики се отдайте на спокойствие. Отдайте себе си на срещата със Знанието. Отдайте се напълно и не позволявайте на раздвоението и несигурността да ви задържат. Така вие ще упражнявате силата на Знанието като следвате Знанието и с времето ще станете силни, както е силно и Знанието. Следователно днес се опитайте да изоставите несигурността и всичко, което я съпътства, защото това унищожава вдъхновението на хората и ги води към война на света.

Упражнение 275: *Две 30 мин. практически сесии.*
Почасова практика.

Стъпка 276

Знанието е моето спасение

Знанието е вашето спасение, защото то ви води отвъд безнадеждното състояние, породено от опитите ви да живеете във фантазия и илюзии. То ви води към сиянието и чистотата на реалността. То направлява действията и мислите ви, за да могат те да са ефективни и да ви водят към самоосъществяване. Така Бог ви е дал възможно най-големия дар: средството в себе си да коригирате всички грешки, да поправите всяко объркване и конфликт, и да подготвите живота си за правилната посока към истинската ви съдба. Така вие сте упълномощени и почетени, и вашето достойнство е възстановено. Вашата стойност и полезност е това, което трябва да бъде възстановено. Бог не изисква да бъде възстановена Божията стойност, защото тя никога не е била загубена. Но стойността ви към вас самите е загубена и може да бъде възстановена само чрез следване на Великия План, който не е ваш продукт, а е създаден за пълното ви благополучие.

Когато осъзнаете колко голяма част от живота ви е прахосана в колебание и колко нищожни са постигнатите резултати, вие ще разберете огромната си нужда от Знание. Това ще ви даде сила и увереност да продължите подготовката си с възможно най-голяма отдаденост. Веднъж осъзнали истинската си нужда, вие ще можете напълно да разпознаете възстановяващото средство, което ви е осигурено.

Така, като ученици на Знанието, вие ясно ще осъзнаете какво наистина ви е нужно, защото Знанието е истинското ви спасение. Помнете това всеки час и мислете за него в светлината на сегашните ви практики. В дълбоките си медитации, се потопете напълно в спокойствие и тишина разбирайки, че участвате в собственото си спасение, а оттам и в спасението на света.

Упражнение 276: *Две 30 мин. практически сесии.*
Почасова практика.

Стъпка 277

Моите идеи са малки, но Знанието е велико

Разбирайки истината в това изявление, вие ще се присъедините към източника на всяко Знание. Тогава ще можете да напуснете тъмнината в света на фантазията. Фантазията е нестабилна и дори нейните светли моменти могат да преминат в тъмнина на секундата. Дори нейните най-велики вдъхновения могат да бъдат горчиво обезкуражени от най-малката провокация. Тук няма сигурност. Тук няма реалност. Тук нищо не е сигурно и промяна може да бъде очаквана по всяко време. Това, което е надарено и ценно по всяка вероятност ще бъде загубено. Това, което е отблъскващо и разрушително по всяка вероятност ще ви убеди и ще ви води напред.

Такъв е животът, който съществува във фантазията. Такъв е животът, който съществува в изолацията на собственото ви мислене. Не подценявайте силата на Знанието, която може да ви освободи от безпомощната ситуация, където нищо истинско не може да бъде различено, където няма истинско значение, което може да бъде постигнато и където нищо постоянно и истинско не може да бъде реализирано и установено. Това е вашето спасение от тъмнината на разделеното ви съзнание, което ще ви води в реалността на живота и ще ви изкупи. Разберете, че и най-великите ви идеи и дори тези родени от Знанието, са малки в сравнение със самото Знание. Знанието е най-великия източник на вашето същество, което проявява себе си в личния ви живот.

Следователно почетете това, което е велико и осъзнайте онова, което е незначително. Разберете, че с времето, когато Знанието израсте във вас и когато му позволите да се прояви още по-свободно, вие ще започнете да разпознавате тези мисли, които идват от Знанието и тези, които са само в представите ви. Но дори мислите, които са от Знанието и които са много по-мощни и ефективни в сравнение с всички други, дори тези мисли, които са семената на истинското разбиране на света, са малки в сравнение със Знанието. Спомняйте си всеки час за силата на тази идея, защото тя е дадена, за да ви освободи от вашите обърквания и от лъжливите ви предположения. В дълбоките си практически сесии днес използвайте ума си активно.

НАБЛЮДАВАЙТЕ ВСЯКА ИДЕЯ, в която изключително вярвате, без значение дали е позитивна или негативна. Наблюдавайте всяка идея, на която вярвате или към която се придържате. Проверете връзките си с най-важните идеи, които направляват живота ви. След като проверите всяка една от тях си напомнете, че Знанието е по-велико от всяка идея. Така ще разберете, че е важно за вас, да напуснете света на идеите и да навлезете в света на връзките, където всичко е жизнеспособно, реално и изградено върху основа, която никога не се променя.

Упражнение 277: *Две 30 мин. практически сесии.*
  Почасова практика.

Стъпка 278

Това, което е непроменливо ще се прояви чрез мен

Истината е непроменлива, но проявява себе си в свят на променящи се обстоятелства и променящи се разбирания. По този начин изглежда, че истината е променлива, въпреки че нейния източник не се променя. Вие, които живеете в свят на промени и също се променяте, трябва да разберете, че вашия Източник е непроменлив. Когато разберете това, вие ще повярвате на Източника си. Истината може да бъде реално установена, когато е базирана на това, което не може да бъде променено, насилено или унищожено. Така вярата и доверието ви ще имат истинска основа. Вие разбирате, че това, което е непроменливо, което е източник и приемник на вярата ви, ще прояви себе си в променящия се свят, по променливи начини. Така нейното проявление ще посрещне всичките ви нужди. Тя ще ви служи във всяка ситуация. Тя ще функционира на всяко ниво на разбиране. Тя ще реализира себе си във всяко човешко начинание. Затова ще изглежда, че истината е променлива, защото действа по различни начини в различна среда и е позната от различни гледни точки. Но истината, която е Знанието по същество, е непроменлива, винаги истинска и винаги любяща.

Затова днес разберете колко относителни и променливи са вашите идеи и доколко се идентифицирате с това, което е променливо и което не може да устои само по себе си. Когато сте базирани в Знанието, а не само в идеи, спекулации или вярвания, вие ще започнете да изживявате постоянството и сигурността, която само Знанието може да ви осигури. Когато разберете, че истинския живот е непроменлив, ще се почувствате свободни да му позволите да се прояви в променливите ситуации. По този начин можете да избегнете всякакъв страх от смърт и разрушение. Така ще откриете спокойствие на света, защото света се променя, а вие не.

Упражнение 278: *Четете упражнението три пъти днес.*

Стъпка 279

Трябва да изживея свободата си, за да я разбера

Свободата не е концепция или идея. Тя е изживяване. Следователно тя трябва да бъде изживяна в много различни ситуации, за да се разбере нейното универсално приложение. Дадено ви е време, за да осъществите това. То ще осмисли всичките ви дейности, ще ги направи целенасочени, полезни и ценни. Тогава няма да имате основание да осъждате себе си или света, защото всички неща ще укрепят разбиранията ви за необходимостта от Знание и всички неща ще бъдат приемници на Знанието.

Следователно отдайте се на практиката, на подготовката и на приложението. Не се идентифицирайте само с идеи, защото дори най-великата идея е проява на променящи се обстоятелства и ще бъде нестабилна сама по себе си. За да имате истинска стабилност на света, трябва да се идентифицирате със Знанието и да му позволите да покаже своята сила, ефикасност и щедрост на света. Вие трябва да изживеете свободата си и да разберете нейното значение за света. Затова сте ученици на Знанието и затова трябва да приложите всичко, което сте научили в подготовката си досега.

Помнете това всеки час като сте ангажирани на света. Помнете това в медитативните си практики, в които сте ангажирани във вътрешния си живот. И на двете арени, Знанието трябва да надделее. И на двете арени, свободата ви трябва да бъде упражнявана, за да бъде реализирана. В дълбоките си медитации, упражнявайте силата на вашия ум, за да му позволите да се потопи в спокойствие и тишина. Не позволявайте на страха или раздвоението да ви управляват по този начин. Вие практикувате свободата си и я упражнявате, защото можете да бъдете свободни само, когато сте вътрешно спокойни, а ако сте вътрешно спокойни, вие вече сте свободни.

Упражнение 279: *Две 30 мин. практически сесии.*
Почасова практика.

Стъпка 280

ПРЕГОВОР

Прегледайте изминалите две седмици, започвайки с първия урок във вашия Обобщителен период и продължете по същия начин за всеки ден до последния урок. Опитайте да обобщите всичко, което ви се е изяснило през последните две седмици. Опитайте да видите как бихте могли да задълбочите и усъвършенствате практиката си. Разберете колко време и енергия са прахосани в раздвоение и изчакване. Разберете колко енергия е изразходена в объркване и съмнения, когато се нуждаете само от присъствието на Знанието. Възможността ви да следвате това, което е отвъд разбиранията ви и което е необходимо тук, ще ви отведе до възможно най-голямата увереност, която живота може да ви предостави. Чрез тази сигурност вашите идеи, действия и възприятия ще спечелят единство, което ще им позволи да се проявят мощно на света, където човечеството е объркано и загубено в двойствеността на фантазията. Така се учите да давате и да водите. Вие ще разберете това с времето, упражнявайки и позволявайки на свободата ви да се изрази чрез вас.

Вие сте ученици на Знанието сега. Посветете се на приложението на вашата подготовка, като увеличите предаността и обвързаността си. Позволете на грешките от миналото да ви мотивират. Те не трябва да са източник на самообвинения. Те трябва да бъдат разбрани като демонстрация на нуждата ви от Знание. Бъдете благодарни, че Знанието ви е дадено, защото разбирате, че Знанието е това, което търсите.

Упражнение 280: *Една дълга практическа сесия.*

Стъпка 281

АЗ ТЪРСЯ ЗНАНИЕТО ПОВЕЧЕ ОТ ВСИЧКО

ТЪРСЕТЕ ЗНАНИЕТО ПОВЕЧЕ ОТ ВСИЧКО, защото Знанието ще ви даде всичко, от което се нуждаете. Вие ще търсите Знанието абсолютно съзнателно, когато разберете, че всяко друго начинание и всяко друго ползване на ума и тялото ви ще бъдат безпомощни и ще ви водят към по-голямо объркване, защото без Знание, вие можете да знаете, че се нуждаете от Знание, а чрез Знанието всяко истинско учение ще продължи. От вашето минало сте научили за голямата си нужда от Знание. Не е нужно да потвърждавате това отново и отново. Защо да повтаряте същия урок мислейки си, че ще постигнете различен резултат?

САМИ НЕ МОЖЕТЕ ДА ПОСТИГНЕТЕ НИЩО. Без Знанието бихте могли да генерирате още повече фантазии. Следователно съществува само един отговор на огромната ви нужда и този отговор ще посрещне всичките останали нужди, които възникват от най-голямата ви нужда. Нуждата ви е фундаментална и отговорът на нея е фундаментален. Няма сложност там, защото по същество вие се нуждаете от Знание, за да живеете смислено. Нуждаете се от Знание, за да напредвате. Нуждаете се от Знание, за да реализирате истинския си Аз. Нуждаете се от Знание, за да осъществите съдбата си на света. Без Знание, вие ще се скитате по света, докато не разберете, че се нуждаете от Знание.

ТОВА Е ДЕН НА БЛАГОДАРНОСТ, защото молбите ви са чути. Имате отговор на нуждите си. Дарът за възстановяване на Знанието ви е даден. Търсете това, което ще служи на всичко чрез вас. По този начин, нуждата от мярка за вашия живот ще стане обикновена и ще можете да продължите с увереност и търпеливост, превръщайки се във верни ученици на Знанието. Ден след ден вие възстановявате Истинското си Аз. Ден след ден вие се освобождавате от всичко, което се опитва да ви отведе към тъмнината на объркването. Ден след ден това, което е нереално се разпада и това, което е истинско започва да се показва.

Всеки час днес си спомняйте и потвърждавайте великата истина – че търсите Знанието повече от всичко. В дълбоките си медитативни практики се потопете в спокойствие. Нека животът ви се трансформира. Нека Знанието ви се покаже, за да бъдете средство за неговото проявление, защото така ще откриете щастието.

Упражнение 281: *Две 30 мин. практически сесии.*
Почасова практика.

Стъпка 282

ЩЕ СЕ УЧА НА ОТГОВОРНОСТ ЗА НОСЕНЕТО НА ЗНАНИЕТО НА СВЕТА

Разпространението на Знанието на света изисква голяма отговорност. Ваша отговорност е да следвате Знанието и да се учите да го изразявате целенасочено и по най-подходящия начин. Ето защо човешките ви качества трябва да се култивират и извисят. Ще трябва също така да култивирате вашата прозорливост и всички останали умения, защото трябва да се учите да изразявате това, което носите във вас. Трябва да го следвате, за да се превърнете в ценно превозно средство за него. Това е истинското значение на всяко лично израстване. Това е истинската цел на всеки индивид. Това е посоката на вашия растеж и напредък.

Следователно опитайте да почувствате значението на днешната идея. Опитайте да приемете отговорността. Това не е бреме на раменете ви. Това е ритуал на преход за вас и така ще ви бъде дадено целенасочено и значимо приложение на всички неща, които са ви объркали и разочаровали. Разберете, че Знанието носи отговорност. Така ще можете да се отнасяте с него със сериозността, която то заслужава и с тази сериозност ще получите величието и спокойствието, което то ще ви осигури. С течение на времето, вие ще се превърнете в много, много прецизно средство за Знанието на света. Така всички неща, които се нуждаят от развитие, ще се развиват, а всички неща, които само спъват прогреса ви, ще ви напуснат.

В дълбоките си практики днес осъзнайте, че носите отговорност да култивирате способностите на съзнанието си като ученици на Знанието. Упражнявайте тези отговорности и не се отдавайте на фантазии. Като ученици на Знанието се включете подобаващо в изискванията на вашата подготовка, защото вие се превръщате в отговорна и силна личност.

Упражнение 282: *Две 30 мин практически сесии.*

Стъпка 283

Светът е противоречив, но аз не съм

Вгледайте се в света и ще видите, че човешкия свят е изгубен в своето собствено противоречие. Той желае да притежава нещо и желае да отиде някъде. Той желае да запази всичко, което е придобито, да не губи нищо и въпреки това желае повече неща, отколкото са му нужни. Той е объркан в своята затруднена ситуация. Той е объркан в мярката. Той е объркан в своята идентичност. Той е объркан какво да цени и какво да не цени. Всички аргументи и дебати, всички конфликти и войни са включени в упражняването на това противоречие.

Когато сте със Знанието, вие ще наблюдавате света и ще разпознаете неговото пълно объркване. Това ще ви учи и напомня за голямата нужда от Знание на света. Знанието никога няма да нападне и не е в конфликт със себе си. Следователно две личности, два народа и дори два свята не биха имали спорове, ако са ръководени от Знанието, защото Знанието винаги търси да обедини и свърже личностите по съдържателен начин и да изясни техните взаимоотношения. Не е възможно Знанието да бъде в конфликт със себе си, защото в него няма опозиция. То има една цел и една посока, и затова обединява всички дейности. То организира всички форми на опозиция в служба на една цел и една посока. Така Знанието е най-големия миротворец на света. Когато сте със Знанието, вие се превръщате в средство за неговото проявление. Тогава вие се учите на мир, защото мирът ще се предава чрез вас.

Наблюдавайки Знанието по този начин, вие ще можете да познаете истинското си участие и отговорност като ученици на Знанието. Светът е в противоречия. Той е объркан и страдащ в резултат на това. Но вие, които се учите да бъдете свидетели на света без осъждане и заклеймяване, и се учите да свидетелствате на света от сигурността на Знанието, ще имате възможност да разпознаете затруднението на света и ще знаете, че носите лекарството в себе си.

В ДЪЛБОКИТЕ СИ ПРАКТИКИ СЕ ПОТОПЕТЕ в спокойствие и тишина, и използвайте думата РАХН, ако желаете нейната помощ. Вие се учите да сте спокойни и да бъдете уверени. Всяка личност, която придобие спокойствие на света, ще се превърне в източник на Знание за света, защото Знанието ще се прояви на света без значение дали има пробудени съзнания. Вашето съзнание се пробужда сега, за да можете да проявите себе си.

Упражнение 283: *Две 30 мин. практически сесии.*

Стъпка 284

Спокойствието е моя дар за света

Вие може да попитате как е възможно спокойствието да бъде дар. То е дар, защото е проявление на сигурността и на мира. Как може спокойствието да е подарък за света? Така е, защото вашето спокойствие позволява на Знанието да се прояви чрез вас. Как може спокойствието да бъде дар за света? Това е така, защото вашето спокойствие позволява на другите съзнания да бъдат спокойни и знаещи. Съзнание в конфликт не може да бъде спокойно. Съзнание, което отчаяно търси разрешение, не може да бъде спокойно. Съзнание, което се вълнува за собствените си оценки, не може да бъде спокойно. По този начин, докато представяте на света тишината, която сега култивирате, вие давате на всички други умове, които ви разпознават, възможността и демонстрацията, която ще им позволи самите те да влязат в тишината. Вие разгласявате, че мира и свободата са възможни и че съществува велико присъствие на Знанието на света, което зове всяко разделено и измъчено съзнание.

Вашето спокойствие е дар. То ще успокои всички съзнания. То ще успокои всички спорове. То ще има успокояващ и утешаващ ефект върху всички, които страдат под тежестта на собствените си фантазии. Това е велик дар. Това не е само дар, защото вие също ще давате чрез идеите, действията и постиженията си на света. Тук ще покажете развиващи се качества на ума, които са нужни за вас като ученици на Знанието. И от всичко, което можете да допринесете на света, спокойствието ви ще има най-големия ефект, защото в спокойствието, вие сте едно с всички други съзнания, вие ще успокоявате всички други съзнания и ще увеличавате мира и свободата на света.

Спомняйте си за важността на спокойствието всеки час днес. Наблюдавайте неспокойния свят и разберете приложението на спокойствието в него. В двете си дълбоки медитативни сесии, се потопете отново в спокойствие. Опитайте да избягате от раздвоението и несигурността, които ви задържат и спъват. Доближете се до сферата на спокойствието, която е и сфера на Знанието, защото тук ще откриете спокойствие и сигурност. Това е Божия дар за вас и това ще бъде вашия дар за света.

Упражнение 284: *Две 30 мин. практически сесии.*
Почасова практика.

Стъпка 285

В СПОКОЙСТВИЕТО ВСИЧКИ НЕЩА БИВАТ РАЗБРАНИ

В СПОКОЙСТВИЕТО ВСИЧКИ НЕЩА БИВАТ РАЗБРАНИ, защото умът е в състояние да отговори на Знанието. Тогава Знанието ще намери израз във вашите конкретни мисли и дейности. Умът ви е предназначен да служи на Знанието, както тялото ви е предназначено да служи на ума ви. По този начин приносът от Истинския ви Дом може да се изрази в света на изгнанието. Тук Небето и Земята се докосват и тяхното докосване е началото на истинската комуникация и предаването на Знанието към света.

ВИЕ СЕ ГОТВИТЕ ДА БЪДЕТЕ СРЕДСТВО ЗА ЗНАНИЕТО и така всички неща, които постигнете, малки и големи, уникални и обикновени ще проявят присъствието на Знанието. Следователно вашата дейност на света не е велика; тя е обикновена. Важно е това, което се проявява чрез вашите действия, защото и най-обикновеното действие извършено със Знанието, е велико учение за Знанието и ще повлияе и афектира върху всички съзнания на света.

ЕТО ЗАЩО, ВСЕКИ ЧАС ДНЕС СИ НАПОМНЯЙТЕ колко е важно да култивирате спокойствие, както и непосредствената свобода от безпокойството и конфликта, която то ви осигурява. Опитайте дълбоките ви практически сесии да бъдат време на посвещение, в което пристъпвате към олтара на Бога, за да отдадете себе си. Това по същество е истинската църква. Това е истинския параклис. Това е мястото, където молитвата е истинска и където вашия ум, който е израз на Божия Разум, в тишина, смирение и откритост, се отдава на своя велик източник. Тогава Бог ви благославя и ви дарява с дар, който да отдадете на света и който е резултат от вашето собствено развитие.

ВСИЧКО ТОВА СЕ СЛУЧВА В ТИШИНА, защото в тишината може да бъде завършено пренасочването на Знанието. Това е напълно естествено и изцяло отвъд разбиранията ви. Следователно не трябва да прахосвате енергия и време да спекулирате с него, да се чудите и да се опитвате да разберете механизма му. Това не е необходимо. Изискването е само да бъдете получатели на Знанието. Не се отделяйте и не се опитвайте да го разберете.

Не се отделяйте днес, а се потопете в спокойствие, защото това е Божия дар за вас. В спокойствие пренасочването на Знанието ще бъде извършено. По този начин, вие се превръщате в средство за Знанието на света.

Упражнение 285: *Две 30 мин. практически сесии.*
                    Почасова практика.

Стъпка 286

ДНЕС АЗ НОСЯ СПОКОЙСТВИЕ НА СВЕТА

Носете спокойствието със себе си. Дайте възможност на вътрешния ви живот, който се движи в свят на бури и объркване, да бъде тих и спокоен. Няма нещо, което да решавате в мислите си сега, защото се учите да бъдете със Знанието. Знанието ще организира мислите ви и ще им даде единство и посока. Носете спокойствието със себе си и бъдете уверени, че всичките ви вътрешни конфликти ще бъдат решени със Знанието, защото следвате източника на тяхното решение. С всеки изминал ден се приближавате към спокойствието и удовлетворението, и това, което ви е преследвало преди и е предизвиквало тъмни облаци в съзнанието ви, ще бъде изоставено по пътя на Знанието.

Носете спокойствието с вас на света. Това ще ви даде възможност да сте истински наблюдателни. Това ще ви даде възможност да видите света такъв, какъвто е. Това ще ви даде възможност да разсеете световните конфликти, защото се учите на мир, бивайки в мир. Това не е фалшиво спокойствие, което преподавате, защото вашето спокойствие е породено от истинско общуване със Знанието и защото вие следвате Знанието. Вие позволявате на Знанието да ви осигури посоката и можете да осъществите това само в спокойствие.

Не си мислете, че спокойствието ще ви направи неспособни на истински действия на света. Вие ще бъдете активни на света и ще участвате в действията му, но докато вършите това ще откриете, че сте много по-компетентни, много по-ефективни и далеч по-отзивчиви към другите, и че имате голямо участие и продуктивност носейки това спокойствие на света. Вашата енергия може да бъде проявена на света по смислен начин. Тук цялата мощ на ума и тялото ви са предоставени и не са прахосани във вътрешни конфликти. Следователно като носите спокойствие на света, вие ставате по-силни и по-ефективни, по-уверени и по-продуктивни.

През днешния ден си напомняйте, че носите спокойствие на света и потърсете уединението на спокойствието. Избягайте от света на чувствата и се потопете в тишината и убежището на спокойствието и Знанието. Когато продължите, вие ще откриете, че дългите ви практики са време на голяма почивка и освобождение, невероятни моменти на подмладяване. Те са време, което прекарвате в свещената църква на Великия Дух всеки ден. В тях вие срещате Бог чрез Знанието.

Тогава, тези практически периоди се превръщат в най-важната част на деня. Като се учите да получавате даровете, които са ви представени, вие ще гледате на практическите си сесии като на възможност за възстановяване и зареждане, като възможност за откриване на истинско вдъхновение и комфорт, и като даване на възможност на ума ви да стане по-силен със Знанието, за да можете да носите мир и спокойствие на света.

Упражнение 286: *Две 30 мин. практически сесии.*
       Почасова практика.

Стъпка 287

Когато съм със Знанието не мога да бъда във война

Със Знанието не можете да бъдете във война. Не можете да сте във война със себе си или с другите, защото със Знанието има само Знание и объркване на света. Объркването не изисква атака. Следователно, вие не сте във война със Знанието, защото имате едно съзнание, една цел, една отговорност, една посока и едно значение. Колкото по-постоянен е вашия ум, толкова по-постоянен ще бъде външния ви живот. Как можете да сте във война със себе си, когато следвате Знанието? Войната се поражда от колебанието, когато противоположни ценностни системи са в конфликт една с друга, за да спечелят вашето внимание. Съревноваващи се идеи, съревноваващи се емоции и ценности водят война една с друга и вие сте заклещени в центъра на тяхната битка.

Със Знанието всичко това е преодоляно. Със Знанието вие не можете да сте във война със себе си. С времето всички съмнения, неувереност, страх и тревоги ще изчезнат. Когато това се случи, вие с нарастваща сигурност ще установите, че не сте във война и ще се радвате с цялата си душа, че сте в мир и спокойствие. Това ще ви даде възможност да се обърнете към света с нови сили, защото цялата ви ментална и физическа мощ ще бъде налична във вас, за да бъде отдадена на света. Това, което ще отдадете на света, ще бъде повече от вашите действия и думи, защото вие ще носите спокойствие и мир на света.

Тук вие няма да сте в опозиция с никого, въпреки че другите може и да си мислят, че са ви опозиция. Тук вие няма да сте във война с никой, дори ако другите изберат да са във война с вас. Това ще бъде вашия най-велик принос и това е, което ще учите като демонстрирате живота си. Тук Знанието ще дарява себе си на света и ще преподава важни уроци, които вие самите сега се учите да получавате. Това обучение ще се появи естествено. Вие не трябва да го насилвате и не трябва да се опитвате да променяте някого, защото Знанието ще осъществи своята задача чрез вас.

ВСЕКИ ЧАС СЕ ОПИТВАЙТЕ ДА РАЗБЕРЕТЕ ЗНАЧЕНИЕТО НА ДНЕШНАТА идея и разберете силата на Знанието, която може да прекрати всичките ви страдания и евентуално страданията на света. В дълбоките си практически сесии, се завърнете във великото светилище и още веднъж бъдете получатели на Знанието в приемственост и смирение. Тогава ще можете да носите с все по-голяма увереност вашите постоянни връзки със Знанието на света. Тогава това, което трябва да се отдаде, ще се излъчва от вас без усилия.

Упражнение 287: *Две 30 мин. практически сесии.*
Почасова практика.

Стъпка 288

ВРАГОВЕТЕ СА ПРОСТО ПРИЯТЕЛИ, КОИТО НЕ СА НАУЧЕНИ ДА УЧАСТВАТ

НЕ СЪЩЕСТВУВАТ ИСТИНСКИ ВРАГОВЕ В ЖИВОТА, защото всички войни и конфликти са породени от объркване. Трябва да разберете, че животът без Знание е подвластен на объркване и създава свои собствени системи, идеи и вярвания, с които се идентифицира. Така личностите имат свои собствени цели и самоидентичност. Така оценките на личностите, на световете и народите се сблъскват една с друга и избухват войните.

СЪС ЗНАНИЕТО ТОВА Е НЕВЪЗМОЖНО, защото в Знанието всички са ви приятели. Вие разпознавате какво е нивото на развитие на всяка личност. Вие може да имате отношения с някои от тях, а с други не. Някои от тях могат да получат вашия принос директно, докато други ще го получат индиректно. Всички те обаче са ваши приятели. В Знанието няма опозиция, защото съществува само едно Знание във вселената. То проявява себе си чрез всеки индивид. Когато всеки индивид стане по-чист като средство на Знанието, когато всеки индивид стане голям получател на Знанието, следва Знанието и е отговорен към Знанието, тогава възможността пред него или нея да бъде в конфликт ще намалее и евентуално ще изчезне.

ОПИТАЙТЕ ДА РАЗБЕРЕТЕ, ЧЕ ВОЙНАТА И КОНФЛИКТА само изразяват липсата на способност на тези, които са включени да участват. Когато индивидите се обединят, те разбират обикновената нужда, която става тяхната основна нужда. Това трябва да се породи от Знанието, а не от идеализма. То трябва да се породи от Знанието, а не само от философията, за да доведе до истински действия и участие. Така, като ученици на Знанието, вие се превръщате в миротворци и защитници на мира по света. Колкото по-силно е Знанието във вас, толкова по-слаби ще бъдат страха и колебанието ви. По този начин войната във вас ще бъде прекратена и животът ви ще бъде демонстрация, че войната е ненужна.

ДНЕС СЕ ПОСВЕТЕТЕ НА ПРЕКРАТЯВАНЕ НА войната в света, като прекратите войната в себе си и бъдете миротворци, и пазители на мира. Напомняйте си всеки час за днешния урок и го прилагайте в света, който виждате около себе си. Прилагайте го във всички конфликти на света, за които знаете. Опитайте да разберете неговата пълна приложимост към тези конфликти. Това изисква да разгледате тези конфликти от различна гледна точка, за да разберете пълното значение и въздействие на днешната идея. Това е гледната точка, която трябва да култивирате, защото трябва да се учите да виждате, както вижда Знанието, да мислите, както мисли Знанието и да действате, както действа Знанието. По всяка вероятност ще постигнете това като следвате Знанието всеки ден.

В ДЪЛБОКИТЕ СИ ПРАКТИЧЕСКИ СЕСИИ се завърнете към спокойствието и тишината, за да култивирате и подготвите себе си и за да бъдете емисари на Знанието по света. Това е отговорната ви задача за днес. Тя ще проникне във всичките ви останали дейности и ще им даде полза и значение, защото днес сте ученици на Знанието.

Упражнение 288: *Две 30 мин. практически сесии.*
Почасова практика.

Стъпка 289

Днес аз съм ученик/ученичка на Знанието

Бъдете истински ученици на Знанието днес. Отдайте се напълно на учебния процес. Не предполагайте нищо, защото истинските ученици не предполагат нищо и това им дава възможност да учат всичко. Осъзнайте, че не можете да разберете Знанието; можете само да го получите и да изпитате неговото разпространение чрез вашия живот на света.

Следователно бъдете възприемчиви за Знанието. Не си позволявайте да бъдете възприемчиви за колебанието, което е обзело света. Пазете се от колебанието, защото още не сте силни със Знанието, за да се изправите срещу колебанието и да отдадете дара си на колебаещия се свят. Не бъдете амбициозни в този аспект или ще превишите възможностите си и ще се провалите в резултат на това. Докато Знанието расте и се развива във вас, то ще ви отведе в области, в които можете да служите. То ще ви води в ситуации, в които ще имате необходимия капацитет да го отдадете.

Бъдете ученици днес. Не се опитвайте да използвате обучението за задоволяване на собствените си амбиции. Не позволявайте на личните ви идеи да ви водят днес, а бъдете ученици на Знанието. Когато сте убедени в нещо, продължавайте напред мъдро и възможно най-прецизно. Когато не сте уверени в нещо, се завърнете в Знанието и бъдете в спокойствие със Знанието, защото то ще ви води. По този начин ще се превърнете в истински и активни агенти на Знанието по света. Знанието ще се разпростре чрез вас по света и всичко, което получите, ще бъде дадено на света чрез вас.

В дълбоките ви сесии днес, развивайте способностите си да бъдете в сферата на Знанието. Днес се потопете по-дълбоко, отколкото сте били досега. Бъдете ученици на Знанието днес.

Навлезте в Знанието. Изживейте Знанието. По този начин ще разберете неговата цел на света, което може да бъде разбрано само чрез участие.

Упражнение 289: *Две 30 мин. практически сесии.*

Стъпка 290

Мога да бъда само ученик. Следователно ще бъда ученик на Знанието

Вие сте ученици на света – винаги. Всеки ден, всеки час и всяка минута, вие се учите и се опитвате да усвоите това, което учите. Вие сте или ученици на Знанието, или ученици на объркването. Вие сте или ученици на сигурността, или ученици на съмнението. Вие сте или ученици на целостта и почтеността, или ученици на конфликта и войната. Можете само да се учите от това, че сте на света и да демонстрирате резултата от вашето обучение.

Следователно нямате избор да бъдете или да не бъдете ученици, защото ще бъдете ученици дори, ако решите да не сте. Ако решите да не бъдете ученици, вие ще учите в друга учебна програма. Нямате избор за това, защото да бъдете на света значи да учите и да демонстрирате това, което сте научили. Разбирайки това, ваше решение ще бъде къде и какво да учите. Това е силата на решението, която ви е дадена. Знанието ще ви помогне да направите верния избор и ще ви насочи към себе си, защото това трябва да предадете на света. Така приближавайки Знанието, вие ще почувствате дали сте включени в голямото завръщане вкъщи. Вие ще почувствате голямо обединение в себе си и също така ще почувствате, че войната и конфликтите във вас намаляват и изчезват.

Бъдете ученици на Знанието днес, защото вие сте ученици. Изберете учебната програма, която е за вас. Изберете учебната програма, която ще ви изкупи, а чрез вас ще изкупи и света. Изберете учебната програма, която задоволява вашата цел и илюстрира живота отвъд този свят, който желае да прояви себе си тук. Станете ученици на Знанието.

Разберете силата на днешната идея и я помнете всеки час. Помнете, че трябва да четете урока си преди да излезете навън, за да можете да го реализирате на практика през деня. Потвърдете, че сте ученици на Знанието. Заздравете вашето посвещение в Знанието. Изпълнявайте практиките за днешния ден с все по-голямо отдаване.

Използвайте активно ума си в дълбоките практики, за да разберете какво значи да сте ученици на света. Използвайте ума си, за да вникнете в днешното съобщение и се опитайте да разберете, че сте ученици във всяка ситуация. Опитайте да разберете, че нямате друг избор, защото трябва да учите, да асимилирате и да демонстрирате обучението си. Това е в основата на истинското преподаване. Опитайте да разберете, че вашата цел на света е да станете ученици на Знанието, да асимилирате Знанието и да му позволите да се прояви, за да можете да демонстрирате Знанието на света. Това е проявлението на вашата цел по най-обикновен начин и от вашата цел ще произлезе специфичен зов, който да ви води по специфични пътища на света в зависимост от вашата натура и същност.

Така днес ще укрепите себе си като ученици на Знанието. В двете си дълги практики активно използвайте вашия ум, за да вникнете в днешната идея и да разберете нейната абсолютна връзка с вашия живот.

Упражнение 290: *Две 30 мин. практически сесии.*
Почасова практика.

Стъпка 291

Благодарен съм на моите братя и сестри, които грешат към мен

Бъдете благодарни на тези, които демонстрират нуждата от Знание. Бъдете благодарни на тези, които ви учат, че е безнадеждно да се включвате в някакви гонитби на света без Знанието. Бъдете благодарни на тези, които ви спестяват време, като показват резултата от нещата, върху които вие размишлявате, дори в момента. Бъдете благодарни на тези, които разкриват за вас собствените ви нужди на света. Бъдете благодарни на тези, които демонстрират това, което трябва да дадете на света. Бъдете благодарни на тези, които изглежда мислят срещу вас, защото те ще ви покажат това, което е необходимо за вашия живот и ще ви напомнят, че Знанието е единствената ви истинска цел, единственото ви намерение и единственото ви проявление.

В този случай всички, които грешат срещу вас, стават ваши приятели, защото те ви служат дори в своето нещастие и ви зоват да им служите. Тук всичко глупаво, грешно, объркано, съмнително, конфликтно и войнстващо на света, може да ви насочи към убеждението на Знанието. По този начин светът ви служи, подкрепя ви и ви готви да служите на голямата му нужда. Тук вие ставате получатели на постиженията на света и ви се напомнят световните грешки. По този начин ще се зароди вашата любов и състрадание към света.

Всеки час днес си напомняйте за това съобщение и се опитайте да разберете неговото значение в контекста на вашите дейности и така всичко, което се случва днес ще демонстрира значението на днешната идея. Спомнете си всички, за които си мислите, че са сгрешили към вас. Вижте как тези личности са ви помагали и ще продължат да ви служат чрез напомняне. Това може да ви спести много време и енергия, и да ви приближи до Знанието, като увеличи вашето решение за Знание и ви напомня, че няма алтернатива на Знанието. В двете си дълги практики насочете вниманието си към всички личности, за които си мислите, че са грешали към вас и разберете тяхната изключителна служба към вас.

НЕКА ТОВА БЪДЕ ДЕН НА ПРОШКА И ДЕН НА приемане, в който вие разбирате и увеличавате вашата признателност към тези, които са грешали с вас. Животът крои планове да ви насочи към Знанието. Когато навлезете в Знанието, вие ще разберете огромната служба, която ви дава животът, както чрез неговите постижения, така и чрез неговите провали. Бъдете приемници на този дар, защото с любов и благодарност ще се обърнете към света и ще пожелаете да допринесете това, което е най-великия от всички дарове. Тук ще давате Знание в знак на благодарност и в служба на света, който ви е служил.

Упражнение 291: *Две 30 мин. практически сесии.*
    Почасова практика.

Стъпка 292

Как да се сърдя на света, когато той ми служи

Как можете да се сърдите на света, когато той ви служи? Когато осъзнаете колко много ви служи светът, което може да се разбере само в контекста на Знанието, тогава ще приключи цялата ви омраза към света, всичките ви осъждания и цялата ви съпротива към него. Това ще потвърди истинската ви съдба, истинската ви същност и истинската ви цел да бъдете на света.

Вие сте дошли на света да учите и да забравяте. Вие сте дошли на света да разпознавате кое е истинско и кое не е. Вие сте дошли на света да сте негови дарители, дарители, дошли отвъд света, за да служат тук. Това е истинската природа на вашето присъствие в този свят и въпреки че може да изглежда в конфликт с оценката ви за вас самите, то е истина и ще бъде истина, независимо от гледната ви точка, независимо от вашите идеали и вярвания, и независимо от стремежите, които сте си поставили. Истината ви очаква да се подготвите, за да я оцените.

Всеки час си напомняйте за днешната идея и разберете нейното приложение вглеждайки се в заобикалящия ви свят. В дълбоките си медитативни практики още веднъж си спомнете всички личности, които са грешали с вас и още веднъж се опитайте да разберете техния принос към вас за доближаването ви до Знанието, в обучението ви да оценявате Знанието и в обучението ви да разберете, че няма надежда отвъд Знанието. Няма надежда без Знание. Днешната идея ще породи любовта и признателността ви към света и ще заздрави гледната точка, която ще ви е необходима, за да погледнете на света с увереност, любов и Знание.

Упражнение 292: *Две 30 мин. практически сесии.*
Почасова практика.

Стъпка 293

ДНЕС НЕ ЖЕЛАЯ ДА СТРАДАМ

Засилете решението си да не страдате днес като ученици на Знанието, като се придържате към Знанието и като се отдадете на Знанието. Не позволявайте на света да ви увлече в безсмислени гонитби, в безнадеждни усилия или сърдити конфликти. Всички тези неща са все още примамливи за вас, но не им се отдавайте днес, защото убежденията в света са породени от страха и тревогите на света. Тревогите и страха са като болести, които влияят на ума. Не позволявайте на ума ви да се влияе днес. Вие не желаете да страдате днес и ще страдате, ако последвате убежденията на света. Участвайте в света и изпълнявайте вашите обикновени задължения, но подсилвайте убеждението да сте ученици на Знанието, защото това ще ви освободи от страданието и ще ви даде величието, което очаквате на света.

Всеки час днес потвърждавайте, че не желаете да страдате и разберете неизбежността на вашето страдание, ако се включите в свят без Знание. Светът може само да ви напомня за вашата велика цел и отговорност, която е да станете ученици на Знанието. Бъдете благодарни, че светът ще ви подкрепи по единствения начин, по който може да го стори и бъдете благодарни, че от Древния ви Дом, Бог е отдал Благословията на света, за да я получите и да я отдавате.

Упражнение 293: *Почасова практика.*

Стъпка 294

ПРЕГОВОР

Започнете двуседмичното обобщение със следния апел:

"Сега съм ученик на Знанието. Аз ще уча за значението и целта на Знанието чрез участието си. Аз ще участвам без да се опитвам да променям методите или уроците по някакъв начин, защото искам да уча. Аз съм ученик на Знанието в свят, където изглежда Знанието липсва и затова съм пратен тук да се готвя и да даря това, което Знанието пожелае да даде на света. Аз съм ученик на Знанието. Аз съм уверен в отговорностите си. Така ще получа това, което наистина желая, защото истински желая да обичам света."

Започнете двуседмичното си обобщение следвайки този апел. Четете съответния урок започвайки с първия ден от двуседмичния период и си спомнете за вашата практика през този ден. Продължете напред по същия начин, за да преминете през всички 14 дни и след това се опитайте да обобщите живота си през този период. Опитайте да видите, какво се е появило във вашия живот през този период.

Като обобщавате, вие ще започнете да отчитате движението в живота си. Това между другото ще бъде неуловимо в началото, но скоро ще разберете, че животът ви напредва усилено и че ценностите и изживяванията ви се променят. Вие се променяте фундаментално. Вие най-накрая показвате истинското си Аз. Вие ще разберете, че бушуващата война във вас от време на време затихва и нейното проявление става все по-рядко и по-рядко. Това може да се разбере само със съзнателно и обективно обобщение, което ще ви даде увереността и убеждението да продължите напред, защото ще знаете, че следвате правилния си курс и истинската си съдба. Вие ще знаете, че сте истински ученици на Знанието и че сте взели правилното решение относно вашето обучение.

Упражнение 294: *Една дълга практическа сесия.*

Стъпка 295

Сега се докосвам до мистерията на моя живот

Вие се докосвате до мистерията на вашия живот, която чака да ви се разкрие. Мистерията на вашия живот е източника на всичко, което се проявява в живота ви. Всичко, което ще бъде показано и желае да бъде проявено, е въплътено в мистерията на вашия живот. Следователно сегашното ви участие като ученици на Знанието е изключително важно за всичко, което ще правите на света и за всичко, което ще реализирате и постигнете в този живот. То е абсолютно необходимо за вашите нужди.

Позволете на мистериозното да бъде мистериозно. Позволете на очевидното да се прояви. По този начин вие ще навлезете в мистерията на Знанието с откровеност и уважение, и ще се включите в света с практическо наблягане, с конкретен и ясен подход. Това ще ви позволи да бъдете мост между Древния ви Дом и този временен свят. Тогава ще се отнасяте към живота във вселената с почит и благоговение, и ще бъдете старателни, съзнателни и отговорни към света. Така всичките ви умения ще бъдат внимателно култивирани и приобщени, и вие ще сте средство на Знанието.

Сега ще започнем с по-напредналата част от учебната ви програма. Може би няма да разбирате голяма част от това, което изучавате. Много от следващите стъпки ще трябва да активират вашето Знание, да го направят по-силно и по-изразено във вас, и да събудят древния ви спомен за вашите истински връзки във вселената и значението на целта ви тук. Следователно, ние ще започнем с уроци, които няма да разбирате, но с които трябва да се запознаете. Сега започвате да проникватe в мистерията на вашия живот.

Помнете урока си през целия ден. Казвайте си го всеки час и в дълбоките си практически сесии се потопете в спокойствие и тишина. Опитайте да проникнете в мистерията на живота си, за да може тя да ви се разкрие и защото всяко значение, цел и посока се раждат и са предопределени от вашия произход и съдба. Вие сте гости на света и участието ви тук трябва да илюстрира великия ви живот отвъд този свят. По този начин светът е благословен и изпълнен. По този начин вие няма да предадете себе си, защото сте родени от велик живот и Знанието е въплътено във вас, за да ви напомня за това.

Упражнение 295: *Две 30 мин. практически сесии.*
Почасова практика.

Стъпка 296

НАСИ НОВАРИ КОРАМ. (NASI NOVARE CORAM.)

ТЕЗИ ДРЕВНИ ДУМИ ЩЕ СТИМУЛИРАТ ЗНАНИЕТО ВИ ДНЕС. Тяхното значение би могло да бъде преведено както следва: "Присъствието на Божиите Учители е с мен." Това е обикновения превод на тези думи, но тяхната сила далеч надхвърля очевидното им значение. Те могат да породят дълбок отзвук във вас, защото са призив към Знанието родено от древен език, който не принадлежи на никой свят. Това е езика на Знанието, който служи на всички, които говорят и които се нуждаят от език, за да контактуват.

СПОМНЕТЕ СИ ЗА ВЧЕРАШНИЯ УРОК да не се опитвате да разберете произхода на тези думи или техния механизъм, а приемете техния дар. Всеки час изричайте днешния призив и в двете си дълбоки практически сесии повторете този призив и се потопете в спокойствие и тишина, за да почувствате силата на тези думи и нека те ви помогнат да проникнете в дълбочината на собственото ви Знание. Когато всеки практически период е приключен и когато се завърнете към света на действието и формата, кажете призива още веднъж и бъдете благодарни, че сте проникнали в мистерията на живота си. Бъдете благодарни, че Древния ви Дом е дошъл на света с вас.

Упражнение 296: *Две 30 мин. практически сесии.*
Почасова практика.

Стъпка 297

Новре Новре Комей На Вера Те Новре. (Novre Novre Comey Na Vera Te Novre)

Днешният призив говори за силата на спокойствието във вашия ум, както и за силата, която това спокойствие ще има на света. Изричайте този призив всеки час с голямо уважение. Позволете на мистерията на живота да се разкрие пред вас сега, за да можете да я съзрете и да я носите с вас в приключенията ви на света.

В двете си дълбоки практически сесии повторете днешния призив и още веднъж се потопете в дълбочината на спокойствието, отдавайки се напълно на практиката. След приключване на упражненията още веднъж повторете днешната идея. Опитайте да почувствате присъствието, което е с вас, докато правите това, защото Древния ви Дом пребивава с вас, докато живеете на света. Древната памет на вашия Дом и паметта на всички истински връзки, които сте създали досега в цялата си еволюция са споменати с днешната идея, защото в спокойствието всички неща могат да бъдат разбрани и всички неща, които са познати, ще ви се разкрият.

Упражнение 297: *Две 30 мин. практически сесии.*
   Почасова практика.

Стъпка 298

Мавран Мавран Конай Мавран. (Mavran Mavran Conay Mavran.)

Днешният призив към тези, които практикуват Знанието с вас във Великата Общност, е с цел силата на тяхното начинание и големите им постижения да обогатят всичките ви опити и практики като ученици на Знанието. Днешният призив обединява вашия ум с всички умове, които са включени във възстановяване на Знанието във вселената, защото вие сте граждани на Великата Общност, както сте и граждани на вашия свят. Вие сте част от велик план действащ на света и отвъд него, защото Бог работи навсякъде. Истинската Религия е възстановяването на Знанието. Тя намира своето проявление във всеки свят и във всяка култура, където то приема собствен символизъм и ритуали, но същността му е универсална.

Упражнявайте се всеки час като повтаряте днешното изявление и изчакайте за момент, за да почувствате неговото въздействие. Можете да практикувате това във всякакви ситуации днес и то ще ви напомни за Древния ви Дом и за потенциала на Знанието, което носите със себе си. В дълбоките си практически сесии, повторете това изявление и се потопете в тишина и смирение в храма на Знанието. Когато практическата ви сесия приключи, още веднъж повторете днешния призив. Позволете на ума си да се включи към това, което е отвъд ограничеността на човешката обърканост, защото Знанието говори за велик живот на света и отвъд него. Това е велик живот, който сега трябва да приемете, защото сте ученици на Знанието. Знанието е по-велико от света, но е дошло на света, за да служи в него.

Упражнение 298: *Две 30 мин практически сесии.*
Почасова практика.

Стъпка 299

Home Home Коно На Вера Те Home. (Nome Nome Cono Na Vera Te Nome.)

Днешният призив още веднъж зове усилията на другите във възстановяване на Знанието, за да ви помогне във вашите собствени усилия. По този начин силата на това, което вършите включвайки се в живота, е потвърдена. Това утвърждава истината в по-широк смисъл, както и истината в думите, които не сте използвали от векове, но които ще разпознаете, когато отекнат дълбоко в съзнанието ви.

Упражнявайте се всеки час и спрете за миг, за да почувствате ефикасността на днешното изявление. Използвайте го като апел и благословия, за да приключите двете си дълги практически сесии. Опитайте да проникнете в мистерията на вашия живот, защото тя е източник на всичко в живота ви и е значението, което търсите днес.

Упражнение 299: *Две 30 мин. практически сесии.*
Почасова практика.

Стъпка 300

Днес ще приема всички, които са част от моето Духовно Семейство

Днес приемете тези, които са част от Духовното ви Семейство, които ви направляват и помагат, тези, чийто усилия по отношение на Знанието ви допълват и чието присъствие във вашия живот е потвърждение на наличието на истинска общност за служба на Знанието. Позволете на тяхната реалност да изясни вашата собствена, да разсее цялата тъмнина на изолацията и цялата слабост на индивидуалността, за да може вашата индивидуалност да намери силата на своя истински принос. Не се задържайте в мислите си днес, а се потопете в присъствието на Духовното ви Семейство, защото сте родени от общността и сега се присъединявате към нея, и защото животът е общност – общност без изключение и без противоположност.

Спомняйте си за това всеки час днес. В двете си дълги практически сесии използвайте активно ума си и се опитайте да разберете съобщението, което ви се дава днес. Опитайте да разберете какво наистина означава Духовно Семейство. Опитайте се да разберете, че то е присъщо за вас. Вие не го избирате, но сте родени от него. То представя вашето израстване в Знанието досега. Цялото ви израстване в Знанието е възстановяване на връзките и вашето Духовно Семейство е тази връзка, която сте възстановили досега в завръщането си към Бога.

Това ще бъде извън вашето разбиране, но вашето Знание ще резонира с посланието за днес и с призивите, които сте практикували в предишни дни. Знанието ще ви разкрие какво трябва да знаете и да правите. Това не трябва да ви обременява и да се опитвате да разберете неща, които са отвъд вашите възможности. Вие обаче имате възможност да откликнете на комуникацията, която ви е дадена от мистерията на вашия живот и от силата на Бог във вашия живот.

Вие сте част от Духовно Семейство. Вие получавате това чрез собственото си изживяване, изживяване, което ще потвърди участието ви в живота и великата цел, на която сте дошли да служите.

Упражнение 300: *Две 30 мин. практически сесии.*
Почасова практика.

Стъпка 301

ДНЕС НЯМА ДА СЕ ТРЕВОЖА

НЕ ПОЗВОЛЯВАЙТЕ НА НАВИКА ВИ ДА СЕ ТРЕВОЖИТЕ, да обсеби ума ви днес. Приемете, че навлизате в по-голям живот с по-голямо чувство за цел. Опитайте да разчитате на сигурността на Знанието във вас и нека това да потвърди истинските ви връзки. Днес бъдете спокойни. Позволете на спокойствието да бъде с вас, докато крачите на света.

ВСЕКИ ЧАС ПОВТАРЯЙТЕ ТАЗИ ИДЕЯ. В дълбоките си практики я използвайте като призив в началото и като благословия в края на вашата медитация. Когато медитирате се опитайте да бъдете спокойни и не позволявайте на безпокойството да ви завладее днес. Не позволявайте на безпокойството да ви обземе. Вие сте със Знанието, което е източника на цялата сигурност на света. Вие сте с него и му позволявате да разгърне своя потенциал и своите дарове за вас, които се учите сега да възстановявате вашата увереност. Нека днешния ден бъде потвърждение на процеса ви на обучение. Нека днешния ден бъде проявление на Знанието.

Упражнение 301: *Две 30 мин. практически сесии.*
Почасова практика.

Стъпка 302

ДНЕС НЯМА ДА СЕ СЪПРОТИВЛЯВАМ НА СВЕТА

Не се съпротивлявайте на света, защото светът е мястото, на което сте дошли да служите. Това е мястото, на което Знанието ще прояви себе си, докато вие се учите да бъдете средство на Знанието. Позволете на Знанието да бъде такова, каквото е, защото когато не съдите, е много по-лесно да бъдете на света, да използвате неговите ресурси и да разпознаете неговите възможности.

Не се съпротивлявайте на света, защото вие сте отвъд него. Светът вече не е затвор за вас, а място, на което да допринасяте. Независимо, че не сте могли да се приспособите на света в миналото и независимо колко ви е трудно да бъдете в него, сега вие го възприемате по различен начин. Вие сте се надявали светът да замести Знанието и сега разбирате, че Знанието ви е дадено от вашия източник. В резултат на това, светът вече не е заместник на Знанието за вас и може да бъде сцена, на която да проявите властта на Знанието. Така светът става това, което е правилно за вашия живот и затова не трябва да му се противите.

Всеки час днес си спомняйте за тази идея, докато преминавате през света и бъдете присъстващи, независимо от ситуацията, в която се намирате. Опитайте да успокоите вътрешния си свят, за да може Знанието да упражни своето влияние и да ви ръководи. Опитайте да носите увереността с вас днес – увереността на Знанието. Това е увереност, която не сте измислили или изградили за себе си. Тя е винаги с вас, без значение от вашето объркване.

Не се противете на света днес, защото Знанието е с вас. В двете си дълги практики помнете тази идея преди и след вашите медитации. Чрез медитациите си избягайте от света в храма на спокойствието. Колкото повече пребивавате в този храм, толкова по-лесно ще ви бъде на света, защото няма да се опитвате да използвате светът като заместник на Древния ви Дом. Тук светът става полезен за вас и вие ставате полезни за света.

Упражнение 302: *Две 30 мин. практически сесии.*
Почасова практика.

Стъпка 303

ЩЕ СЕ ВЪЗДЪРЖАМ ОТ УБЕЖДЕНИЯТА НА СВЕТА ДНЕС

ВЪЗДЪРЖАЙТЕ СЕ ОТ УБЕЖДЕНИЯТА НА СВЕТА. Разпознайте кое е сигурно и кое е объркано. Разпознайте това, което е отдадено и това, което е противоречиво. Не позволявайте на силата на световното разочарование и объркване да ви завладее днес, а пазете Божията светлина в сърцето си. Пазете я тлееща във вас, докато рискувате на света. Така преминавате през света невредими и неподвластни, защото сте със Знанието. Без Знанието светът само ви отнася надалеч в своето безумие. Той ви отнася надалеч в своите подбуди и луди гонитби.

ДНЕС ВИЕ СТЕ СЪС ЗНАНИЕТО и сте освободени от световните убеждения. Повтаряйте днешната идея всеки час и почувствайте спокойствието, което ви дава тя, за да сте спокойни в медитациите си и да можете да упражните тяхното влияние и техните резултати във всички дейности, защото такава е тяхната цел.

РАЗПОЗНАЙТЕ УБЕЖДЕНИЯТА НА СВЕТА И СЕ ОТДРЪПНЕТЕ. Трябва да сторите това, защото имате силата и правото да избирате. Можете да го сторите, като разпознаете убежденията на света и разберете важността на Знанието. Това ще ви помогне да упражнявате силата на решенията във ваша полза. Така светът няма да има претенции върху вас и вие ще бъдете сила за доброто на света, защото това е вашата цел.

В ДЪЛБОКИТЕ СИ МЕДИТАТИВНИ ПРАКТИКИ днес още веднъж използвайте днешната идея като призив да се подготвите. В спокойствие и тишина се потопете в храмът на Знанието, за да се подмладите и обновите. Открийте покой от вътрешните си конфликти и от конфликтите на света. Когато се завърнете от вашето убежище си напомнете, че обърскванията на света няма да ви влияят. Напомняйте си, че няма да се превърнете в жертва на убежденията на света. Тогава ще носите напред сигурността, която сега се учите да получавате в света около вас.

Упражнение 303: *Две 30 мин. практически сесии.*
Почасова практика.

Стъпка 304

ДНЕС НЯМА ДА СЪМ УЧЕНИК НА СТРАХА

Помнете, вие винаги сте ученици – всеки ден, всеки час и всеки момент. Следователно, като станете по-съзнателни, трябва да изберете какво желаете да учите. Даден ви е истински избор, защото вие сте или ученици на Знанието, или ученици на объркването. Не бъдете ученици на объркването днес. Не бъдете ученици на страха днес, защото без Знание има несигурност и страх. Без Знание има големи стремежи, които възбуждат по-голям страх и по-голямо чувство на загуба.

Разберете вашата отговорност като ученици. Разберете това и го приемете с облекчение, защото имате право на смислен избор – да бъдете ученици на Знанието или ученици на объркването. Знанието ще се опита да ви влияе, за да ви даде възможност да направите верния избор и да изберете това, което ви дава сигурност, цел и значение на света. Тогава можете да се превърнете в сила на Знанието на света, да намалите объркването, мрака и страха във всички съзнания, които пъшкат под техния товар.

Не бъдете ученици на страха. Заявявайте пред себе си това всеки час, разпознавайки големите убеждения на света, неговото объркване и мрачното му влияние върху всички, които чувстват неговият гнет. Опитайте да бъдете свободни души на света. Пазете скъпоценната любов в сърцето си. Пазете светлината на Знанието в сърцето си. Когато се завърнете в дълбоките си медитативни практики днес повторете днешната идея, за да можете да се потопите в спокойствие и тишина във вашето убежище. Подмладете се и се освежете в Знанието, защото Знанието е най-голямата светлина, която носите с вас. Колкото повече вниквате в неговото присъствие, толкова повече то ще ви грее и осветява, а чрез вас и света.

Упражнение 304: *Две 30 мин. практически сесии.*
Почасова практика.

Стъпка 305

ДНЕС ЧУВСТВАМ СИЛАТА НА ЛЮБОВТА

Ако убежденията на света не са ви обзели, вие ще почувствате силата на любовта. Ако не сте прелъстени от колебанието на света, вие ще почувствате силата на любовта. Ако сте със Знанието, вие ще почувствате силата на любовта. Това е естествено за вас, за вашето същество, за вашата същност и за същността на всички, които са тук с вас. Следователно с напредването ви като ученици, изживяването на любовта ще се задълбочи.

Позволете на любовта да бъде в живота ви днес, защото Знанието и любовта са едно и също нещо. Позволете си да бъдете получатели на любовта днес, защото по този начин вие сте почетени и чувството ви за недостойнство е разсеяно. Получавайте силата на любовта всеки час и я получавайте също така в дълбоките си медитативни практики, където практикувате истинско приемане.

Позволете на Знанието да разкрие същността на любовта за вас. Позволете на любовта ви за Знание да генерира Знание за вас, защото Знанието ви обича, както обича себе си и когато се научите да обичате Знанието както себе си, чувството ви за разделение с живота ще се изпари. Тогава ще бъдете подготвени като участници в света, защото тогава ще желаете единствено да допринесете онова, което сте получили. Тогава ще разберете, че няма друг дар, който може да се сравни с дара на Знанието, който е и дара на любовта. Това е нещото, което ще желаете да дарите на света с цялото си сърце. Тук Учителите ви могат да бъдат активни за вас, защото те ще ви подготвят да допринесете това ефективно и по този начин да изпълните вашата съдба на света.

Упражнение 305: *Две 30 мин. практически сесии.*
Почасова практика.

Стъпка 306

ЩЕ ПОЧИВАМ В ЗНАНИЕТО ДНЕС

Вие ще откриете отдих и отмора от света. В Знанието вие ще откриете комфорт и увереност. В Знанието всичко, което е най-истинско в живота ще бъде с вас, защото в Знанието Христос и Буда са едно. В Знанието всички велики постижения на великите Духовни Емисари са обединени и ви се разкриват. По този начин тяхното обещание е изпълнено, защото те са отдали себе си на тази цел. Така Знанието, което получавате днес е плод на техния принос, защото Знанието е запазено на света за вас. То е запазено живо от тези, които са го получили и отдали. Така техния живот осигурява основа за вашия живот. Тяхното отдаване осигурява основа за вашето отдаване. Тяхното приемане на Знанието заздравява вашето приемане на Знанието.

Целта на всички истински Духовни учения е изживяването и проявлението на Знанието. Това може да напои най-обикновения дар и най-великия дар, най-обикновеното действие и най-необикновеното действие. Вие сте част от велика компания, вие, които упражнявате Знанието. Вие получавате дара на Христос и Буда. Вие получавате дара на всички Велики Емисари, които са реализирали своето Знание. Така вашето участие днес получава сила и основа, за да носите уверено напред великата цел да опазите Знанието живо на света.

Всеки час и в двете си дълбоки медитативни сесии днес почивайте в Знанието, което живее във вас сега.

Упражнение 306: *Две 30 мин. практически сесии.*
Почасова практика.

Стъпка 307

ЗНАНИЕТО ЖИВЕЕ В МЕН СЕГА

Знанието живее във вас и вие се учите да живеете със Знанието. По този начин ще разберете какъв винаги е бил вашия живот и какъв винаги ще бъде, и ще разсеете тъмнината на илюзията от съзнанието си. Когато разберете постоянството на вашето съществуване, вие ще разберете как то желае да се прояви в свят на промени. Вашето Знание е по-велико от вашия ум, по-велико от вашето тяло и по-велико от определенията ви за вас самите. То е непроменливо, въпреки че се променя в своето проявление. То остава с вас отвъд страха, съмнението и разрушението, и като се учите да бъдете с него, всички негови качества ще станат ваши качества.

Няма нещо, което светът да не може да осигури и което по някакъв начин да се съревновава с това, защото всички световни дарове са моментни и преходни. Когато ги почетете, страховете ви да не ги загубите ще се увеличат. Като ги задържате за себе си, безпокойството ви от смъртта и разрушението ще расте и вие отново ще се объркате и разочаровате. Но със Знанието, вие можете да притежавате неща на света, без да се отъждествявате с тях. Вие можете да ги получите и да ги отдадете в зависимост от това, което трябва да сторите. Така голямата тревога на света няма да ви въздейства, но силата на Знанието, която носите с вас ще въздейства на света. По този начин вие ще бъдете участници на света и светът ще бъде благословен.

Подмладете се със Знанието в дълбоките си практики днес и всеки час в спокойствие си напомнете за силата на Знанието, която носите с вас. Не позволявайте на някакви съмнения или неуверености да ви разубедят, защото тук съмненията и несигурността са напълно неестествени. Вие се учите да бъдете естествени, защото какво може да бъде по-естествено от това да бъдете себе си? И какво може да бъде повече ваше от Знанието само по себе си?

Упражнение 307: *Две 30 мин. практически сесии.*
Почасова практика.

Стъпка 308

ПРЕГОВОР

В дългата си практическа сесия днес, обобщете изминалите две седмици в съответствие с предишните ви инструкции. Това е много важна обобщителна сесия, защото ще прегледате призивите, които са ви дадени и ще обобщите също така ефикасността на задачата, която сте започнали като ученици на Знанието. Разкрийте страха от мистерията на живота ви през тези две седмици. Открийте дали сте направили опит да се впуснете отново в илюзията и фантазията. Открийте контраста в обучението, който е толкова съществен за вашето разбиране.

Обобщете това с обективност и състрадание. Знайте, че колебанието ви в живота трябва да бъде разбрано и ще продължи да проявява себе си с все по-намаляваща сила, колкото повече се доближавате до Знанието. Помнете, че Знанието е живот само по себе си и е истинската същност на живота. То е непроменливо и въпреки това, то постоянно проявява себе си чрез промяната. За да го изживеете, вие трябва да засилите участието си като ученици на Знанието, да помните, че сте начални ученици на Знанието и че не можете да разчитате на вашите предположения. Вие трябва да получите учебния план и да бъдете насочвани, за да го изпълните. По този начин ще бъдете предпазени от всички неправилни действия, от всички грешни разбирания и от евентуални грешки.

Това Обобщение е много важно, защото вие сте достигнали до повратна точка във вашето участие като Ученици на Знанието. Сега Знанието започва да проявява своята сила и вие чувствате неговата мощ. Вие започвате да разбирате неговата изключителна важност за вас. Вие, които в миналото сте били отчасти в живота, сега разбирате, че живота е напълно с вас и ще изисква да сте изцяло с него. Това е вашето изкупление и вашето спасение, защото тук всякакво разделение, страх и нещастие са прогонени. Какво бихте могли да загубите, за да получите такъв дар? Вие губите само фантазията си, която ви е преследвала, застрашавала и заплашвала. Но дори и фантазията ви ще има голяма цел със Знанието, защото нейното предназначение е да ви служи по различен начин.

НАПРАВЕТЕ ОБОБЩЕНИЕТО СИ ЗАДЪЛБОЧЕНО и откровено. Не се притеснявайте колко дълго ще продължи то. Не бихте могли да прекарвате по-добре времето си. Обобщете изминалите две седмици, за да можете да наблюдавате напредъка на Знанието във вас. Нуждаете се от това разбиране, за да можете да подкрепяте другите в бъдещето и в тяхното възстановяване на Знанието.

Упражнение 308: *Една дълга практическа сесия.*

Стъпка 309

Светът, който виждам се опитва да се превърне в единна общност

Светът, който виждате се опитва да се превърне в единна общност, защото това е неговата еволюция. Как може светът да еволюира, когато е разделен? Как може човечеството да напредне, когато се противопоставя на себе си? Как може светът да бъде в мир, когато една част от него се състезава с друга? Светът, който виждате е като съзнание във вас – противопоставяйки се на себе си, но без цел и значение. Светът, който виждате се опитва да се превърне в единна общност, защото всички светове, в които се е развил интелигентен живот трябва да станат една общност.

Как ще бъде постигнато това и кога ще бъде осъществено, е отвъд възможността ви да виждате в този момент, но като наблюдавате света без осъждане, вие ще откриете копнежа на всяка личност да участва в това начинание. Вие ще откриете желанието за прекратяване на разделението. Проблемите на света само илюстрират неговото затруднение и призовават за създаването на единна общност на света. Това е много очевидно, ако можете да наблюдавате внимателно. Както вие се превръщате в една личност и лекувате всички рани в себе си като ученици на Знанието, така и светът се стреми да се превърне в едно цяло и да излекува своите проблеми, вътрешните си конфликти и разделения. Защо е така? Защото Знанието е на света.

Като разкривате Знанието в себе си помнете, че Знанието е скрито във всяка личност и дори в своята потайност, то ви влияе и расте. Светът притежава Знание също така. Голяма част от неговото проявление е това, което вие наблюдавате. Така, като станете ученици на Знанието и сте в състояние да разпознаете обективно подготовката си, вие ще имате истински поглед върху еволюцията на света. Тук вашата отправна точка няма да бъде изопачена от лични преференции или страхове, защото еволюцията на света ще бъде много явна за вас. Еволюцията на света е очевидна за вашите Учители, които наблюдават света отвъд неговите граници. Но вие, които сте на света, вие, които чувствате неговото влияние и споделяте световните съмнения и несигурности, трябва да се научите да гледате на света също без ограничения.

Светът се опитва да се превърне в единна общност. Напомняйте си за това всеки час днес и в двете си дълбоки практики ангажирайте активно съзнанието си и се опитайте да разберете сегашната идея. Мислете за проблемите на света и за решенията, които са необходими. Мислете за конфликтите на света и за необходимостите, които трябва да се установят. Разберете, че ако някоя личност или група хора се противопоставят на тези решения и изисквания, това ще ги убеди да водят войни срещу света или срещу останалите. Конфликтите, които вие забелязвате са само опит за запазване на разделението. Но светът се опитва да се превърне в единна общност и без значение от съпротивата, той неумолимо ще опитва да стори това, защото това е неговата еволюция. Това е истинското желание на всички, които живеят тук, защото разделението трябва да бъде преодоляно и всичко нужно трябва да бъде отдадено. Това е вашата цел и целта на всички, които са дошли тук.

Спомнете си, че сте повикани и сте отговорили на истинската си цел. С времето и другите ще бъдат призовани и също ще откликнат. Това е неизбежно. Вие осъществявате неизбежното, което ще изисква големи усилия, време и много последователни стъпки. Знанието е вашия източник, то е и резултата. Следователно трябва да бъдете уверени в крайния резултат на вашите действия. Без значение от действията на света в неговата подготовка и трудности, той трябва да осъществи тази истинска цел. Така вие можете спокойно и уверено да продължите напред.

В дългите си медитативни сесии се опитайте да вникнете в днешната идея. Не бъдете безучастни, а използвайте активно ума си, защото това е неговото предназначение. Опитайте да разберете колебанието си относно превръщането на света в единна общност.

Опитайте да разпознаете страховете и тревогите си по този въпрос. Опитайте също да разберете желанието ви за единна общност и разбирането ви, че това е необходимо. Веднъж описали собствените си мисли и желания засягащи днешната идея, вие ще разберете и защо светът е в сегашното затруднение. Светът има определена съдба и определен курс, който да следва, но той се съмнява във всичко. Светът трябва да престане да се съмнява, както и вие се учите да го правите и вашите постижения ще съдействат за това голямо начинание, защото това е вашия принос към света.

Упражнение 309: *Две 30 мин. практически сесии.*
Почасова практика.

Стъпка 310

АЗ СЪМ СВОБОДЕН/СВОБОДНА, ЗАЩОТО ЖЕЛАЯ ДА ДАВАМ

Вие ще се освободите, ще бъдете завършени и възстановени завинаги, чрез приноса на истинските дарове за света. Вие, които посвещавате себе си на даване и изучавате на същността на вашия дар и на отговорността си на даващи, създавате основата на вашата свобода и осигурявате свободата си на света. Не се обезкуражавайте, че светът няма вашите ценности и не се учудвайте, че светът не споделя вашето посвещение, защото съществуват много други на този свят и отвъд него, които се подготвят като вас. Има много, които са осъществили вашата подготовка и които сега служат на света с цялото си сърце и душа.

Така вие сте част от голяма и учаща се общност. Това, което вие учите сега, целия свят трябва да учи някога, защото всеки трябва да възстанови своето Знание. Такава е Божията Воля. Ние се опитваме да съкратим времето, което е необходимо и да намалим трудностите, които ще възникнат. Ние разбира се знаем, че еволюцията трябва да се осъществи във всяка личност поотделно и в цялото човечество. Така Знанието се разширява, за да помага на еволюцията на живота и за да може животът да реализира и осъществи себе си. Този процес продължава във вас и на света. Вие, които възстановявате изучаването на Знанието, ще подкрепите Знанието. Така ще се превърнете в сила на доброто в света – сила, която разсейва съмнението, объркването и конфликта, сила на мира, сила на сигурността и сила на истинското сътрудничество и истинските връзки.

Помнете тази идея всеки час днес и в двете си дълбоки практически сесии активно използвайте ума си като мислите за това. Нека умът ви бъде полезен инструмент за изследване. Още веднъж прегледайте идеите и вярванията си, които са свързани с тази идея. Още веднъж разберете как съмнението продължава да граби от вдъхновението, от мотивацията, от куража и от връзките ви. Засилете процеса на обучението и поддръжката си, както и подкрепата за Знанието, за да можете да загърбите съмнението днес и да получите увереността, която е ваше наследство.

Упражнение 310: *Две 30 мин. практически сесии.*
Почасова практика.

Стъпка 311

Светът ме зове. Трябва да се готвя да му служа

Дошли сте да служите на света, но първо трябва да се готвите за това. Не можете да се обучавате сами, защото не знаете за какво да се готвите и не познавате методите на подготовка, които трябва да ви бъдат дадени. Вие дори не знаете, че трябва да се готвите и че трябва да следвате стъпките на подготовката, защото те са вече във вашето Знание.

Дошли сте да служите на света. Ако отхвърлите или пренебрегнете това, вие ще се объркате. Ако целта ви не е подкрепена и насочена, вие ще се почувствате отчуждени от себе си и ще попаднете в мрака на собствената си фантазия. Вие ще осъждате себе си и ще вярвате, че и Бог също така ви осъжда. Бог обаче не ви съди. Бог ви зове да познаете и да осъществите вашата цел.

Не позволявайте на амбицията да ви завладее преждевременно. Помнете, че сте ученици на Знанието. Вие следвате Знанието на света, защото се готвите да сте средство за неговия принос и получатели на неговите дарове. Това ще изисква ограничения от ваша страна. Това ще изисква вярност и придържане към голяма подготовка. Учениците само трябва да следват насоката на инструкциите. Учениците трябва само да вярват в силата на инструкторите си. Вашето Знание ще потвърди това и ще разсее вашата несигурност тук, защото вашето Знание се връща в своя Дом и при своя Източник. То се завръща там, където трябва да бъде. То отвръща на това, което трябва да осъществи на света.

Не мразете и не се съпротивлявайте на света, защото това е мястото, където ще реализирате вашата съдба. Така светът заслужава вашата благодарност и признателност. Също така помнете да уважавате силата на неговото объркване и неговите мотиви. Трябва да сте силни със Знанието и въпреки че оценявате света заради засилване на вашето решение за Знание, вие също трябва да отбележите объркването на света и да навлезете в него внимателно, с проницателност и последователност за Знание. Всичко това е важно и ние ще ви го напомняме и по-нататък, за да се учите на Мъдрост като ученици. Това е вашето желание за Знание и вашата възможност за Знание, които трябва да култивираме и които вие трябва да се учите да получавате.

Упражнение 311: *Четете този урок три пъти днес.*

Стъпка 312

Има по-големи проблеми на света, които трябва да реша

Много от личните ви проблеми ще бъдат решени, когато откликнете на великия повик. Към някои от тези проблеми, трябва да се отнасяте с повече внимание, но като се потопите в голямата панорама на живота ще видите, че тяхното бреме върху вас намалява. Вашето Знание се опитва да върши по-важни неща, но и не пренебрегва детайлите на това, което трябва да осъществите. Следователно малките детайли са големи, а малките настройки и големите такива са включени без изключение. Нищо не е оставено настрана. Вие самите не бихте могли да балансирате подготовката си в този аспект, защото не можете да знаете как да установите приоритетите си за това, кое е малко и кое е значимо. Опитите ви да сторите това, само ще ви объркат и ще ви направят безсилни.

Бъдете благодарни, че сте пощадени да опитате невъзможното за себе си, защото това, което е реално ви е дадено. Това, което се изисква от вас, е да станете ученици и средство за Знанието. Това ще активира личното ви развитие и образование. Това ще изисква повече от вас, отколкото сте изисквали вие самите и всичко, което то изисква, ще бъде осъществено и ще предаде истинското си обещание за вас.

Всеки час си напомняйте за това и не се съмнявайте, че има важна намеса, която ще ви освободи от личните ви страдания. В дълбоките си сесии днес, активно използвайте ума си, за да обобщите личните ви дребни проблеми. Обобщете всичко, за което си мислите, че ви задържа и всичко, което мислите, че можете да решите сами за себе си. Като наблюдавате всеки един проблем обективно и без отричане, помнете и си напомняйте, че ви е даден велик повик и той или ще поправи тези неща, или ще направи корекцията им ненужна. Напомняйте си, че Знанието ще осигури поправка на всички нива, когато животът ви стане постоянен и направляван, когато вашето Знание се покаже и когато истинското ви чувство за вашия Аз бъде разпознато и получено.

Упражнение 312: *Две 30 мин. практически сесии.*
Почасова практика.

Стъпка 313

Нека призная, че сложното е просто

Вие мислите, че личните ви проблеми са сложни. Вие мислите, че световните проблеми са сложни. Вие мислите, че бъдещето и съдбата ви са сложни. Това е, защото сте живели във фантазия и сте се опитвали да решите въпросите без увереност. Това е резултат от използването на личните ви вярвания за организиране на вселената в зависимост от вашия вкус. Това е резултат от опита ви в невъзможното и вашите провали в него.

Вие сте спасени, защото Знанието е във вас. Вие сте изкупени, защото се учите да получавате Знанието. Така всички конфликти ще бъдат решени и вие ще откриете истинската си цел, значение и посока в света. Вие ще откриете, че все още се опитвате да решавате проблемите за себе си и това ще ви напомня, че се нуждаете от Знанието да ви води, защото всичките ви усилия са напомняне, че се нуждаете от Знанието.

Следователно всеки час днес си напомняйте, че Знанието е с вас и че сте негови ученици. Бъдете уверени, че всички проблеми, които забелязвате – малки и големи в себе си и извън вас – ще бъдат решени със Знанието. Напомняйте си, че това не ви поставя в пасивна ситуация. Това ще изисква активното ви участие като ученици на Знанието и развитие на вашите способности за истинската цел. Разбира се, вие сте били пасивни преди, заради опитите ви в невъзможното и провалите ви в него. Сега ставате активни и активното във вас е Знанието, защото сега откривате Истинския си Аз.

В двете си дълги сесии се включете активно в днешната идея. Опитайте да проникнете в нейното значение. Обобщете всички идеи и вярвания, които имате и които са свързани с това. Опитайте да систематизирате мислите и вярванията си, за да можете да разпознаете работата, която трябва да бъде свършена във вас. Вие сте първите приематели на Знанието и когато стигнете до някакво ниво на развитие, Знанието естествено ще се лее от вас. Тогава вашите дейности ще бъдат изключително ангажирани в служба на света около вас и големите проблеми ще ви бъдат представени, за да можете да се предпазите от собствената си дилема.

Упражнение 313: *Две 30 мин. практически сесии.*
Почасова практика.

Стъпка 314

ДНЕС НЯМА ДА СЕ СТРАХУВАМ ДА СЛЕДВАМ

НЕ СЕ ПРИТЕСНЯВАЙТЕ ДА СЛЕДВАТЕ, защото вие сте последователи. Не се притеснявайте да бъдете ученици, защото вие сте ученици. Не се притеснявайте да учите, защото вие сте учащи се. Само приемете това, което сте и го използвайте за добро. Тук вие прекратявате войната срещу себе си, в която сте опитвали да бъдете нещо, което не сте. Учете се да приемате себе си и ще разберете, че сте приети. Учете се да обичате себе си и ще разберете, че сте обичани. Учете се да приемате себе си и ще разберете, че сте приети. Как да обичате, да приемате и признаете себе си? Като бъдете ученици на Знанието, защото с него всички тези постижения са естествени. Вие трябва да ги осъществите, за да бъдете със Знанието и Знанието ще ги осъществи. Така ви се дава обикновено средство, което да разреши вашата сложно изглеждаща дилема.

НЕ СЕ СЪМНЯВАЙТЕ В СИЛАТА НА ЗНАНИЕТО ВЪВ ВАС и това каквото може да осъществи, защото не можете да разберете значението на Знанието, извора на Знанието или неговия механизъм. Вие само можете да получите неговите дарове. Вие само трябва да получавате днес. Вие само трябва да бъдете получатели на Знанието.

ВСЕКИ ЧАС ДНЕС СИ СПОМНЯЙТЕ ЗА вашата идея и сериозно размишлявайте върху нея. Разберете многото възможности за практика днес, когато вашият ум е откъснат от фантазията и объркването. Разберете с колко много време и енергия разполагате. Ще бъдете учудени как ще се промени живота ви и колко големи възможности ще ви се разкрият.

В ДЪЛБОКИТЕ СИ ПРАКТИКИ ДНЕС, още веднъж се потопете в спокойствие. Още веднъж се отделете от превратностите и объркването на света. Още веднъж се усамотете в храма на

Знанието, за да отдадете себе си. Когато се отдадете, вие ще получите. В това отдаване, вие ще откриете това, което търсите този ден.

Упражнение 314: *Две 30 мин. практически сесии.*
Почасова практика.

Стъпка 315

Днес няма да съм сам/а

Не бъдете сами днес. Не се изолирайте с вашите страхове или с негативното си въображение. Не се изолирайте в своите фантазии. Не си мислете, че сте сами, защото това е фантазия. Не бъдете сами днес. Разберете, че тези, които са с вас, не са убедени от вашите грешки и не са обезсърчени от вашите неуспехи, а разпознават истинската ви природа и вашето Знание. Тези, които са с вас днес ви обичат без изключение. Приемете тяхната любов, защото това ще потвърди, че не сте сами и също така, че не желаете да сте сами. Защо бихте желали да сте сами освен, за да прикриете вашата болка, чувството ви на провал и чувството ви на вина? Нещата, които са резултат от вашето разделение само продължават да ви изолират.

Днес обаче, вие не сте сами. Следователно изберете да не сте сами и ще видите, че никога не сте били сами. Изберете да не се изолирате и ще видите, че вече сте част от живота. Потвърждавайте това всеки час и разберете възможностите да го правите през днешния ден. В дълбоките си медитативни практики започнете с изричане на днешното съобщение. След това се потопете в спокойствие и тишина, където няма разделение. Позволете си да получите великия дар на любовта, дар, който заслужавате, който премахва всяко чувство на празнота и недостойнство и който е само наследство от вашия разделен и въображаем свят. Днес вие не сте сами. Следователно има надежда за света.

Упражнение 315: *Две 30 мин. практически сесии.*
Почасова практика.

Стъпка 316

ДНЕС ЩЕ ВЯРВАМ НА НАЙ-ДЪЛБОКИТЕ СИ ВЛЕЧЕНИЯ

Най-дълбоките ви влечения водят началото си от Знанието. Когато умът ви се избистри от собствените си ограничения и когато живота ви се отвори за великия зов, който се показва за вас сега, тези по-дълбоки наклонности ще станат по-силни и по-очевидни, и вие ще можете да ги разпознавате по-лесно. Това ще изисква голяма вяра във вас, което разбира се ще бъде и голяма любов към вас самите. Като вярвате на дълбоките си влечения, като следвате Знанието и като бъдете ученици на Знанието, вие ще можете да възстановите отново любовта към вас самите и ще поставите Знанието на твърда основа, която светът не може да разклати.

Така вие сте изкупени в собствените си очи. Вие сте включени и имате връзка с живота. Така любовта ви към вас поражда любов към другите, защото тук няма неравенство. Вие сте възстановени и чрез вашето възстановяване Знанието започва да проявява себе си на света. Вие сте неговото основно наследство, но дори по-голямо от това, е неговото въздействие на света. Само чрез отдаването си, вие ще напомните на света, че това не е отнемане на надеждата, че света не е сам, че вие не сте сами, че другите не са сами и че всичките дълбоки чувства за надежда, истина и справедливост, които другите чувстват, не са без основание, а са породени от Знанието в тях. Така вие ще бъдете сила за потвърждение на света и сила, която също така потвърждава Знанието в другите.

Помнете вашата идея днес и се опитайте да използвате всички ситуации, с които се сблъсквате с цел възстановяване на Знанието. По този начин вие ще откриете, че целия ви живот може да бъде използван за упражнение. Когато това се осъществи всичко, което се случва ще ви служи и вие ще чувствате любов към света. Вашите дълбоки влечения ще говорят и ще окуражават дълбоките влечения в другите и така вие ще бъдете сила за Знанието на света.

В ДЪЛБОКИТЕ СИ МЕДИТАТИВНИ ПРАКТИКИ СЕ потопете в спокойствието на храма на Знанието във вас. Опитайте се да бъдете спокойни в него и само да чувствате силата на Знанието във вашия живот. Не задавайте въпроси, защото Знанието ще им отговори, когато се появи във вас. Бъдете отворени и търсете успокоение, комфорт, сила и сигурност. Ще изпитвате тези неща, защото те се излъчват от Знанието във вас. Нека това бъде ден на доверие във вас и следователно ден на любов към вас.

Упражнение 316: *Две 30 мин. практически сесии.*
Почасова практика.

Стъпка 317

Трябва да изоставя колебанието си, за да позная истината

Колко лесно е да знаете истината, когато истински я желаете. Колко лесно е да познаете колебанието и да видите разрушителния му ефект върху вашия живот. Колко лесно е да видите доказателствата от колебанието на света около вас и как то разклаща дълбоките влечения на всички, които живеят тук. Търсете изход от колебанието, защото то е объркване. Търсете изход от бремето на непрестанното вземане на решения и правенето на избори, защото това е тегло.

Мъжете и жените на Знанието не се обременяват и не обсъждат постоянно какво да сторят, как да живеят, кои са и къде отиват в живота си, защото тези неща се изясняват с всяка следваща крачка. По този начин голямата тежест, която носите на света е премахната от раменете ви. Така вие започвате да вярвате на себе си и на света. Тук спокойствието е възможно и осигурено дори за тези, които са действащи и активни, защото те носят спокойствие и искреност със себе си. Те са освободени сега и са в позиция да отдават напълно.

Напомняйте си за този урок всеки час днес и като наблюдавате света вижте ефекта и влиянието от колебанието. Разберете колко неспособно е то, как се излъчва и как подкрепя объркването. То е резултат от опита ви да оцените безсмисленото и да игнорирате смисленото. Тук незначителните неща се сравняват с ценните от тези, които ги възприемат. Разберете това, като наблюдавате света. Не пропускайте да се упражнявате всеки час днес, защото по този начин учите за важността на Знанието. То ще ви учи, че колебанието трябва да бъде преодоляно и че то е проклятието на объркването върху света.

В дълбоките си практически сесии, изоставете колебанието си и отново се потопете в храма на Знанието и в истинската си същност. Това е ден на свободата. Това е ден за разбиране на вашата дилема и за проумяване, че всичко е във вашите ръце. Продължете напред уверено, защото днес можете да изоставите колебанието.

Упражнение 317:   *Две 30 мин. практически сесии.*
                  Почасова практика.

Стъпка 318

ВЕЛИКА СИЛА ДЕЙСТВА НА СВЕТА

ВЕЛИКА СИЛА ДЕЙСТВА НА СВЕТА, ВЪВ ВАШИЯ ЖИВОТ И в живота на всички, които живеят тук. Дори ако по-голяма част от жителите на този свят още не са готови да възстановят Знанието, Знанието е в тях и им въздейства – въздействие, което им влияе в някои случаи и което те ще игнорират в много други случаи. Когато обаче се превърнете в приематели и представители на Знанието и когато станете средство за проявлението на Знанието на света, вие ще имате силата да активирате и да въздействате върху всички, които се нуждаят да получат Знанието в себе си. По този начин всичко, което вършите, малко и значимо е благословия за света. Вие, които се учите да изоставяте самообвиненията ще видите ефикасността на Вътрешния си Водач, който излива своята животворна сила на света. Така се превръщате в част от добрата сила, която служи на Великата Сила на света.

СВЕТЪТ ДЕМОНСТРИРА ГРЕШКИ ВНУШИТЕЛНО И с размах, но тези грешки са уравновесени от присъствието на Великата Сила на света. Без тази Велика Сила, човечеството не би могло да се развие до такава степен. Без тази Сила всичко, което е добро във вашите проявления, всичко, което е служило и вдъхновявало хората и е говорило за величието на Знанието директно или индиректно, не би могло да се случи. Великата Сила на света е позволила на еволюцията на човечеството да продължи и е запазила Знанието живо на света посредством личности като вас, които чрез искрата на своето Знание са повикани за подготовка, за да може да бъде възстановено, проявено и опазено Знанието на света.

СЛЕДОВАТЕЛНО ИМАЙТЕ НАДЕЖДА, ЗАЩОТО ВЕЛИКАТА СИЛА Е на света. Не си мислете обаче, че това трябва да ви прави пасивни. Не си мислете, че то премахва отговорността от вашите рамене, тази отговорност, която винаги съпътства възстановяването на Знанието. Великата Сила на света изисква от вас да бъдете подготвени, за да я получите и отдадете. Вашият глас е неин глас;

вашите ръце, са нейни ръце; вашите очи, са нейни очи; вашите уши, са нейни уши; вашето движение, е нейно движение. Тя разчита на вашата подготовка и на вашата демонстрация, както и вие разчитате на нея за сигурност, цел, значение и насока. Така чрез вашето доверие в Знанието и доверието на Знанието във вас, вашият съюз със Знанието е завършен.

ВСЕКИ ЧАС СИ НАПОМНЯЙТЕ, ЧЕ на света действа Велика Сила. Мислете за това, като наблюдавате колебанието и грешките на света. Мислете за това, като наблюдавате великолепието и вдъхновяващото проявление на света. Ако наблюдавате без осъждане, ще видите изумителното присъствие на Знанието и това ще ви направи по-уверени.

В ДВЕТЕ СИ ДЪЛБОКИ МЕДИТАТИВНИ ПРАКТИКИ СЕ ПОТОПЕТЕ ОТНОВО ВЪВ ВАШИЯ ХРАМ, където отдавате себе си на Великата Сила, която е на света и във вас. Успокойте ума си, за да можете да получите и да изживеете тази Велика Сила в живота си. Така вие се учите да получавате това, което получава вас. Така се учите да разпознавате това, което получава света и което дава на света само истинска надежда.

Упражнение 318: *Две 30 мин. практически сесии.*
Почасова практика.

Стъпка 319

Защо да се страхувам, когато Великата Сила е на света

Когато попаднете в мрака на страха, вие се отдръпвате от Знанието и отивате в мрака на илюзията. Когато попаднете в мрака на своя страх, вие отхвърляте реалността на Великата Сила на света и губите нейното благотворно влияние върху вас. Когато попаднете в мрака на страха си, вие следвате учението на страха, който яростно ръководи света. Вие се превръщате в ученици на страха. Вие се отдавате на ръководството на страха. Разберете това и ще установите, че то не трябва да се случва, че имате силата да пренасочите обучението си и че можете отново да започнете истинска подготовка.

Мислете сериозно за това днес. Защо да се страхувате, когато Великата Сила е на света? Тази Сила, която вие се учите да получавате, е източника на вашето изкупление. Какво бихте могли да загубите, когато този източник бъде разпознат, когато се научите да сте във връзка с него и когато му служите и му разрешавате да ви служи? Какво може да ви отнеме света, когато източникът на Знанието е с вас? Какво може да стори света със себе си, когато източникът на Знанието е на света?

Това съзнание ви зове да се посветите напълно на света и да служите изцяло на Знанието. Това е зов за пълното ви участие в приноса ви към другите, защото сте средство за Великата Сила на света. В това активно участие, вие разбирате също така, че е само въпрос на време, докато всички съзнания се пробудят за светлината на Знанието в себе си. Това може да отнеме много дълго време, но времето е във вас и трябва да продължите с търпение и увереност, защото какво друго може да разклати основите на подготовката ви и на вашия принос, освен съмнението във вас самите и вашия страх? Какво може да ви разубеди да продължите с увереност и пълно отдаване, освен съмнението в съществуването на Знанието на света?

Следователно, когато усетите, че се страхувате днес, се упражнявайте да разпознавате Великата Сила на света. Използвайте това познание, за да премахнете страха от себе си, като си напомняте, че Великата Сила е на света и във вашия свят. Трябва да разберете, че подготовката ви изисква отбягване на страха и мрака стъпка по стъпка и приближаване към светлината и истината. Тези две действия ще потвърдят вашата природа и няма да предадат нищо, което е реално във вас или в света.

Като наблюдавате света и себе си без осъждане, вие ще видите дейността на Великата Сила. Това ще възстанови щастието ви, защото вие ще установите, че сте донесли Древния си Дом с вас и той е тук. Това ще отхвърли бремето на страха, потисничеството и объркването от колебанието на ума ви. Тогава ще си спомните защо сте дошли и ще посветите живота си на отдаване на това, което сте дошли да отдадете. Тогава вашия живот ще бъде изявление на щастието и на включването, и всички, които ви видят ще си спомнят, че те също са дошли от Древния ви Дом.

Упражнение 319: *Две 30 мин. практически сесии.*
Почасова практика.

Стъпка 320

АЗ СЪМ СВОБОДЕН/СВОБОДНА ДА РАБОТЯ НА СВЕТА

Когато светът не ви потиска, вие сте свободни да работите в него. Когато светът не ви заплашва, вие сте свободни да работите на света. Когато разпознаете, че светът е мястото, което ви зове да отдадете своя принос, вие сте свободни да работите на света. Така колкото по-голямо е изживяването на Знанието в живота ви, толкова по-свободни сте да работите на света. И вие ще работите и дейността ви ще бъде много по-ефективна, много по-приятна и много по-цялостна от всичко, което сте вършили до сега. В миналото светът ви е плашел, разгневявал и депресирал. Следователно предишните ви действия на света са били ограничавани от тези въздействия. Вие сте се колебаели защо сте на света, защото сте се страхували от него. Вие между другото сте търсили утеха в духовни неща, но истинската ви духовна същност ще ви пренасочи и ще ви върне обратно в него с голяма сила, увереност и цел, защото сте дошли да бъдете на света.

Когато разберете това, вие още веднъж ще вникнете в значението на Знанието. Още веднъж ще потвърдите колко много желаете да дадете на света и колко болезнено е за вас, когато това отдаване е осуетено или затруднено. Вие сте дошли да работите на света и желаете да правите това, и когато напуснете, ще си отидете след като сте отдали своите дарове и сте представили всичко, което е трябвало да представите. Вие нямате нищо друго, което да отнесете с вас в Древния си Дом, освен възстановените ви връзки. С това разбиране вие ще сте свободни да бъдете на света.

Всеки час повтаряйте днешната идея и разберете, че без значение колко още се колебаете да бъдете на света, вашето колебание е причинено и е прославено от собствените ви смущения и страхове. Помнете това всеки час, за да можете да учите важния урок, който ви се преподава днес, важния закон, че сте свободни да бъдете на света. Тук вие носите Древния си Дом с вас. Тук вие няма да се опитвате да напуснете света, само защото той ви стряска, заплашва или депресира.

Вие сте тук, за да давате на света, защото Знанието е по-велико от него – светът е само временно място, където Знанието е временно забравено. Така ще разберете това, което дава и получава, това, което е голямо и малко. Сега работата ви на света може да получи пълното ви внимание и отдаване. Така физическия ви живот може да бъде съдържателен, целенасочен и напълно стойностен.

В двете си медитативни практики днес, запалете отново пламъка на Знанието във вас, като се потопите във вашия храм. Помнете да бъдете спокойни. Помнете да отдавате себе си на практиката. Това е работата, която трябва да се свърши. Така работата ви на света ще може да изрази себе си, а вие, които сте на света, ще бъдете свободни да изразите себе си и ще сте уверени и спокойни, че Древния ви Дом е с вас.

Упражнение 320: *Две 30 мин. практически сесии.*
Почасова практика.

Стъпка 321

Светът очаква моя принос

Светът наистина очаква вашия принос, но помнете, че този принос се проявява във всичко, което правите, независимо дали е малко или голямо. Така че не си отреждайте грандиозни роли, в противен случай ще ви бъде изключително трудно. Това не е пътя на Знанието. Знанието ще се прояви във всички ваши дейности, защото то е присъствие, което носите в себе си. Когато съзнанието и живота ви се освободят от конфликта, това присъствие ще се прояви с нарастваща сила чрез вас и вие ще наблюдавате Знанието в действие, както във вас, така и във вашия живот. Така ще започнете да разбирате какво означава да донесете Знанието на света.

Вашата фантазия рисува грандиозни картини и опустошителни кошмари за вас. Това не е в хармония с живота, а преувеличаване на надеждите и страховете ви. Това преувеличава чувството и най-вече оценката ви за вас самите. Когато Знанието пренасочи фантазията ви, тя ще започне да действа по напълно нов начин. Тя ще служи на напълно нова цел. Тогава ще бъдете свободни и фантазията няма да ви подведе.

Светът ви зове. Вие се подготвяте за това сега. В тази негова голяма нужда ще откриете възможност за голямо съдействие от ваша страна. Винаги помнете, че съдействието ви се отдава от само себе си и желанието ви да давате, е ваше желание за даване. Вашето желание да превърнете живота си в средство на проявлението, е желание да направите живота си свободен от конфликти и колебания. Желанието ви да давате, е желание да бъдете свободни и завършени. Това е вашето желание – да бъде живота ви средство за Знанието.

Вашата задача е голяма, но не толкова, колкото фантазията ви може да обрисува, защото задачата ви е да усъвършенствате вашето средство, за да може Знанието свободно да се прояви. Не е нужно да се чудите и да фантазирате как ще стане това, защото то е сторено днес и ще се осъществи утре. Като следвате стъпките на вашата подготовка и отидете отвъд нея, вие ще разберете нуждата да следвате стъпките както са дадени.

Напомняйте си всеки час за вашия урок и не забравяйте да сторите това. Наблюдавайте света и разберете, че той ви зове да допринасяте. В дълбоките си медитации се потопете отново в храма на спокойствието и приемствеността. Правейки това се опитайте да разберете, че Знанието желае да се превърнете в негово транспортно средство. То се нуждае да бъдете негов получател. То желае да се прояви чрез вас. По този начин вие и Знанието се осъществявате заедно.

Всеки час в дълбоките си медитативни сесии днес разберете значението на вашата роля. Осъзнайте също така, че цялата истинска помощ ви е предоставена, за да се подготвите и ще остане с вас във вашия принос, докато се учите да изразявате Знанието и да позволявате на Знанието да се изразява чрез вас.

Упражнение 321: *Две 30 мин. практически сесии.*
Почасова практика.

Стъпка 322

ПРЕГОВОР

Нека да обобщим изминалите две седмици на подготовка. Още веднъж прегледайте всяка стъпка, четейки внимателно инструкциите и връщайки се към вашата практика в този ден. Продължете напред за всеки следващ ден през тези две седмици. Бъдете обективни и преценете къде практиката ви може да се задълбочи или да бъде по-съзнателна. Преценете как все още позволявате на света да ви завладее и как трябва да бъдете по-уверени и по-решителни. Правете това обективно. Осъждането само ще ви обезкуражи и ще доведе до прекъсване на вашето участие, защото осъждането е само решение да не участвате и оправдание за неучастие.

Следователно не свиквайте с този навик, а разгледайте участието си обективно. Така ще научите как да се подготвяте и как да се държите в живота. Трябва да изберете да участвате и да задълбочите участието си. Всяко решение, което правите в името на Знанието, е подкрепено от решенията на всички, които вземат същите решения и от силата на присъствието на вашите Учители, които са с вас. Така решението ви за Знание, когато и да е взето, е подкрепено от присъствието на всички, които практикуват с вас и от присъствието на Духовните ви Учители. Това е напълно достатъчно за преодоляването на всякакви пречки, които наблюдавате в себе си или в света.

Силата на решенията ви е дадена. Тук тази сила трябва да разкрие обективно вашето участие и къде то може да се задълбочи и усили. Вземете решение в следващите две седмици на практика да продължите да правите това, което сте разбрали, че е необходимо да правите в този ден. Тук вие ще действате изцяло във ваша полза и прилагането на силата ви ще бъде в услуга на Знанието, защото се готвите да получите Знанието. Така волята и решителността ви са потвърдени, защото те служат на голямо добро.

Упражнение 322: *Една дълга практическа сесия.*

Стъпка 323

Моята роля на света е прекалено важна, за да бъде пренебрегвана

Ролята ви на света е прекалено важна, за да бъде пренебрегвана. Следователно не я пренебрегвайте днес. Продължете решението, което ви беше дадено във вчерашното Обобщение. Продължете това, което трябва да вършите, за да задълбочите практиката си, да я приложите, да използвате знанията и опита си на света за практика, да носите практиката си на света и да позволите на света да подкрепи практиката ви. Не пренебрегвайте това, защото ако го сторите, вие ще пренебрегнете себе си, вашата увереност, вашата реализация и вашето щастие.

Не пренебрегвайте подготовката, която се осъществява сега. Вие укрепвате всеки ден и по този начин поддържате Знанието всеки ден. Вие поддържате вашето участие в живота. Разбира се дори във вашата подготовка сега, вие преподавате Знание и засилвате Знанието на света. Вие между другото още не можете да забележите това, но с времето то ще стане толкова очевидно за вас, че ще го оценявате всеки момент, на всяка среща, с всяка мисъл и всяка глътка въздух. Вие ще оценявате всяко изживяване в живота си, защото ще бъдете съзнателни и ще разберете, че във всеки момент можете да проявите Знанието и да изживеете Знанието, което проявява себе си.

Спомнете си за това всеки час. Правете това в началото на деня и в началото на всеки следващ ден, за да използвате стъпките си колкото е възможно по-пълно. В двете си практически сесии се потопете отново в спокойствие, за да опресните и освежите ума си. Засилвайте способностите и решителността си, за да позволите на ума си да бъде спокоен и приемащ. Това трябва да укрепвате всеки ден, защото то е част от практиката ви. Така трябва да отдавате себе си всеки ден, защото така отдавате себе си на света.

Упражнение 323: *Две 30 мин. практически сесии.*
Почасова практика.

Стъпка 324

ДНЕС НЯМА ДА СЪДЯ ДРУГИТЕ

Отново практикувайте утвърждаването на тази идея. Прилагайте я в ежедневието си. Утвърждавайте разбирането си, че Знанието е с вас и не изисква осъждането и оценката ви.

Днес не съдете другите. Учете се да виждате. Учете се да чувате. Учете се да гледате. Няма някой на света, който да не ви даде нещо ценно и полезно, ако не го съдите. Няма хора на света, които чрез грешките и постиженията си да не потвърдят значението на Знанието и да не могат да демонстрират неговата нужда за света. Така всички, които обичате и които презирате, ви предлагат дарове с равна стойност. Тези, за които си мислите, че са добродетелни и тези, за които си мислите, че не са целомъдрени и чисти предлагат това, което е основно и важно за вас. Светът наистина демонстрира това, което тази подготовка осигурява за вас, ако го наблюдавате без осъждане и укори. Колкото съдите другите, толкова ще съдите и себе си. Не трябва да съдите себе си, затова не съдете другите.

Спомняйте си за това всеки час. Не пренебрегвайте упражненията си днес, защото те са важни за вашето щастие. Те са важни също така за благосъстоянието и за напредъка на света. В дълбоките си практически сесии, се потопете отново в спокойствие. Отдайте себе си на практиката. Отдайте себе си и когато го сторите, ще почувствате вашата сила. Така силата на решенията е във вашите ръце. Като правите това, тя ще стане по-могъща и по-ефективна в премахване на всичко, което стои на пътя и. Помнете, че сте ученици на Знанието и учениците трябва да се упражняват, за да напреднат и да продължат напред. Не съдете другите днес и ще продължите напред в истината.

Упражнение 324: *Две 30 мин. практически сесии.*
Почасова практика.

Стъпка 325

Светът се присъединява към Великата Общност на Световете. Затова трябва да бъда внимателен

Светът се присъединява към Великата Общност на Световете. Как ще разберете това, ако сте прекалено ангажирани със собствените си грижи, надежди и амбиции? Как ще видите какво се случва на света? Как ще видите силите, които въздействат върху вътрешния ви живот и ръководят дейностите ви толкова силно? Част от това да сте силни със Знанието, е да бъдете внимателни. Вие можете да бъдете внимателни, ако съзнанието ви не е прекалено ангажирано със собствените ви представи и фантазии.

Светът се подготвя за присъединяването си към Великата Общност на Световете и това е в основата на неговата еволюция и на неговия напредък. Това е причината за конфликта на света, защото тези, които се противопоставят на еволюцията на света, ще се борят против нея. Тези, които желаят напредъка на света да продължи, ще се опитат да увеличат доброто в човечеството и чувството, че човечеството е една общност, която трябва да подхранва и подкрепя себе си отвъд всякакви разделения на раси, народи, религии, култури и племена. Така вие, които се превръщате в представители и получатели на Знанието, ще укрепвате мира, обединението, разбирателството и състраданието на света. Всичко това е част от подготовката на света за присъединяването му към Великата Общност на Световете, защото това представлява еволюцията на света. Това представлява Знанието на света.

Знанието на света не насърчава конфликта по никакъв начин. То не съдейства на омразата или разделението. То не съдейства на нищо, което причинява разногласия и разкол или е жестоко и разрушително. То е колективно изживяване на Знанието на света, което движи човечеството напред към обединение и съюз. Поради това, че светът е част от Великата Общност, той се движи към съюз и обединение, защото това е неговата еволюция и защото откликва на Великата Общност, част от която е и той. Не можете да знаете значението на тази идея, докато не сте присъстващи на света и не можете да знаете за значението и за вас, които сте дошли да служите на това присъединяване, докато не станете присъстващи и внимателни към себе си.

СПОМНЕТЕ СИ ОЩЕ ВЕДНЪЖ, че може да загубите контакт със себе си само, ако се потопите отново във въображение или фантазия, защото това е единствената алтернатива да бъдете внимателни към себе си и вашия свят. Събудете се от мечтите си и бъдете внимателни. Спомнете си всеки час да гледате на света без осъждане и ще видите, че светът се опитва да се превърне в единна общност, защото се стреми да се развива във Великата Общност. Великата Общност е общност, която призовава човечеството да се присъедини и да участва. Не можете да разберете този механизъм, защото той е много по-голям от това, което можете да видите и от мисловния ви капацитет, въпреки че движението му е очевидно, ако сте наблюдателни.

ВСЕКИ ЧАС В ДЪЛБОКИТЕ ви медитативни практики, активно ангажирайте ума си в разглеждането на тази идея. Днешната практика не е упражнение на спокойствие, а на активно и полезно включване на ума ви. Обмислете отговора си на днешната идея. Наблюдавайте мислите си за и против нея. Наблюдавайте своите тревоги, специално засягащи света превръщащ се в единна общност и неговото приобщаване и подготовка за Великата Общност. Отбелязвайте тези неща, защото така ще разберете това, което подкрепя вашето развитие и това, което го отхвърля. Като се научите да наблюдавате тези неща обективно и без осъждане, вие ще разберете защо светът е в конфликт. Ще разберете това и няма да наблюдавате с омраза, злоба или завист. Вие ще наблюдавате с разбиране и състрадание. Това ще ви учи как да се учите да работите на света, за да осъществите целта си тук.

Упражнение 325: *Две 30 мин. практически сесии.*
Почасова практика.

Стъпка 326

ВЕЛИКАТА ОБЩНОСТ Е НЕЩО, КОЕТО МОГА ДА ПОЧУВСТВАМ, НО НЕ МОГА ДА РАЗБЕРА

Как можете да разберете Великата Общност, когато едва разбирате общността, в която живеете, народът, с който живеете и светът, в който живеете? Вие трябва само да разберете, че съществува по-голяма общност и че тя е по-широк контекст, в който животът изразява себе си. Когато човечеството се опита да се превърне в една общност и когато вие се опитате да бъдете една личност, а не много личности, тогава ще разберете, че се присъединявате към светът като голяма личност и светът се присъединява към Великата Общност като голяма общност. Тук всеки индивид търси общност, защото в общността той намира истинското си проявление, истинското си отдаване и истинската си роля. Това е истина както за вас, така и за света.

Можете да почувствате това. То е толкова очевидно. Можете да знаете това, защото тази идея е родена в Знанието. Не се обременявайте с опити да разберете всичко това, защото не е нужно да го разбирате. Знайте и чувствайте. Като правите това, вашето разбиране ще расте естествено. То няма да бъде породено от вашата фантазия или идеализъм, а от Знанието и опита. Така то ще бъде с вас, ще ви служи и ще направи живота ви по-истински и по-ефективен.

Помнете, че ще разберете когато продължите, защото разбирането е породено от закъсняла преценка след събитието и от истинско приложение. Бъдете уверени, че разбирането ви ще расте с увеличаване на участието ви. Не е нужно да разбирате вселената, а трябва да я изживявате. Трябва да я чувствате във вас и около вас. Трябва да гледате на себе си като на една личност, да видите света като една общност и да видите вселената като една Велика Общност, която се опитва да обедини себе си също така. Така работи Знанието във всички арени и участва на всички нива – във всяка личност, във всяка общност, на всеки и между всеки свят и във вселената като цяло. Ето защо, Знанието е толкова велико и не можете да го разберете, въпреки че го носите във вас.

Оттук вие бихте могли да изживеете Великата Общност и да не се раздвоявате в опити да я разберете. Разбирането се появява, когато има участие. Напомняйте си за днешната идея всеки час и в дълбоките си практически сесии опитайте още веднъж да мислите активно за значението на днешния урок. Приложете го към изживяването си. Приложете го към вашето изживяване на света. Разберете тези мисли, които го одобряват и тези, които са против него. Разберете вдъхновението и надеждата, които то ви дава и разберете за грижите, които може да събуди. Сложете в ред мислите и изживяванията си засягащи днешната идея, но не я осъждайте, защото тя се излъчва от Знанието. Тя е предназначена да ви освободи от безсилието на собствената ви фантазия. Тя е предназначена да освободи вас и света също така.

Днес използвайте ума и тялото си, за да бъдете ученици на Знанието. По този начин ще се научите да разбирате значението за себе си, за вашия свят и за Великата Общност на Световете.

Упражнение 326: *Две 30 мин. практически сесии.*
Почасова практика.

Стъпка 327

ДНЕС ЩЕ БЪДА СПОКОЕН

МОЖЕТЕ ДА БЪДЕТЕ СПОКОЙНИ ДНЕС, дори когато обмисляте големи неща за света и отвъд него. Можете да сте спокойни днес, дори когато посрещате предизвикателството от превръщането ви в ученици на Знанието и предизвикателството да наблюдавате света обективно. Възможно ли е да бъдете толкова активни и да имате такива предизвикателства, и въпреки това да бъдете спокойни? Възможно е заради Знанието във вас. Като носите Знанието с вас, се опитайте да го почувствате в себе си и ще бъдете спокойни, докато външно може да бъдете много ангажирани. Няма противоречие между спокойствие и движение, между вътрешно спокойствие и външна дейност. Въпреки че светът е трудно и разочароващо място, той е естествения получател на Знанието. Неговите трудности и разочарования не трябва да влияят върху вътрешния ви свят, който става все по-обединен и по-хармоничен.

ВСЕКИ ЧАС СИ НАПОМНЯЙТЕ ДА СТЕ СПОКОЙНИ, докато сте на света. Оставете страха и грижите, и засилете верността си към Знанието, както и го правите. В дълбоките си практически сесии, когато се оттеглите от света, запалете отново искрата на Знанието и се потопете удобно в неговото сърдечно присъствие. Разберете, че този огън ще погълне всички нереални и вредни неща. Огънят на Знанието няма да ви изгори, а ще стопли душата ви. Не трябва да се страхувате, че той ще ви нарани или ще ви причини болка. Той ще ви пречисти и измие, защото е пламъка на любовта. Бъдете спокойни днес, защото това е ден на спокойствие и спокойствието ви е дадено днес да го получите.

Упражнение 327: *Две 30 мин. практически сесии.*
Почасова практика.

Стъпка 328

ДНЕС ЩЕ ПОЧЕТА ТЕЗИ, КОИТО СА МИ ДАВАЛИ

ОЩЕ ВЕДНЪЖ ЩЕ ПОВТОРИМ ТОЗИ УРОК, който да затвърди реалността на любовта и даването на света. Вашите идеи за даването са далеч по-ограничени и незначителни. Те ще трябва да бъдат разширени, за да можете да разпознаете степента на даване в света.

ВСЕКИ ЧАС СИ СПОМНЯЙТЕ ТЕЗИ, които са ви давали. Спомняйте си не само за тях, но и за тези, които чувствате, че са ви наранили, тези, които са ви отхвърляли или са стояли на пътя ви. Спомнете си за тях, защото те също са ви дали нещо. Те са ви дали повод да си спомните, че Знанието е необходимо и са ви демонстрирали живот без Знание. Те са ви показвали, че Знанието се опитва да се покаже в тях също така. Без значение дали приемат или отхвърлят това появяване, то съществува и проявява себе си.

ВИЕ НАПРЕДВАТЕ, ЗАЩОТО другите са ви показали своето вдъхновение и своите грешки – приемането и отхвърлянето на Знанието. Ако нямаше отхвърляне на Знанието на света, вие не бихте могли да учите тук. Вие не бихте могли да разберете важността на Знанието. Контрастът в учението ще ви учи кое е ценно и кое не и ще ви учи също така да бъдете търпеливи и обичащи. Разбирането на това, ще ви позволи да служите на света.

ВСЕКИ ЧАС РАЗБИРАЙТЕ КОЙ ВИ ДАВА В МОМЕНТА И в миналото. По този начин, това ще бъде ден на благодарност и признателност за вас. Вие ще разберете колко важна е вашата подготовка и колко много индивиди са отдали себе си, за да ви служат и за да можете да започнете тази подготовка.

В ДВЕТЕ СИ МЕДИТАТИВНИ СЕСИИ ПОВТАРЯЙТЕ днешната идея и позволете на всяка личност, която очаква да бъде благословена и призната, да изплува в съзнанието ви. Като правите това, всички личности, които се нуждаят, ще ви се представят. Открийте как те са ви служили и им благодарете за това. Благодарете им, че са ви помогнали да разберете нуждата от Знание. Благодарете им затова, че са ви показали, че няма алтернатива на Знанието. И им благодарете, че са засилили участието ви в Знанието. Благословете всеки от тях и позволете на следващия да се появи в ума ви. По този начин вие благославяте всички, които са били част от живота ви и са в живота ви днес. Така ще се научите да оценявате миналото си и да не го осъждате. Така любовта ще се появи естествено от вас, защото любовта трябва да се зароди от благодарността, а благодарността трябва да се породи от истинското признание. Истинското признание е нещото, което ще упражнявате днес.

Упражнение 328: *Две 30 мин. практически сесии.*
Почасова практика.

Стъпка 329

ДНЕС СЪМ СВОБОДЕН ДА ОБИЧАМ СВЕТА

Само свободните могат да обичат света, защото само свободните могат да дават на света. Само те могат напълно да разпознаят нуждите на света и собствения си принос. Само свободните могат да обичат света, защото само те могат да видят, че света ги подкрепя и им служи като им позволява да бъдат свободни и да отдават на света. Понеже светът толкова копнее за вашия принос, той е отдал себе си за вашата подготовка, за да можете да се учите да дарявате. Това е подкрепено от истината, която съществува на света и от отхвърлянето на истината, която съществува на света.

Светът служи на възраждането на Знанието по всякакъв начин. Въпреки че светът се противопоставя на Знанието и въпреки че привидно го отхвърля и атакува, вие ще разберете, че той всъщност служи на Знанието. Как може нещо да се сравни със Знанието? Как може нещо да отхвърля Знанието? Всичко, което отхвърля Знанието, само го зове да дойде. Тези, които са объркани и в мрак, отчаяно молят за облекчение и утеха, въпреки че не осъзнават собственото си състояние. Тези, които са със Знанието могат да схванат това и да се учат как да служат на тези личности, на всички личности и на света като цяло чрез Мъдростта.

Всеки час днес си напомняйте, че ако сте свободни ще можете да обичате света. Като се научите да го обичате, ще станете свободни, защото вие сте на този свят и представяте това, което носите с вас от Древния ви Дом, въпреки че не сте от този свят. Колко обикновено и ясно е това със Знанието и в същото време, колко трудно е да се улови, когато сте потопени в собственото си въображение и се забавлявате със собствените си идеи. Затова се упражнявате – за да можете да потвърдите това, което е естествено и да избегнете това, което не е естествено за вас.

В ДЪЛБОКИТЕ СИ МЕДИТАТИВНИ ПРАКТИКИ още веднъж в спокойствие и приемственост получете свободата, която идва във вас. Спокойният ум е освободен от оковите. Той ще се разшири естествено и така естествено ще прояви това, което е естествено за него. В дълбоките си практики се упражнявайте на получаване, а в почасовите си практики се упражнявайте на даване. Вие сте свободни да обичате светът днес и той се нуждае от вашата свобода, защото се нуждае от любовта ви.

Упражнение 329: *Две 30 мин. практически сесии.*
Почасова практика.

Стъпка 330

Няма да пренебрегвам малките неща в живота си

Още веднъж потвърждаваме идеята да не пренебрегвате обикновените практически задачи, които ви позволяват да бъдете ученици на Знанието. Помнете да не се опитвате да избягате от света, а да се трудите, за да станете силни в него. Следователно не пренебрегвайте тези малки неща, които ви дават свободата да бъдете ученици на Знанието. Така всичките ви дейности, дори най-ежедневните и повтарящите се, могат да бъдат форма на служба и съдействие. По този начин, всички малки неща, въпреки че са обикновени и повтарящи се могат да служат на света, защото представляват вашето почитане на Истинския ви Аз. Това е Аза, който съществува във всички личности, Аза, който съществува в света и Аза, който съществува във Великата Общност на Световете.

Бъдете внимателни с малките неща, които вършите днес и не ги пренебрегвайте. Ако не се страхувате от тях, няма да им се противите. Ако не им се противите, ще можете да присъствате в тях и когато присъствате в тях, ще им се отдадете. Така Знанието ще прояви себе си във всички дейности и ще бъде изучавано и заздравено в тях. Светът се нуждае от тази демонстрация, защото светът мисли че Бог, любовта, истинската сила и вдъхновението съществуват само в идеални условия и ситуации. Светът не разбира, че Бог проявява себе си навсякъде и че Знанието проявява себе си навсякъде и във всичко.

Когато започнете да разбирате тази голяма истина, вие ще виждате присъствието на Знанието във всички неща. Вие ще виждате Знанието на света. Вие ще виждате Знанието в себе си. Това ще ви даде пълна увереност в собственото ви участие и във вашата служба към Знанието. Тогава ще разберете, че спестявате време на света за неговото развитие, напредък и спасение. Това е много важно за вашето самочувствие. Но то дори е по-важно за вас, за да разберете величието на Знанието и величието, което ще изпитате в себе си, когато се научите да го получавате.

Всеки час си спомняйте за днешната идея и я прилагайте, за да сте съзнателни. В двете си дълбоки медитативни сесии се потопете отново в спокойствие, за да подсилите пламъка на изживяването на Знанието и за да може този пламък да пречисти и отмие ума ви и да го освободи от всички задръжки. По този начин вие ще можете да сте на света по-пълно и няма да пренебрегвате малките неща.

Упражнение 330: *Две 30 мин. практически сесии.*
Почасова практика.

Стъпка 331

МАЛКОТО ИЗРАЗЯВА ГОЛЯМОТО

Погледнете природата около вас. Наблюдавайте малките същества и се опитайте да разберете мистерията на тяхното съществуване, чудото на техния физически механизъм и истината за тяхното тотално включване в природата. Най-малкото същество, може да прояви най-голямата истина. Най-обикновеното нещо, може да прояви силата на вселената. Проявява ли малкото същество и по-малка ли е неговата роля от голямото и велико същество? Използвайки тази аналогия разберете, че малката дейност, може да включва най-голямото обучение. Разберете, че най-обикновената дума и най-обикновения жест могат да изразят най-дълбокото чувство и емоция. Разберете, че най-обикновеното нещо може да помогне на вашата практика и да потвърди присъствието на Знанието във вас.

Когато станете присъстващи, вие ще бъдете очевидци на мистерията на живота във всички неща. Колко невероятно ще бъде това за вас, вие, които се събуждате от дълбокия сън на собствената си фантазия. Мистерията на живота ще ви одухотвори и ще ви призове. Това ще затвърди мистерията на собствения ви живот, който е много по-истински и демонстриращ за вас.

Вие може би се чувствате малки, но проявявате голямото. Не е нужно да сте големи, за да изразявате голямото, защото величието е във вас и физическата ви форма е малка в сравнение с него. Вашата реалност е породена от величието, което е с вас и което желае да се прояви в обикновеността на малката ви форма. Така вие разбирате, че сте велики и че работите чрез малкото. Така няма да сте в противоречие с връзката между голямото и малкото, където малкото трябва да прояви голямото и го прави естествено. Трябва ли малкото същество да се опитва да прояви голямото? Не. Голямото се проявява чрез малкото същество.

Така във вашия живот, който в дадени моменти може би ви изглежда незначителен, раздвоен и ограничен – великото е във вас. Следователно малкото е използвано, потвърдено, почетено и благословено. Тогава няма основание за самообвинение и омраза. Всички малки и големи са оценени, защото всички те малки и големи са заедно.

Всеки час позволете на голямото да прояви себе си, независимо колко малка е задачата, думата или жеста. В двете си дълбоки практически сесии, още веднъж се доближете до това, което е велико във вас. Още веднъж се потопете в огъня на Знанието, който ви пречиства. Усамотете се в храма на Знанието. Така вие се срещате с великото. Това е отвъд всякаква форма. Тук всичко, което изпълва формите и им дава цел, значение и посока, чака да бъде прието от вас. Малкото проявява голямото и великото благославя малкото.

Упражнение 331: *Две 30 мин. практически сесии.*
Почасова практика.

Стъпка 332

АЗ ЕДВА ЗАПОЧВАМ ДА РАЗБИРАМ ЗНАЧЕНИЕТО НА ЗНАНИЕТО В МОЯ ЖИВОТ

ВИЕ ЕДВА ЗАПОЧВАТЕ ДА РАЗБИРАТЕ ТОВА, защото разбирането се поражда от вашия опит, признание и прилагане. Вие сте начални ученици на Знанието и затова вашето разбиране е в началото. Бъдете смели, защото това начинание ви освобождава от опитите да обобщите вашето участие и вашия живот. Така вие не трябва да опитвате невъзможното и можете да освободите ума си от голямото бреме, което би могло да затъмни вашето щастие и да прогони чувството ви за мир, спокойствие и значима дейност днес. Когато приемете, че едва започвате да разбирате значението на вашия живот и значението на Знанието във вашия живот, вие ще се освободите и ще можете да участвате и да учите повече. Без бремето на осъждането, което бихте си наложили в живота, вие сте свободни да участвате и вашето участие ще ви направи свободни.

ВСЕКИ ЧАС СИ НАПОМНЯЙТЕ, ЧЕ едва започвате да разбирате значението на Знанието във вашия живот. В дълбоките си практически сесии, още веднъж се потопете в храма на Знанието, за да увеличите капацитета си за Знание, да може желанието ви за Знание да расте и вашия опит за Знанието да расте също така. Само, когато тези неща растат, вашето разбиране може да расте. Следователно, вие сте освободени от осъждане. Вие сте свободни да участвате там, където всяко разбиране ще расте.

Упражнение 332: Две 30 мин. практически сесии.
   Почасова практика.

Стъпка 333

ИМА ПРИСЪСТВИЕ ОКОЛО МЕН. ЧУВСТВАМ ГО

Почувствайте присъствието на вашите Учители, които са с вас днес и следят подготовката ви като ученици на Знанието. Почувствайте тяхното присъствие и ще усетите вашето собствено присъствие, защото ще се почувствате свързани заедно в него. Помнете, че не сте сами и няма да се изолирате в собствените си страхове.

Всеки час изживявайте това присъствие, защото то е с вас всеки час. Почувствайте го, без значение къде сте днес, дали сте в къщи или на работа, дали сте сами или с някой друг, защото това присъствие е с вас, където и да сте.

В двете дълбоки медитативни практики се опитайте да изживеете присъствието на любовта, което е и присъствие на Знанието, присъствие на Мъдростта, присъствие на увереността, присъствие на вашата цел, значение и посока на света и то е, което носи вашия зов за света. Приближете се и изживейте това присъствие в дълбоките си медитативни практики. Не го пренебрегвайте, защото тук ще изпитате любов към себе си, достойнство и истинско включване в живота. Носете това присъствие с вас днес и го приемете в дълбоките си медитации знаейки, че присъствието е с вас всеки ден.

Упражнение 333: *Две 30 мин. практически сесии.*
Почасова практика.

Стъпка 334

Присъствието на моите Учители е с мен всеки ден

Всеки ден, без значение къде сте и къде отивате, присъствието на вашите Учители е с вас. Тази идея ще ви напомня, че не сте сами. Тя ще ви даде възможност да напуснете изолацията на собствените си фантазии, да изживеете това присъствие и да получите неговия дар. Чрез този дар, вашите Учители ще ви предадат идеята и вдъхновението, от което се нуждаете. Така вие ще проявите и потвърдите това, което сте получили.

Упражнявайте се да помните това всеки час, като още веднъж се концентрирайте върху присъствието, което е с вас. Трябва да бъдете спокойни, за да го почувствате, защото то със сигурност е с вас. В дълбоките си практики още веднъж се потопете в спокойствие в храма на Знанието, за да получите това присъствие, потвърждението и комфорта, които то ви дава. Опитайте да игнорирате съмнението в себе си и чувството си за незначителност, защото тези неща ще изчезнат, погълнати от огъня на Знанието и пречистени за ума ви. Когато това приключи, няма да се включвате в грандиозни идеи. Няма да представяте погрешно себе си в опитите ви да избягате от собственото си чувство на вина и некомпетентност, защото вината и некомпетентността са погълнати от огъня на Знанието. Следователно изхвърлете в огъня на любовта всичко, което затъмнява вашето участие и всички страхове, които ви преследват и потискат. Вие ще седнете пред този огън, ще наблюдавате как биват поглъщани те и ще чувствате съзнанието си измито и чисто от любящия огън на Знанието. Присъствието е с вас всеки ден. Огънят на Знанието е с вас всеки ден.

Упражнение 334: *Две 30 мин. практически сесии.*
Почасова практика.

Стъпка 335

Огънят на Знанието е с мен всеки ден

Където и да отидете, каквото и да направите, огънят на Знанието гори във вас. Почувствайте неговия пламък. Всеки час се опитайте да почувствате неговия огън. Без значение на това какво виждате и мислите, почувствайте огъня на Знанието. Това е присъствието на Знанието, което чувствате във вас, както чувствате присъствието на Учителите си около вас. Огънят на Знанието гори и като изпитате това, той ще погълне всичко, което ви задържа – всичко, което ви преследва и потиска, всяко чувство на незначителност, вина, болка и конфликт. Всички тези неща ще бъдат погълнати и няма да имат своето влияние върху вашия живот и той ще стане хармоничен и непроменлив.

Днес вие правите важна крачка в тази посока, като си спомняте и изживявате огъня на Знанието всеки час. В дълбоките си практики се потопете отново в огъня на Знанието, в храма на Знанието. Напомняйте си, че този огън ще ви даде комфорт и ще ви освободи. Той няма да ви опари, а ще стопли душата ви. Той ще ви осигури комфорт и потвърждение. Той ще потвърди значението и целта на вашия живот и на величието, което носите в себе си.

Не пренебрегвайте упражненията си днес, а разберете тяхното значение за вас. Нищо на света не може да ви даде увереност, сила, спокойствие и чувство на включване така, както огъня на Знанието. Нищо не може да напомни повече за пълното ви включване в живота от присъствието на вашите Учители, които са с вас. Следователно, вие имате опита, от който се нуждаете и с времето този опит ще ви помогне да развиете всичките си връзки – с другите, със света и с Великата Общност на Световете, в която живеете.

Упражнение 335: *Две 30 мин. практически сесии.*
Почасова практика.

Стъпка 336

ПРЕГОВОР

Започнете двуседмичния преглед с обобщение на първия урок за този период, като прочетете отново урока и си спомните упражненията за този ден. Правете това за всеки следващ ден. Обобщете упражненията си. Разберете за какво е практиката ви и какво тя стимулира във вас. Разберете колко много желаете този стимул да се появи и разберете огромната полза, която получавате и се подготвяте да получите като ученици на Знанието. Нека обобщението ви за днес да бъде потвърждение за важността на подготовката ви. Разберете колко много се нуждаете да засилите участието си и да загърбите идеите, които отслабват и отхвърлят съществуването на Знанието във вашия живот. Помнете, че Знанието е с вас и че вашите Учители са с вас, за да бъдат приети и изживени всеки момент. Като се учите да получавате това, вие естествено ще го проявите.

В дългата си практическа сесия днес, обобщете изминалите две седмици и разберете какво ви е предложено. Разберете колко много се нуждаете да получите. Разберете колко много желаете да получите.

Упражнение 336: *Една дълга практическа сесия.*

Стъпка 337

Нищо не мога да направя сам/а

Нищо не можете да сторите сами, но вие не сте сами. Да, вие сте отделни личности, но в същото време сте много повече от това. Вие не можете да сте сами и оттук вашата личност има велико обещание и цел на света. Така вие сте част от великото, което е по-голямо от вашата личност и вие, които сте част от вашата личност, също ставате единни и обединени. По този начин всичко, което сте изградили за себе си е за добро. На всичките ви произведения е дадена цел, значение, посока и участие в живота. Така животът ви е изкупен и възстановен, а вие се превръщате в част от живота и в средство за неговото уникално проявление. Това е истинското значение на днешния урок.

Само в сянката и мрака на фантазията, вие можете да се скриете от светлината на истината. Трябва да повярвате, че сте сами в мислите си за реалността на фантазиите ви. Да разберете, че не сте сами, в началото вероятно ще бъде плашещо, защото се страхувате, че вашите представи и вашата вина ще бъдат разкрити. Но, когато разгледате това откровено и без осъждане ще установите, че сте възстановени, подмладени и готови да получите силата, която е във вас, силата, която е вашия Източник и вашия Истински Аз.

Повтаряйте тази идея всеки час днес и разберете, че тя е потвърждение на силата и включването ви в живота. В двете си дълбоки медитативни практики се опитайте отново да бъдете спокойни в храма на Знанието, където ще е видно, че не сте сами. Така вие сте в истински съюз с живота и с тези, които са дошли да ви служат и да ви напътстват, както и с тези, които се упражняват с вас сега. Вашето щастие е във вашето участие. Вашето нещастие е във вашата изолация. Вашето нещастие няма основа, защото не сте сами и успеха ви е гарантиран, защото сами не можете да сторите нищо.

Упражнение 337: *Две 30 мин. практически сесии.*
Почасова практика.

Стъпка 338

ДНЕС ЩЕ БЪДА ВНИМАТЕЛЕН/ВНИМАТЕЛНА

БЪДЕТЕ ВНИМАТЕЛНИ ДНЕС, за да можете да видите какво се случва около вас. Бъдете внимателни, за да можете да изживеете себе си на света. Бъдете внимателни, за да изпитате огъня на Знанието, горящ във вас. Бъдете внимателни, за да изпитате присъствието на вашите Учители с вас. Тези неща естествено ще дойдат във вас, когато сте присъстващи, защото без осъждане, вие ще можете да видите какво се случва на практика. Това ще потвърди духовната ви същност и целта ви на света. Това ще потвърди истинската ви идентичност и ще даде значение на личния ви живот.

БЪДЕТЕ ВНИМАТЕЛНИ И ПРИСЪСТВАЩИ ВСЕКИ ЧАС днес и бъдете уверени, че ще изпитате резултата от това. Без осъждане и оценяване, вие ще виждате през страшните явления, които света ви представя. Вие ще виждате през страшните явления, които вашата фантазия представя за вас, защото всички страшни явления са породени и доказани от фантазията. Като сте внимателни на света, вие ще разберете объркването му и неговата нужда от Знание. Това ще потвърди собственото ви объркване и нуждата от Знание, и ще ви направи щастливи, че се готвите да получите самото Знание.

В ДВЕТЕ СИ ДЪЛБОКИ МЕДИТАТИВНИ ПРАКТИКИ, бъдете съсредоточени и внимателни, и се отдайте на спокойствие в храма на Знанието. Трябва само да сте внимателни. Не е нужно да съдите. Бъдете присъстващи и ще проникнете в невярното, и ще получите истината. Защото истинското внимание винаги ще ви даде това, което е истинско, а лъжливото внимание винаги ще ви даде това, което е невярно.

ДНЕС ВИЕ УСИЛВАТЕ ТАЗИ УМЕНИЯ НА УМА, тази възможност да сте присъстващи. Вие усилвате това, което трябва да бъде разпознато за вас и за света. Защото светът се нуждае да бъде обичан, а любовта идва само чрез истинско разпознаване.

Упражнение 338: *Две 30 мин. практически сесии.*
Почасова практика.

Стъпка 339

ПРИСЪСТВИЕТО НА ЛЮБОВТА Е С МЕН СЕГА

Присъствието на любовта е в огъня на Знанието във вас. Както е олицетворено от присъствието на вашите Учители, това присъствие прониква във всички неща на света. То е връзката, която съществува на света. То е спокойно; следователно, то съществува във всичко. Можете ли вие, които възприемате света, да усетите това трайно присъствие? Можете ли вие, които действате на света, да видите ефекта от това присъствие на света? Ако това присъствие не беше на света, то щеше да се самоунищожи много отдавна и нямаше да има надежда за вашето спасение. Нямаше да има надежда за истинска общност и за всички неща, на които човешките същества са способни във временния си живот тук. Всички наистина ценни неща не биха могли да се случат, защото мрака на фантазията и тъмнината на страха биха покрили постоянно света и всичко щеше да бъде в абсолютен мрак. Без присъствието на любовта на света, това би бил евентуалния му изход. Вашият живот тук щеше да бъде изолиран в тъмнина и вие никога нямаше да можете да избягате от нея.

ЕТО ЗАТОВА, ВАШИЯТ ЖИВОТ НА СВЕТА Е ВРЕМЕНЕН. Той не е постоянен, защото сте родени от светлината, в която някога ще се завърнете. Как бихте могли да живеете в постоянен мрак, когато сте родени от светлината, към която ще се завърнете? Вие сте пратени на света, за да донесете светлина на света, а не да потвърждавате мрака в него. Божията воля е да носите светлина на света, а не да сте изгнаници в света на мрака. Вие сте тук да носите светлина на света.

ВИЕ, КОИТО СТЕ УЧЕНИЦИ НА ЗНАНИЕТО, се учите стъпка по стъпка да получавате светлината и огъня на Знанието. Като изживеете това във вас, вие ще видите огъня на любовта изгарящ света, защото това е присъствието на любовта. Това е Бог на света. Това, което Бог върши на света, Бог го осъществява чрез вас, но Божието присъствие на света активира Знанието във всички съзнания и зове всички съзнания да се пробудят. Това конкретизира, потвърждава и засилва въздигането на Знанието, където и да се появи то.

БОЖИЕТО ПРИСЪСТВИЕ Е ПОСТОЯННО. Светът е временен. Физическата вселена е временна. Божието присъствие е постоянно. Виждате ли сега, кое е великото и кое е малкото? Виждате ли, кое дава и кое трябва да се научи да получава? Разбирате ли важността на подготовката си? Разбирате ли важността на службата си на света?

БЪДЕТЕ ПРИСЪСТВАЩИ ВСЕКИ ЧАС ДНЕС и изпитайте в себе си присъствието на любовта на света. Ако сте внимателни, вие ще я изживеете. В дълбоките си медитативни сесии изпитайте присъствието на любовта в себе си, което е и огъня на Знанието. Помнете като наблюдавате света и себе си, че от спокойствието на това присъствие се излъчва всяко добро дело, всички важни идеи и мотивацията за всички важни дейности. То движи човечеството и дори Великата Общност на Световете към Знанието и със Знанието, към една общност.

Упражнение 339: *Две 30 мин. практически сесии.*
       Почасова практика.

Стъпка 340

УПРАЖНЕНИЯТА СА МОЯ ПРИНОС КЪМ СВЕТА

Вие сте начални ученици на Знанието и като такива, се включете изцяло в упражненията си. Не си представяйте себе си във велика роля като спасители или изкупители на света, защото това само ще ви обезкуражи и защото още не сте готови да носите велики неща. Вашето задължение е да следвате стъпките, които са ви дадени. Това е изискването. С времето, величието ще расте с опита ви и ще изпитате величието на света. Както обаче често сме споменавали в подготовката ви дотук, величието, което ще изпитате, ще се прояви в обикновените и ежедневни неща. Следователно не фантазирайте грандиозни идеи за себе си като спасители. Не си представяйте, че сте разпънати на света, защото тези картини са породени от невежеството и вие не разбирате истинското им значение.

Следвайте всяка стъпка, защото всяка от тях изисква пълното ви внимание и участие. Без да се опитвате да добавите нещо, което не е необходимо за вашата подготовка, вие бихте могли да бъдете напълно участващи в нея. Това ще ви ангажира изцяло и ще впрегне целия ви физически и психически потенциал, давайки му постоянна цел и посока. Подготовката е вашия дар за света. Чрез нея всички дарове, които ще отдадете в бъдеще, ще бъдат отдадени със самочувствие, с любов и с увереност.

Всеки час си напомняйте, че вашата практика е вашия дар към света. Ако наистина желаете да служите на света и ако наистина желаете това, което почитате и което ви е най-скъпо да бъде пример за света, тогава отдайте себе си на практиката днес и не я омаловажавайте. В дълбоките си медитативни сесии се отдайте на практиката, защото практиката е акт на отдаване. И вие, които се учите да получавате, отдавате себе си и се учите да получавате. По този начин вие се учите и да давате. Ако не отдадете себе си на практиката, няма да сте в състояние да давате на света, защото даването на света е също форма на практика. Помнете, че всичко което може да дадете е практика. Няма значение какво вършите, вие се упражнявате на нещо, вие отстоявате нещо, вие потвърждавате нещо и вие учите нещо. Разберете това и се отдайте на истинска подготовка, защото тя е дар за вас и за света.

Упражнение 340: *Две 30 мин. практически сесии.*
 Почасова практика.

Стъпка 341

ЩАСТЛИВ СЪМ, ЗАЩОТО МОГА ДА ПОЛУЧАВАМ

Научете се да получавате и ще се научите да бъдете щастливи. Научете се да давате и ще потвърдите щастието си. С най-прости думи, това е вашата задача. Ако не я усложните по някакъв начин с вашите идеи и очаквания, вие ще можете да видите тази вечна истина, ще научите какво точно означава тя и какво изисква от вас. Помнете, че сложността отрича простотата на истината. Истината ще действа всеки ден, стъпка по стъпка, както и вие осъществявате подготовката си стъпка по стъпка. Като се учите да бъдете ученици на Знанието, вие се учите да живеете правилно. Простотата е винаги явна и представена за вас, защото истината е проста и ясно видима за всички, които я търсят и за всички, които наблюдават без бремето на осъждането и заклеймяването.

Помнете практиката си всеки час и в дълбоките си медитации още веднъж се опитайте да бъдете спокойни. Защото, ако сте малко по-спокойни всеки ден, това, което е във вас ще расте, ще изпълни живота ви и ще изплува от него като ярка светлина, защото вие сте тук да бъдете светлина на света.

Упражнение 341: *Две 30 мин. практически сесии.*
Почасова практика.

Стъпка 342

Днес аз съм ученик на Знанието

Днес вие сте ученици на Знанието. Вие следвате подготовката си стъпка по стъпка. Вие се учите как да се освободите от собствените си осъждания и грижи. Вие се учите да бъдете потвърдени от присъствието на Знанието във вас и от присъствието на любовта във вашия свят. Вие се учите да почитате себе си и да оценявате вашия свят. Вие се учите да разбирате вашите отговорности и това, че света се нуждае от тези отговорности, които трябва да се носят напред. Вие се учите да бъдете спокойни вътрешно и целенасочено ангажирани външно. Вие се учите да получавате и да давате. Учите се да разбирате, че живота ви е изкупен.

Бъдете ученици на Знанието днес и носете напред днешните инструкции колкото се може по-пълно и по-категорично. Напомняйте си всеки час, че сте ученици на Знанието и отделяйте момент, за да мислите какво значи това в сегашната ви ситуация. В дълбоките си практически сесии активно включвайте ума си, за да разберете какво значи да бъдете ученици на Знанието. Спомнете си какво ви е преподавано досега. Разберете това, което е било усилено стъпка по стъпка и това, от което трябва да се откажете. Дълбоките ви практики са време за активна умствена ангажираност, където вие наблюдавате днешната идея и се опитвате да откриете значението й по отношение на вашия живот. Когато мислите, мислете конструктивно, защото мисленето трябва да бъде конструктивно. Когато мисленето не е нужно, Знанието ще ви води напред. Вие се нуждаете от Знание и трябва да се учите да мислите конструктивно, защото сте ученици на Знанието. Бъдете ученици на Знанието днес и ще почетете това, което ви води, направлява и благославя. Вие ще представяте Знанието, защото сте негови ученици.

Упражнение 342: *Две 30 мин. практически сесии.*
Почасова практика.

Стъпка 343

ДНЕС ЩЕ ПОЧИТАМ ИЗТОЧНИКА НА МОЯТА ПОДГОТОВКА

ПОЧЕТЕТЕ ИЗТОЧНИКА НА ВАШАТА ПОДГОТОВКА, КАТО бъдете ученици на Знанието днес. Спомняйте си за това всеки час и помислете отново, какво значи да бъдете ученици на Знанието. Опитайте да си припомните всичко, което ви е дадено и което е затвърдено, както и да разпознаете обективно онова, което ви възпрепятства и задържа. Укрепете вярата си. Засилете участието си. Използвайте силата на решенията си да вършите това и правейки го си спомнете, че почитате и представлявате това, което ви води напред и това, на което служите.

В ДВЕТЕ ВИ ДЪЛБОКИ ПРАКТИКИ АКТИВНО ИЗПОЛЗВАЙТЕ УМА СИ, за да установите значението на днешната идея. Помнете, че можете да служите само на това, което цените. Ако цените Знанието, вие ще му служите. Ако цените невежеството и мрака, вие ще служите на тях. Това, което цените, е вашия господар и той ще ви даде онова, което е нужно да знаете. Вие сте ученици на Знанието. Вие сте ученици на Знанието, защото сте избрали вашето студентство и учителят, който ви води, да отразявате Знанието и истината на света. Тук вие имате само два избора, защото можете само да служите на Знанието или на това, което се опитва да го замени. И понеже нищо не може да замени Знанието, съществува желание да не служите на никого, да не бъдете никои и да нямате нищо. Това имаме предвид, когато говорим за бедност. Това е състояние да не служите на нищо, да не бъдете никои и да нямате нищо.

СЛЕДОВАТЕЛНО ПОЧЕТЕТЕ ТОВА, КОЕТО ВИ СЛУЖИ. Почетете това, което признава вашата реалност и значение, както и цената на вашето присъствие на света и ще служите на нещо реално, ще бъдете нещо реално и ще имате нещо реално. Така вие, които се учите да служите, ще бъдете тези, които се учат да получават.

Упражнение 343: *Две 30 мин. практически сесии.*
Почасова практика.

Стъпка 344

Моето Знание е дар, който отдавам на света

Знанието е вашия дар за света, но първо трябва да станете средство за неговото проявление. Вие трябва да приемете Знанието, да се учите от него и да отдавате това, което ви дава то. Трябва да бъдете отворени, за да може то да грее естествено на света чрез вас. От вашето Знание ще дойде всичко – всички смислени действия, всички важни съдействия, всички важни мисли, смислени проявления на емоции и мотивации, с които вдъхвате увереност, комфорт, обич, лечение, участие и освобождаване на другите. Това означава, че истинския ви Аз, най-накрая проявява себе си. Това е вашия дар за света.

Всеки час си напомняйте и чувствайте огъня на Знанието горящ във вас. Почувствайте себе си като средство за Знанието на света. Бъдете щастливи, че не трябва да се измъчвате как да давате Знанието, как Знанието ще отдаде себе си и какво ще се случи в резултат на това. Следвайте единствено стъпките. Както сте забелязали досега, стъпките изискват развитие на вашите психически качества и ги използват както и когато е нужно. Това изисква да бъдете психически присъстващи. Това изисква да балансирате и хармонизирате живота си. Дори толкова напред в подготовката си вие разбирате, че има много неща във вашия живот, които не сте приели и не сте осъществили на практика. Знанието е с вас винаги и дори сега в началната ви подготовка като напредвате с тези, които напредват с вас, силата на Знанието става още по-реална за вас. Това е вашия дар за света.

В двете си дълги практики днес, в спокойствие и възприемчивост, упражнявайте получаване на силата на Знанието, за да може то да расте във вас и за да може вие да имате по-голям опит с него като действате на света. Тези практически периоди са много важни за вашата подготовка, защото увеличават вашия потенциал, вашето разбиране, вашето изживяване и дори улесняват опита ви със Знанието, докато сте на света. Защото вашето Знание, е вашия дар за света и за вас самите.

Упражнение 344: *Две 30 мин. практически сесии.*
Почасова практика.

Стъпка 345

Моето Знание е моя дар за Духовното ми Семейство

Вашето Знание е вашия дар за Духовното ви Семейство, защото сте дошли на света не само за вашия напредък и за напредъка на света, но и да съдействате за напредъка на Духовното ви Семейство. Вашата ученическа група изисква от вас да напредвате, за да могат да напредват и те, защото те също търсят по-голям съюз. С течение на времето, вие сте развили възможността си за връзки. Вашите успехи досега са въплътени в проявлението и доказателството на вашето Духовно Семейство.

Завръщането ви към Бога е завръщане към участието ви във връзките. Отвъд вашите възможности е да разберете това и то е естествено отвъд идеите и идеализма ви. То може само да бъде изживяно и чрез това изживяване вие ще разберете, че сте дошли тук не само, за да бъдете изкупени и да служите на света, но и, за да служите на тези, които са ви пратили. Така вашата роля става още по-важна. Така вашата подготовка става още по-важна. Ако се замислите върху това ще разберете, че то е истина.

Всеки час днес мислете върху тази идея и си спомняйте вашето Духовно Семейство, което се учите да помните. В дълбоките си медитативни практики още веднъж се потопете в храма на Знанието и се опитайте да изживеете присъствието на Духовното ви Семейство. Ако съзнанието ви е спокойно ще разберете, че те са с вас сега. Как биха могли да са разделени от вас, вие, които не можете да бъдете разделени от тях и ако вие сте на света, то и те са на света заедно с вас.

Упражнение 345: *Две 30 мин. практически сесии.*
Почасова практика.

Стъпка 346

АЗ СЪМ НА СВЕТА, ЗА ДА РАБОТЯ

Вие сте на света, за да работите. Работата е това, което желаете да вършите. Работата е това, за което сте дошли. Но каква е работата, за която говорим? Това сегашната ви дейност, на която се противопоставяте и с която имате затруднения ли е? Това многото задачи ли са, за които мислите и които сами сте си поставили? Истинската ви работа, може да се прояви във всяка една от тези дейности, но тя е наистина много по-голяма. Вашето щастие и вашата реализация ще носят напред всяка стъпка на истинската ви дейност. Истинската ви работа на света е да разкриете Знанието във вас и да му дадете възможност да се прояви чрез вас. Истинската ви работа на света е да отговорите на този зов, който ви приобщава към дадени хора по специфичен начин, за да можете да изпълните личната си съдба на света.

Това е вашата работа. Не си мислете, че в момента можете да разберете какво представлява тя и не се опитвайте да я определяте отвъд това, което сме ви дали. Не е страшно, че не знаете каква точно е тази работа. Ще бъде добре, ако разберете мистерията на вашия живот, без да се опитвате да конкретизирате вашите разбирания.

Вие сте на света, за да работите. Следователно използвайте себе си, за да може вашата кандидатура да разкрие източника на вашата цел, значение и посока. Чрез работата и чрез смислените си дейности, вие ще изживеете вашата значимост – значението на личния ви живот и увереността на истинската ви съдба. Истинската работа гарантира за вас всички ценни неща и ви осигурява бягство от всичко, което ви крие и ви прави безпомощни и нещастни.

Напомняйте си за днешната идея всеки час. В двете си дълбоки практики, още веднъж използвайте активно ума си, за да разберете днешната идея. Обсъдете как оценявате дейността си и дейността на всички, с които сте свързани. Определете как сте откликнали и действали в миналото – желанието ви да работите, вашите колебания относно работата и отказа ви да работите. Разберете, че желанието да напуснете работа е истинско желание да откриете Знанието. Разберете, че Знанието ще ви ангажира с работа, с нова цел, с ново значение и посока. Оценете мислите си. Трябва да ги разберете, защото те са все още много ефективни и могат да въздействат на вашите възприятия и разбирания. Когато сте обективни със собственото си съзнание, ще можете да позволите на Знанието да изгрее и ще използвате силата на решенията да подготвите себе си и да използвате капацитета на ума си. Това е ефективно за вас, защото не ви позволява да определяте целта, значението или посоката на Знанието, а да се превърнете в получатели на Знанието, да го изживеете и да му позволите да се прояви чрез вас.

Така, в двете си дълги практически сесии, използвайте ума си активно. Концентрирайте се върху тази идея. Разберете всички мисли и желания, които са свързани с нея. В последната част на всеки практически период, се опитайте да отстраните всички мисли. Потопете се отново в спокойствие и приемственост, за да можете да разбирате. Знанието не се нуждае от вашето мислене, когато го изживявате, защото мисленето е заместител на Знанието. Въпреки това, Знанието ще разкрие посоката на мисълта, за да може тя да служи на великата цел.

Упражнение 346: *Две 40 мин. практически сесии.*
Почасова практика.

Стъпка 347

ЩЕ ПОЗВОЛЯ НА МОЯ ЖИВОТ ДА СЕ РАЗКРИЕ ДНЕС

Позволете на живота ви да се разкрие днес. Без вътрешната ви дезориентация, без мрака на собствената ви фантазия и без собственото ви объркване и конфликти, вие можете да присъствате на разкриването на живота си. Днешният ден е стъпка в разкриването на вашия живот, в появата на Знанието във вас, в култивиране на истинското ви разбиране и в проявление на истинските ви постижения. Бъдете присъстващи днес и се учете да наблюдавате обективно вътрешния и външния си живот. По този начин можете да изживеете това, което е истинско и да го обичате истински, защото то е истинско и отразява любовта.

Всеки час си напомняйте да наблюдавате разкриването на вашия живот. В дълбоките си медитативни практики, в спокойствие и приемственост наблюдавайте как се разкрива вътрешния ви живот. Наблюдавайте как външния и вътрешния ви живот се разкриват заедно, както и трябва да бъде. Така ще усетите движението на живота си. Така ще разберете, че живота ви е насочван и направляван. Така ще разберете, че всички неща, които наистина цените и са ви скъпи, както и всичко, което сме посочили в подготовката ви досега, се появява. Така вие позволявате на някои неща да отпаднат, а на други да се покажат. Така вие направлявате тази част от живота си, която е вашето мислене и поведение. Така позволявате на тази част от вашия живот, която не можете да направлявате и която е вашата цел, значение и посока, да се покаже естествено и да прояви себе си. Така вие сте свидетели на вашия живот, който днес се показва и разкрива.

Упражнение 347: *Две 30 мин. практически сесии.*
Почасова практика.

Стъпка 348

ДНЕС ЩЕ НАБЛЮДАВАМ ЕВОЛЮЦИЯТА НА СВЕТА

БЕЗ СТРАХЛИВИТЕ ВИ СПЕКУЛАЦИИ, без загрижената ви реакция относно ужасни събития и без амбициите и отричанията ви, вие можете да видите еволюцията на света днес. Очите ви ще могат да видят, ушите ви да чуят, кожата ви ще го почувства и вие ще го почувствате с цялото си същество. Вие ще знаете това, защото съществото ви знае кога ума ви мисли и тялото ви действа. По този начин, силата на Знанието е и сила на същността ви, част от която сте и вие.

С ТАЗИ СИЛА МОЖЕТЕ ДА наблюдавате напредъка на света, защото света има същност, ум и тяло. Същността му знае, ума му мисли, а тялото му действа. Природата е неговото тяло. Колективната ви мисъл е неговия ум. Знанието е неговата същност. Така реализирайки Знанието във вашия живот, вие ще разберете Знанието на света. Като видите Знанието, което почиства и освежава съзнанието ви, вие ще видите Знанието, което почиства и освежава всички съзнания по света. Като наблюдавате Знанието, което ви напътства за ефективни действия, вие ще видите Знанието на света, което насочва другите към ефективни действия. По този начин като се учите да изпитвате състрадание към себе си, вие се учите да изпитвате състрадание и към света. Когато станете свидетели на собственото си развитие, вие ще бъдете свидетели на развитието на света.

ВСЕКИ ЧАС ДНЕС ПОВТАРЯЙТЕ ТАЗИ ИДЕЯ и бъдете свидетели на еволюцията на света. В двете си дълбоки практики, с отворени очи се вгледайте в света около вас. Отделете време да наблюдавате света около вас. Наблюдавайте без осъждане. Почувствайте как ви се разкрива светът. Не е нужно да се опитвате да го почувствате, защото ще го правите естествено. Без намеса или въздействие от ваша страна, това изживяване ще бъде възможно и налично за вас.

Почувствайте развитието на света, защото това ще потвърди всичко, което учите сега и това, което учите, ще служи на света в неговата еволюция.

Упражнение 348: *Две 30 мин. практически сесии.*
Почасова практика.

Стъпка 349

ЩАСТЛИВ СЪМ, ЧЕ НАЙ-НАКРАЯ МОГА ДА СЛУЖА НА ИСТИНАТА

Да служите на истината е най-голямата радост и щастие за вас и най-великия дар от съдбата. Вашето минало е разочароващо и мрачно, защото сте се опитвали да служите на неща без основа и значение. Това ви е накарало да се почувствате без цел и посока. Бъдете щастливи, че можете да представлявате истината и да й служите, защото тя ви дава истинското. Тя ви дава целта, значението и посоката, които сте търсили във всичките си начинания, връзки и ангажименти. Това е, което сте търсили във вашите фантазии, грижи и надежди.

Всичко, което наистина сте желали, ви се дава сега. Учете се да приемате това, което сте желали и ще разберете кое е истинското. Вие също така ще разберете това, което винаги сте искали. Това позволява на истината да бъде обикновена и ясна. Това позволява на личността ви да бъде обикновена и ясна, защото в простотата всички неща са познати. В сложността, всички неща са потулени и затъмнени. Само това, което е механично в света, може да бъде сложно, но същността му е проста и може да бъде пряко преживяна. Налице са някои усложнения само, когато контролирате това, което е механично в живота и което трябва да вършите до известна степен, но дори и то е обикновено и може да се определи стъпка по стъпка. Така отношението ви към живота трябва да бъде обикновено, без значение дали се отнася до обикновеното или до сложното. Сложностите, за които говорим и които са форма на отричане, представляват сложността на вашето мислене и трудността на вашия подход.

Бъдете щастливи, че можете да служите на това, което е истинско, защото то ще опрости живота ви и ще ви позволи да се справите с несъзнателните усложнения по директен и ефективен начин. Бъдете щастливи, че животът ви има цел, значение и посока, защото вие служите на това, което има цел, значение и посока. Помнете това всеки час и в дълбоките си практики се потопете отново в тишина и спокойствие, в отдаване и приемственост. Помнете, че се отдавате, че практиката е даване, че се учите да давате и че се учите да служите. По този начин като отдавате и служите на истината, вие я получавате и изживявате. Следователно днес е ден на щастие, защото вие служите на истината.

Упражнение 349: *Две 30 мин. практически сесии.*
                Почасова практика.

Стъпка 350

ПРЕГОВОР

Още веднъж разгледайте изминалите две седмици от вашата подготовка, като четете всеки урок и обобщете всеки ден от нея. Още веднъж развийте способността си да сте обективни. Още веднъж разпознайте цялостното движение на вашия живот – бавните, но много важни и съществени промени, които се случват в рамките на вашите ценности, в ангажиментите ви с другите, в рамките на вашите дейности и най-важното, в рамките на цялото ви чувство за вашата същност.

Помнете, че важните промени са постепенни и често не се забелязват, докато резултатите не станат очевидни. Разберете, че малките и незабележими промени, често включват големи емоционални промени, когато хората си мислят, че нещо изключително важно се е случило. Голямата промяна е дълбока и променя всичко по пътя си. Малката и постепенна промяна, засяга гледната ви точка за момента, но не е продължителна като цяло. Единствената разлика е, когато вашите Учители се намесят в личната ви сфера, за да демонстрират своето присъствие или, за да ви изпратят съобщение, от което силно се нуждаете в момента. Тези намеси са редки, но могат да се случат от време на време, когато това е необходимо и е за ваше добро.

Следователно разгледайте движението на живота си. Разгледайте разкриващия се живот. Това ви подготвя за бъдещето, защото такава е програмата на вашата подготовка за бъдещето. Трябва да използвате всичко, което ви се преподава, да го развиете и да се упражнявате както във вашата подготовка, така и отвъд нея. В дългата си практическа сесия, бъдете мъдри наблюдатели на собственото си развитие. Разберете къде подготовката ви се нуждае от развитие. Разберете, че това се излъчва от вашето Знание. Следвайте го колкото се може по-пълно, защото наближаваме последните уроци на Стъпките към Знанието.

Упражнение 350: *Една дълга практическа сесия.*

СТЪПКИ към ЗНАНИЕТО

ЗАКЛЮЧИТЕЛНИ УРОЦИ

Вие започвате Заключителните стъпки от Нашата подготовка. Това не са последните стъпки в цялостния ви път към Знанието или във вашия опит със Знанието. Това обаче са финалните стъпки на тази важна част от развитието, в която сте включени. Затова се отдайте на практиката в следващата сесия с по-голямо желание и интензивност. Позволете на Знанието да ви направлява във вашето участие. Опитайте се да бъдете силни, целеустремени и участващи. Не мислете за вашето минало, а разберете реалността на Знанието в момента и голямото му обещание за бъдещето. Вие сте почетени от източника на подготовката си. Вие сте почетени днес, като започвате финалните стъпки в този най-важен етап от вашето развитие.

Стъпка 351

АЗ СЛУЖА НА ВЕЛИКА ЦЕЛ, КОЯТО ЗАПОЧВАМ ДА ИЗЖИВЯВАМ

Повтаряйте тази идея всеки час и не пропускайте да го сторите. Когато развиете разбирането си, то ще бъде още по-реално и по-очевидно за вас. Когато то стане по-реално, всички идеи и дребнавости, които се съревновават с него ще отпаднат, защото тази голяма истина има същност и съдържание. Това, което е истинско съществува, независимо дали го желаете или не, дали вярвате в него или не и дали се придържате към него или не. Това е, което го прави истинско.

В миналото сте си мислили, че всички неща съществуват, защото такова е било вашето желание. Това е истина само във фантазиите, сфера, която сега се учите да избягвате. Дори в царството на фантазията вие се учите да оценявате това, което е близо до истината, за да можете да напуснете царството на фантазията. Защото сферата на фантазията не е царството на Сътворението. Това, което е съзидателно, възниква от Знанието. Сътворението е постоянно и притежава истинска сила и стойност, дори на света. Това не е царството на фантазията.

В двете си практически сесии се потопете в спокойствие. Отнасяйте се с голяма почит към това, което желаете да сторите. Напомняйте си за важността на времето за спокойствие. Напомняйте си, че това е време на почит и преклонение, време на истинско посвещение, време, в което сте отворени и време, в което Знанието се отваря. Нека това бъде ден на голямо разбиране. Нека това бъде ден на голяма преданост, защото днес, вие сте истински ученици на Знанието.

Упражнение 351: *Две 30 мин. практически сесии.*
Почасова практика.

Стъпка 352

ДНЕС АЗ СЪМ ИСТИНСКИ УЧЕНИК НА ЗНАНИЕТО

Потвърждавайте това изявление всеки час и в двете си дълбоки практически сесии с голяма почит и преданост се потопете в тишина и спокойствие. Това е вашето време за преклонение. Вие влизате в истинската църква – не по задължение, не от страх и поети ангажименти към Бог, а с голяма радост и желание да отдадете себе си на това, което ви се отдава. Бъдете истински ученици на Знанието. Спомнете си всичко, което ви е предадено до този момент и го използвайте всеки час. Практикувайте целенасочено, вътрешно и външно. Отдайте този ден на Знанието, както и Знанието ви се отдава, за да можете да учите за неговото присъствие във вашия живот.

Знанието е Божия дар за вас, защото то е Божието обръщение към вас. Така Знанието ще бъде Бога за вас и ще говори за величието отвъд себе си, защото Знанието е тук да ви съдейства да бъдете в истинска връзка с вас самите, с другите и с живота. По този начин вие ще имате възможност да възстановите връзките и да вървите напред към Истинския си Дом в Бога.

Упражнение 352: *Две 30 мин. практически сесии.*
Почасова практика.

Стъпка 353

Истинският ми Дом е в Бога

Вашият Истински Дом е в Бога. Това е Истинският ви Дом. Вашият Дом е истински. Вие сте истински. Вие сте вкъщи дори сега, докато сте на света, въпреки че светът не е Истинския ви Дом. Вие можете да давате на света и да осигурявате за него това, което е нужно, защото сте вкъщи на света и защото желаете да споделите чувството, че сте си у дома със света, който се чувства изгубен и бездомен.

Повтаряйте тази идея и наблюдавайте хората на света, за да видите колко бездомни изглеждат те. Помнете, че те също така са си вкъщи, но не го разбират. Те са заспали в своята къща като вас самите. Вие се учите да се събуждате от съня си и разбирате, че сте вкъщи, защото Духовното ви Семейство е с вас, Знанието е с вас и Учителите ви са с вас.

Така вие сте вкъщи с Бога, дори да изглежда че сте далеч от Истинския си Дом. Вие носите Истинския си Дом с вас. Как можете да сте на място, където няма Бог, когато Бог е навсякъде? Как можете да не сте с вашите Учители, когато те ви съпровождат? Как можете да не сте с Духовното ви Семейство, ако Духовното ви Семейство е винаги присъстващо? Може да е противоречиво, че сте далеч от Истинския си Дом и в същото време сте в него, но наистина изглежда, че сте далеч от вкъщи като наблюдавате света и се идентифицирате с него. Дълбоко в себе си обаче, вие носите Знанието, което напомня, че сте наистина вкъщи и на света, за да разширите Истинския си Дом в него, защото Истинския ви Дом желае да даде себе си на света, за да може и светът да открие пътя към своя дом.

Спомняйте си за това всеки час и в дълбоките си медитативни практики се завърнете вкъщи при Знанието. Завърнете се във вътрешния си храм. Там ще изпитате Истинския си Дом и той ще стане по-реален за вас. След това той ще бъде по-дълго с вас във вашето изживяване. Трябва да изпитате Истинския си Дом, докато сте на света.

Упражнение 353: *Две 30 мин. практически сесии.*
Почасова практика.

Стъпка 354

Трябва да изживея Истинския си Дом, докато съм на света

Вие сте щастливи в Истинския си Дом, вие сте включени, вие сте завършени, вие сте във връзка, вие сте пълноправни участници, вие сте целенасочени и значими. Истинският ви Дом е неразбираем и непонятен за вас, докато сте на света. На практика той ще бъде неразбираем за вас, докато не се завърнете в него, докато Духовното ви Семейство не се присъедини към другите Духовни Семейства и докато това обединение не бъде завършено във вселената.

Въпреки че Истинския ви Дом е неразбираем, не си мислете, че той е недостъпен за вас. Днешният ден е определен, за да изживеете Истинския си Дом, защото носите Знанието с вас. Единственото ви ограничение тук е способността да изживеете и да проявите Знанието. Но с получаване и следване на всяка стъпка от вашата подготовка, расте и способността ви да комуникирате и да изживявате връзките си. Търсейки свобода от вашия ум и от изолираното ви мислене, вие изживявате включването си в живота все повече и повече. По този начин вашата еволюция може да се прецени от гледна точка на все по-големия ви капацитет да изживявате взаимоотношения и комуникация, и от непрекъснато нарастващия ви капацитет да преживявате и изразявате Знанието. Така вие сте си у дома, докато сте на света, защото Истинския ви Дом расте във вас заедно с вашия опит. Огънят на Знанието е все по-силен и неговата поглъщаща доброжелателност е все по-очевидна, когато умът ви е свободен, цялостен и насочен.

Всеки час си напомняйте това и в дълбоките си практически сесии се завръщайте в Истинския си Дом. Вие сте вкъщи на света и следователно можете да сте спокойни на света.

Упражнение 354: *Две 30 мин. практически сесии.*
Почасова практика.

Стъпка 355

АЗ МОГА ДА БЪДА СПОКОЕН НА СВЕТА

Възможно е да сте спокойни на света, защото сте донесли източника на спокойствието с вас. Можете да сте спокойни на света, въпреки че света е място на активни действия, място изпълнено с трудности, място на предизвикателства и място на необходими постижения, защото вие носите спокойствието и огъня на Знанието с вас. От Знанието се появяват всички значими мисли и дейности – всяко истинско вдъхновение, всички важни идеи и проявления. Въпреки това, Знанието е по-велико от своите проявления, защото е светлина на света.

Вие сте спокойни на света, защото сте със светлината на света, включени сте и сте дошли в света да работите. Само посредством истинско участие и следвайки стъпките, вие можете да разберете, че няма противоречие между спокойствие и работа. Няма противоречие между спокойствие и дейност. Вие можете напълно да изпитате това, защото то е завършено изживяване и възможността ви да го изпитате, трябва да се развива и увеличава. Вашето разбиране трябва да се развива. Участието ви в живота трябва да расте и да стане хармонично и единно. Вашата прозорливост по отношение на връзките трябва да се развива и използва на практика. Всички качества, които са свързани с развиване на Знанието също трябва да се усъвършенстват. Това ще допринесе за спокойствието ви на света, защото ви е писано да имате спокойствие на света. Спокойствието на света е проявление на Истинския ви Дом на света и в него вие ще откриете себе си.

Упражнение 355: *Четете урока три пъти днес.*

Стъпка 356

ДНЕС ЩЕ ОТКРИЯ СЕБЕ СИ

Истинският ви Аз е по-голям, отколкото можете да го изпитате в момента. Въпреки това, със сегашния си потенциал можете да откриете вашият Аз и да го изживеете. Спомнете си, че това е най-голямото ви желание. Спомняйте си за това всеки час. Спомнете си, че желаете да откриете вашия Аз, защото без него вие сте загубени в собствените си мисли и в променливите, и непостоянни мисли на света. Без вашия Аз, вие ще се почувствате заплашени, както е заплашен и света. Следователно истинското ви желание е да възстановите вашия Аз, а чрез него и всички неща, които са му присъщи, които са родени от Истинския ви Източник, които се проявяват чрез Знанието и които живеят в Древния ви Дом.

Днес в дълбоките си практически сесии отново се приближете до Знанието. Приближете се, за да отдадете себе си. Приближете се, за да почетете и да се преклоните. Приближете се с преданост и уважение, за да можете да увеличите потенциала си и да почувствате себе си, както в медитативните си практики, така и на света. Вие сте дошли на света, за да възстановите Знанието и да му позволите да прояви себе си. Тогава ще проявите себе си, защото сте на света, за да изразите своя Аз.

Упражнение 356: *Две 30 мин. практически сесии.*
    Почасова практика.

Стъпка 357

АЗ СЪМ НА СВЕТА, ЗА ДА ИЗРАЗЯ СЕБЕ СИ

ВСИЧКО, КОЕТО НЯКОГА СТЕ КАЗВАЛИ и правили, е било опит да изразите вашия Аз. Вашата дилема в миналото е, че сте се опитвали да изразите Аза, който не е истинския ви Аз. Този временен и личностен аз е използван като заместник на Истинския ви Аз, въпреки че той би трябвало само да бъде посредник между Истинския ви Аз и света. И понеже е използван като заместник, неговото присъщо объркване и липса на основа са ви лишили от възможността да комуникирате и да се изявявате. Следователно, вие не сте открили източника и най-доброто средство за вашето проявление.

ЖЕЛАНИЕТО НА ИСТИНСКИЯ ВИ АЗ ДА СЕ ПРОЯВИ, е видно от всичките ви минали дейности, ако ги разгледате и разберете обективно. Всичко, което някога сте говорили на някого, съдържа семето на истинското проявление. Всичко, което някога сте вършили или опитали да покажете, съдържа семето на истинската демонстрация и проява. Трябва само да пречистите изражението си, за да бъде то пълно и наистина представително за вашата природа и следователно наистина удовлетворяващо за вас.

ВИЕ СТЕ ТУК, ЗА ДА ПРОЯВИТЕ СЕБЕ СИ И ТРЯБВА ДА СЕ УЧИТЕ КАК ДА ПРОЯВИТЕ ВАШИЯ АЗ, как истинските ви проявления ще въздействат на другите и как това въздействие може също така да бъде използвано правилно, за ваше и за тяхно добро. Вие учите това, което искате да покажете, както и начина, по който да го сторите. И също така се учите да разбирате неговото въздействие върху света. Това изисква отглеждане и развиване на Знанието във вас, развиване на личните ви качества и трансформация на личния ви Аз от заместник на Знанието в негов посредник. Така той служи на Великия Аз във вас, както Великия ви Аз служи на Великия Аз във Вселената. Така всичко е на правилното си място.

Всеки час си напомняйте, че желаете да изявите истинския си Аз и в дълбоките си медитативни практики в мир и отдаване, позволете на Истинския ви Аз да се изяви пред вас. Отвъд думите и действията, Истинският ви Аз ще се прояви и вие ще знаете това. Вие ще сте наясно, че желаете неговото проявление и че желаете също така да разширите неговата проява на света. Светът е мястото, където сте дошли, за да изразите своя Аз, защото светът е мястото, където желаете да сте си у дома.

Упражнение 357: *Две 30 мин. практически сесии.*
Почасова практика.

Стъпка 358

ЖЕЛАЯ ДА СИ БЪДА У ДОМА НА СВЕТА

ВИЕ ЖЕЛАЕТЕ ДА СТЕ СИ У ДОМА НА СВЕТА. Не сте дошли тук, за да избягвате света, а да сте си у дома. Разбирайки това, вие ще можете да оцените своя принос и ще се включите изцяло в неговото проявление. Ако изоставите светът, без да отдадете своя принос към него, вие ще усложните дилемата си и ще се завърнете при Духовното си Семейство с неотворени и неотдадени дарове. Тогава ще разберете, че трябва да се завърнете отново на света, защото не сте си свършили работата в него.

БЪДЕТЕ ЩАСТЛИВИ, ЧЕ СЕГА СТЕ НА СВЕТА И НЕ ТРЯБВА да чакате, за да се завърнете отново в него. Вие сте вече тук. Вие сте стигнали толкова далеч и сте в перфектната позиция да изпълните съдбата си тук. Донесли сте Древния си Дом с вас – заедно със семето и светлината на вашето Знание, което никне и расте сега.

СВЕТЪТ НЕ Е ВАШИЯ ДОМ, но вие можете да бъдете като у дома си в него. Всеки час мислете за това и разберете колко горещо желаете да сте си у дома на света. Разберете горещото си желание да не осъждате света или да го напуснете. Когато сте си у дома на света, вие ще можете да се движите отвъд него, за да служите по велик начин и да изживеете великата реалност, която светът не може да ви осигури. Но вие няма да си отидете със съжаление, раздразнение или разочарование. Вие ще си отидете щастливи и доволни. Това ще завърши вашето изживяване тук. Това ще благослови света и вас, които сте благословили себе си и света, докато сте в него.

В ДЪЛБОКИТЕ СИ МЕДИТАТИВНИ СЕСИИ сериозно обмислете какво означава света за вас. Това е също така упражнение на активна мисловна дейност. Използвайте ума си, за да разберете важните неща, които ви се дават. Вие ще трябва да разгледате всички мисли, които имате и които са свързани с днешната идея, за да можете да разберете как да я приближите и как да й отговорите.

Силата на решението е ваша, но трябва да разберете текущото съдържание на ума си. Така ще можете да вземате мъдри и подходящи решения във ваша полза, в зависимост от отговорността, която притежавате. Вие трябва да сте си у дома на света. Донесете вашия дом с вас, за да могат и другите да се чувстват у дома си на света. По този начин светът е благословен, защото вече не е разделен. Не напускайте света днес, а бъдете присъстващи, за да му служите.

Упражнение 358: *Две 30 мин. практически сесии.*
Почасова практика.

Стъпка 359

АЗ ПРИСЪСТВАМ, ЗА ДА СЛУЖА НА СВЕТА

Бъдете готови да служите на света и присъствието, което служи на света ще говори чрез вас. Бъдете готови да служите на света и ще сте на разположение на това присъствие. Ще бъдете включени в различни дейности и всяка една от тях ще бъде важна и смислена. Тогава няма да се опитвате да прекратите изживяването си, да се опитвате да избягате от света и да откриете тайно място, където да се скриете, защото ще оцените значението и ползата от светлината на Знанието. Ще пожелаете да се окъпете в нея и все повече ще желаете да я покажете на света. Това е вашата задача и вашата любов тук.

Всеки час си напомняйте, че желаете да служите на света. Напомняйте си също така, че искате да сте готови, за да може и света да ви служи. Напомняйте си, че желаете да учите как да получавате и да давате, и затова сте начални ученици на Знанието. Не се обременявайте с очаквания за себе си отвъд това, което ви е дадено в учебната програма. Вашите Учители знаят сегашното ви състояние, както и крачката, която правите в момента. Те не омаловажават вашата сила, но също така и не надценяват моментните ви възможности. Ето затова трябва да продължите с увереност, откровеност и издръжливост.

В дълбоките си практически сесии бъдете присъстващи, за да се отдадете на практиката си в тишина и спокойствие. Помнете, че всяка практика е отдаване. Вие отдавате себе си, за да може Истинския ви Аз да ви се отдаде. Така вие давате малкото на голямото и обратно, и разбирате, че сте велики. Вие също така разбирате, че малкото, част от което сте и вие, е предназначено да изрази великото. Светът отчаяно се нуждае от това величие и вие трябва да се научите как да му го разкриете.

Упражнение 359: *Две 30 мин. практически сесии.*
Почасова практика.

Стъпка 360

ТРЯБВА ДА СЕ УЧА КАК ДА РАЗКРИВАМ ВЕЛИЧИЕТО НА СВЕТА

Спростота, скромност, без неверни предположения и помнейки, че сте начални ученици на Знанието, вие можете да учите как да разкриете величието на света. Това е важно, защото светът е противоречив за величието, за Знанието и за любовта. Ако представяте желанието на света, когато светът е в противоречиво състояние, той няма да знае как да реагира. Следователно неговата реакция е да покаже, че е за или против вашия принос. Всеки индивид, всяка общност или всеки свят, който е обзет от колебание, ще реагира по повече от един начин, защото е раздвоен. Поради тази причина трябва да се научите да подхождате към колебанието с Мъдрост, тъй като тези, които са разколебани, трябва да се научат как да получават своята увереност, както това се учите да правите и вие.

Разберете колко противоречиви сте били до този момент по отношение на живота си и по отношение на тази подготовка. Разберете, че поради тази причина подготовката ви е дадена в много последователни и постепенни стъпки, една стъпка на ден, ден след ден. С всяка следваща стъпка, вие се учите да развивате и да приемате желанието и способността си за Знание и също така се учите да изразявате Знанието. Да бъдете ученици, означава да сте тук, да се учите и успоредно с това да показвате, да обучавате и да постигате важни резултати, които Знанието желае да представи. Знанието обаче, не може да надхвърли вашите пределни граници, защото то се грижи за вас и ви предпазва, за да бъдете негово средство.

Тъй като сте част от Знанието, вие ще искате да се грижите и за превозното си средство. Ето затова продължавайки напред, вие трябва да се грижите изключително добре и за ума, и за тялото си. В дълбоките си практики днес, си позволете да бъдете инструктирани как да разкриете величието на света. Разберете, че светът е раздвоен и го приемете, защото това е неговото моментно състояние. Осъзнайте също, че трябва да позволите на Знанието да дава от само себе си и да не опитвате да давате от собствената си амбиция или нужда, за да избегнете чувството за неадекватност. Позволете на това, което давате да бъде истинско и то ще бъде истинско. Тогава вашето даване ще бъде естествено и по начин, който ще ви запази, за да почетете тези, които приемат вашия дар. Това ще им помогне да изоставят своята двойственост и ще им посочи пътя към светлината, по който крачите и вие.

Упражнение 360: *Две 30 мин. практически сесии.*

Стъпка 361

Светлината на Знанието ме ръководи днес

Вие носите светлината с вас. Носете я всеки час и във всяка ситуация. Практикувайте носене на Знанието през целия ден. Не се опитвайте да изразявате Знанието, защото Знанието ще стори това, когато е нужно и подходящо. Задачата ви за днес е да носите Знанието, да бъдете присъстващи и да помните, че Знанието е с вас. Носете Знанието с вас без значение дали сте сами или с други, дали сте на работа или вкъщи и дали сте в приятна или неприятна ситуация. Почувствайте как то гори във вашето сърце и как изпълва вашето съзнание.

В двете си дълбоки практически сесии се потопете отново в храма на Знанието, за да бъдете освежени и възстановени, за да бъдете благословени и почетени, и за да откриете отмора и свобода. Колкото повече вършите това с вътрешния си живот, толкова повече ще можете да го носите и във външния си живот, защото сте предназначени да носите Знанието на света днес.

Упражнение 361: *Две 30 мин. практически сесии.*
Почасова практика.

Стъпка 362

Аз се уча как да уча, защото нося Знанието в мен днес

Вие се учите как да учите. Вие се учите да получавате, да оценявате и да носите Знанието. Вие се учите да изразявате Знанието. Вие се учите да култивирате вашите психически и физически способности, които са необходими за цялостната ви подготовка. Вие сте завършващи ученици.

Включете се изцяло в обучението си днес, а това ще ви освободи от празните предположения и от приемането на непосилен товар върху раменете ви. Вие ще вършите естествено това, което ви се дава и което е истинско, защото сте създадени за това. Вашите психически и физически средства както и нещата, които са свързани в този свят, ще бъдат естествено включени в истинското ви осъществяване.

Учете се да учите. Да се учите как да учите означава, да се учите да участвате. Това значи да следвате и да ръководите по едно и също време. Вие следвате вашите Учители и тяхната програма за развитие, и в същото време ръководите вашите психически и физически качества. По този начин ръководенето и следването се сливат, както даването и получаването. Оттук всички, които получават ще дават и всички, които следват, ще ръководят. Така тези, които дават ще трябва да продължат да получават, а онези които водят, ще трябва да продължат да следват. Тук двойствеността на тези неща изчезва. Тяхното единство и допълващата им същност са разпознати, защото това е обикновено, очевидно и вярно.

Спомняйте си за тази идея всеки час и използвайте двете си практически сесии, за да се включите със Знанието в спокойствие и простота. Потопете се дълбоко в тези финални практически сесии от програмата. Отдайте се напълно доколкото можете, защото по този начин ще увеличите способността си за изживяване на

Знанието. С увеличаването на вашия капацитет и опита ви със Знанието, желанието ви за Знание също ще расте, защото Знанието е истинското ви желание.

Упражнение 362: *Две 30 мин. практически сесии.*
Почасова практика.

Стъпка 363

Знанието е истинското ми желание, защото съм ученик/ученичка на Знанието

Знанието е истинското ви желание. Не си мислете, че вашите желания са празни и фалшиви, защото всички те, ако са разпознати, са относно Знанието. Това е така, защото не сте разбрали правилно желанията си или сте се опитали да ги използвате, за да подсилите други неща, до които те са ви отвели. Не се опитвайте да бъдете без желания, защото животът е желание. Желанието е цел. То е значение и посока. Въпреки това, вие трябва да откриете вашето истинско желание, което е желание за Знание, желание да изпълните себе си и вашите изисквания, желание да спасите Знанието и то да спаси вас. Как можете да спасите Знанието? Като го пазите в себе си, като бъдете негови ученици, като носите Знанието навсякъде в себе си, като възобновявате ума си за Знание, като бъдете обикновени със Знанието и като не се опитвате да го използвате за изпълняване и осъществяване на вашите намерения и цели.

Вършете нормалните си ангажименти днес, но носете Знанието с вас. Ако Знанието не се съмнява и вие не трябва да се съмнявате. Ако Знанието не се страхува и вие не трябва да се страхувате. Ако Знанието не променя ситуацията и вие не трябва да променяте ситуацията. Ако Знанието ви възпира и вие се възпирайте. Ако Знанието променя ситуацията и вие я променяйте. Ако Знанието ви съветва да напуснете дадена ситуация, напуснете я. Ако то ви съветва да стоите в тази ситуация, бъдете в нея. Така вие сте обикновени и силни като Знанието и самите вие се превръщате в Знание.

Всеки час повтаряйте тази идея за днес и я изживявайте. Изживявайте я както във вътрешния си живот, така и в дълбоките си медитативни практики. Вътрешния и външния ви живот са мястото, където използвате и отдавате себе си. В тях съхранявате и носите Знанието. С времето вие ще се убедите, че Знанието ви води напред.

Упражнение 363: *Две 30 мин. практически сесии.*
Почасова практика.

Стъпка 364

Знанието ме поддържа, защото съм ученик/ ученичка на Знанието

Като поддържате Знанието, вие ще почувствате, че и то ви поддържа. Вие ще почувствате как Знанието ви насочва, води ви и ви пази от болки и наранявания, как ви предпазва от трудни ситуации и връзки, как ви свързва с личности, с които трябва да бъдете свързани и как ви предпазва от неподходящи връзки, които нямат цел и посока. Така вие се превръщате във водачи и последователи, защото следвате Знанието и водите себе си. Вие приемате Знанието, но и упражнявате силата на решенията за ваше добро. Така вие се превръщате във велики последователи и велики лидери. Така вие сте в позиция да служите и все по-силно чувствате как Знанието ви носи в живота. Тогава ще почувствате, че също носите Знанието в себе си. Ако правилно наблюдавате, вие ще разберете истинската си връзка със Знанието. Вие ще осъзнаете, че носите Знанието в себе си и че Знанието също така носи вашето благополучие в себе си. Това е взаимно и изцяло допълващо се. То е съвършено, защото е родено от съвършенството.

Бъдете истински ученици на Знанието. Включете се в практиката, отдайте й се и не я променяйте. Не я неглижирайте. Всичко, което се изисква от вас, е да се упражнявате и да бъдете присъстващи, да се упражнявате и да сте присъстващи. Всеки час днес, както и в двете си медитативни сесии се потопете в тишина, за да бъдете с тишината, упражнявайте се как да практикувате, практикувайте учене и учете как да учите. Днес вие се учите как да учите. Днес вие сте ученици на Знанието

Упражнение 364: *Две 30 мин. практически сесии.*
Почасова практика.

Стъпка 365

Аз съм ангажиран да се уча как да уча. Аз съм ангажиран да дам това, което трябва. Аз съм ангажиран, защото съм част от живота. Аз съм част от живота, защото съм едно със Знанието

Какво друго е ангажираност, ако не естественото проявление на истинското ви желание? То ви освобождава; то не ви заслепява. То ви включва; то не ви задължава. То ви укрепва; то не ви ограничава. Истинската ангажираност е родена от истинското Знание, от което и вие самите сте родени. Това е последната стъпка от тази фаза на вашата подготовка и затова отдайте себе си и този ден на упражнения.

Почетете себе си поради това, че завършвате забележителна и съществена задача, и приключвате едногодишната си подготовка. Почетете вашето Знание затова, че ви дава желание и сила да участвате. Почетете вашето Знание затова, че ви дава визия, която се показва. Почетете тези, които ви служат в живота – семейството ви, родителите ви, приятелите ви, тези, които изглеждат ваши врагове, както и вашите опоненти. Почетете тези, които ви дават възможност да оцените Знанието и са ви дали сила, да започнете подготовка за Знанието. Спомнете си вашите Учители, защото те ви помнят и са с вас, дори в този момент. Помнете, че сте ученици на Знанието и с това ще можете да продължите напред във вашата подготовка.

Отдайте себе си всеки час днес, както и в двете си дълбоки медитативни сесии. Спомнете си всички, които са ви давали. Нека това да бъде ден на завършване и благодарност. Нека това да бъде ден на почит затова, че Знанието е реално във вас и че вие сте реални в Знанието. Бъдете готови за следващата стъпка от подготовката си отвъд тази програма. Следващата стъпка ви очаква – стъпка, която ще ви включи смислено към другите ученици на

Знанието, стъпка, която ще ви включи смислено към тези, които са напреднали отвъд това, което сте постигнали досега, стъпка, която ще ви включи да служите на тези, които едва започват това, което вие сте приключили. Така вие получавате от тези, които са по-напред и давате на тези, които са след вас. Така всички са подпомогнати в завръщането си към Бога. Така вие водите и следвате, вие давате и получавате. Така всичките ви дейности са постоянни и вие намирате изход от негативните си фантазии. Така вие сте ученици на Знанието и Знанието ви благославя, защото вие трябва да благославяте света.

Наси Новари Корам

ТЪЛКУВАНЕ

АМБИЦИЯ: Стъпка: 219, 243, 269
АНГАЖИРАНЕ: Стъпка: 365

БЕДНОСТ: Стъпка: 117, 159, 160, 228, 343
БОГ: Стъпка: 40, 43, 96, 103, 104, 127, 318, 319, 339, 353
БЛАГОДАРНОСТ: Стъпка: 86, 178, 179, 245, 250, 291, 328
БОГАТСТВО: Стъпка: 158, 160, 171, 185
БОЖИИ ПЛАН: Стъпка: 85, 92, 96, 186, 241, 276, 318
БОЖИЯ СИЛА: Стъпка: 39, 40, 41

ВЗЕМАНЕ НА РЕШЕНИЯ: Стъпка: 176, 236, 322
ВЕЛИКА ОБЩНОСТ: Стъпка: 187, 189, 190, 199, 202, 203, 211, 256, 325, 326
ВЕЛИЧИЕ: Стъпка: 46, 142, 191, 171, 234, 237, 257, 331, 360
ВИЖДАНЕ: Стъпка: 19, 23, 30, 31, 35, 48, 62, 99, 138, 179, 199, 213, 224
ВИСШ АЗ: Стъпка: 88
ВЛИЯНИЯ: Стъпка: 113, 203, 212, 269, 303
ВОЛЯ: Стъпка: 43, 96, 197
ВРЪЗКИ: Стъпка: 25, 129, 130, 131, 132, 157, 169, 170, 186, 211, 212, 232, 234, 244, 245, 249, 250, 251, 258, 260, 271
ВЪОБРАЖЕНИЕ: Стъпка: 95, 128, 277, 321, 351
ВЪТРЕШНА СИЛА: Стъпка: 4
ВЪТРЕШНО РЪКОВОДСТВО:
    Стъпка: 29, 128, 194, 215, 247, 248
ВЯРА: Стъпка: 68, 156

ГРЕШКА: Стъпка: 26, 27, 73, 77, 241, 245, 246, 255, 261

ДА БЪДЕШ ВНИМАТЕЛЕН: Стъпка: 338
ДА БЪДЕШ НА СВЕТА: Стъпка: 118
ДА БЪДЕШ САМ: Стъпка: 53, 78, 157, 249, 250, 315, 337
ДА БЪДЕШ СПОКОЕН: Стъпка: 109, 111
ДА БЪДЕШ УЧЕНИК: Стъпка: 34, 42, 47, 100, 109, 150, 196, 230, 237, 262, 269, 270, 289, 290, 294, 304, 332, 342, 343, 352, 363, 364
ДАВАНЕ: Стъпка: 53, 86, 101, 105, 121, 122, 147, 148, 149, 156, 158, 159, 171, 173, 178, 217, 237, 242, 244, 245, 260, 261, 284, 321, 329, 344
ДОВЕРИЕ: Стъпка: 72, 83, 87, 164, 253, 254, 316
ДУХОВНО ПРИСЪСТВИЕ: Стъпка: 69, 216, 339
ДУХОВНО СЕМЕЙСТВО: Стъпка: 186, 189, 211, 238, 300, 345
ДЪЛБОКИ ВЛЕЧЕНИЯ: Стъпка: 72, 316

ЕВОЛЮЦИЯ: Стъпка: 179, 190, 199, 325
ЕМОЦИИ: Стъпка: 89, 241

ЖЕЛАНИЕ: Стъпка: 253, 363

ЗОВ НА СВЕТА: Стъпка: 185, 231, 232, 312, 323

ИДЕАЛИЗЪМ: Стъпка: 54, 55, 66, 67, 106, 125, 199
ИДЕНТИЧНОСТ: Стъпка: 125, 356, 357
ИЗУЧАВАНЕ НА УЧЕБНАТА
    ПРОГРАМА: Стъпка: 42, 58, 63, 91, 98, 119, 138, 147, 161, 181, 182, 185, 196, 198, 224, 235, 244, 255, 262
ИНДИВИДУАЛНОСТ: Стъпка: 11, 12, 13, 45, 232, 243

ИСТИНА: Стъпка: 17, 18, 27, 196, 278, 317, 341, 349

КОМУНИКАЦИЯ: Стъпка: 153, 193, 201, 285

КОНСТРУКТИВНО МИСЛЕНЕ: Стъпка: 97, 127, 151, 152, 166, 179, 188, 189, 199, 200, 201, 208, 220, 226, 233, 237, 240, 256

ЛЕЧЕНИЕ: Стъпка: 188, 189, 198, 206, 287, 309

ЛИЧЕН УМ: Стъпка: 87, 200, 201

ЛЮБОВ: Стъпка: 24, 48, 57, 61, 181, 205, 206, 258, 305, 328, 329, 339

МАЙСТОРСТВО: Стъпка: 106, 140

МИР: Стъпка: 74, 193, 204, 268, 287, 327, 355

МИР НА СВЕТА: Стъпка: 288, 309

МИСИЯ: Стъпка: 33, 36, 165, 166

МИСТЕРИЯ: Стъпка: 36, 39, 110, 137, 138, 139, 186, 295

МОЛИТВА: Стъпка: 28, 121, 122

МОЛИТВИ И ПРИЗВАНИЯ: Стъпка: 28, 197, 238, 294, 296, 297, 298, 299

НАБЛЮДЕНИЕ: Стъпка: 29, 30, 62, 202

НАЧАЛО: Стъпка: 353, 354, 358

НЕДОВОЛСТВО: Стъпка: 66, 180

НЕОБХОДИМИ МАТЕРИАЛИ: Стъпка: 159, 253, 330

НЕОБХОДИМОСТ: Стъпка: 172, 173

НЕПОДВИЖНОСТ: Стъпка: 9, 48, 57, 69, 85, 143, 177, 184, 187, 235, 284, 285, 286

НЕСИГУРНОСТ: Стъпка: 79, 81, 275

ОБЩНОСТ: Стъпка: 300, 309

ОБЕКТИВНОСТ: Стъпка: 63, 126, 189, 202, 203, 204, 208, 210, 224, 228

ОБЩНОСТ ОТ УЧАЩИ: Стъпка: 170, 171

ОБЪРКВАНЕ: Стъпка: 20, 165, 213, 214, 221, 222, 230, 267, 274, 283, 288

ОГРАНИЧЕНИЕ: Стъпка: 101, 220, 269

ОГРАНИЧЕНИЯ: Стъпка: 44, 45, 46, 51, 233

ОГЪН НА ЗНАНИЕТО: Стъпка: 97, 334, 335, 338, 339, 344

ОПИТ: Стъпка: 27, 183, 241

ОСЪЩЕСТВЯВАНЕ: Стъпка: 95, 97, 320

ОТГОВОРНОСТ: Стъпка: 270, 271

ОТМЪЩЕНИЕ: Стъпка: 127

ПОЛУЧАВАНЕ: Стъпка: 24, 155, 159, 181, 223, 328, 341

ПОСЛЕДОВАТЕЛНОСТ: Стъпка: 142

ПРОМЯНА: Стъпка: 84, 266, 294, 347, 348, 350

ПРОНИЦАТЕЛНОСТ: Стъпка: 176, 179, 193, 261

ПРАКТИКА: Стъпка: 80, 91, 120, 148, 149, 170, 181, 197, 212, 226, 340

ПРЕДПОСТАВКИ: Стъпка: 4, 6, 90

ПРЕПОДАВАНЕ: Стъпка: 237, 244, 259, 306

ПРЕЦЕНКА: Стъпка: 30, 49, 60, 76, 82, 99, 151, 193, 205, 213, 214, 262, 324

ПРИЯТЕЛИ: Стъпка: 114, 211, 258, 288

ПРОИЗХОД: Стъпка: 6, 174, 186, 211

ПРОСТОТА: Стъпка: 117, 140, 166, 253, 313

ПРОШКА: Стъпка: 86, 123, 178, 205, 207, 209, 222, 229, 241, 245, 246, 255, 262, 291

РАБОТА: Стъпка: 65, 165, 166, 173, 192, 218, 320, 330, 346

РАЗДВОЕНИЕ: Стъпка: 172, 252, 274, 280, 283, 310, 317, 360

РАЗДЕЛЯНЕ: Стъпка: 13

РАЗОЧАРОВАНИЕ: Стъпка: 66, 67, 262

РЕШАВАНЕ НА ПРОБЛЕМИ: Стъпка: 267, 268, 312, 313

САМОДИСЦИПЛИНА: Стъпка: 118, 177

САМОЗАБЛУДА: Стъпка: 81, 227, 228

САМОИЗРАЗЯВАНЕ: Стъпка: 357
САМОСТОЯТЕЛНОСТ: Стъпка: 24, 144, 171, 172, 174, 276
САМОСЪЖАЛЕНИЕ: Стъпка: 123, 124, 127
СВОБОДА: Стъпка: 57, 94, 132, 167, 209, 220, 239, 246, 264, 265, 274, 275, 279, 310, 320
СВЯТ: Стъпка: 63, 65, 66, 67, 145, 160, 179, 190, 205, 213, 218, 255, 256, 259, 260, 283, 292, 302, 311, 312, 320, 348
СИЛА: Стъпка: 269, 270
СЛОЖНОСТ: Стъпка: 117, 267, 268, 313
СЛУЖБА: Стъпка: 43, 60, 86, 89, 101, 139, 141, 190, 194, 195, 234, 255, 257, 292, 310, 311, 312, 315, 319, 320
СЛУШАНЕ: Стъпка: 15, 62, 64, 75, 193
СПАСЕНИЕ: Стъпка: 276
СТРАДАНИЕ: Стъпка: 27, 229, 293
СТРАХ: Стъпка: 41, 51, 87, 103, 128, 151, 152, 162, 195, 219, 226, 228, 293, 319
СЪДБА: Стъпка: 135
СЪМНЕНИЕ: Стъпка: 20

СЪЮЗ: Стъпка: 11, 140, 196, 288

ТЪРПЕНИЕ: Стъпка: 59, 79, 101, 116
ТЯЛО: Стъпка: 201

УБЕЖДЕНИЯ: Стъпка: 5, 213
УВЕРЕНОСТ: Стъпка: 141, 173, 230, 236
УЧЕНЕ: Стъпка: 47, 50, 77, 84, 91, 102, 119, 126, 133, 136, 138, 139, 150, 179, 254, 281, 282, 314, 362
УЧИТЕЛИ: Стъпка: 22, 23, 36, 47, 48, 78, 114, 128, 129, 146, 215, 216, 224, 237, 247, 254, 272, 273, 343

ЦЕЛ: Стъпка: 20, 71, 92, 93, 94, 105, 131, 134, 136, 179, 185, 188, 190, 193, 212, 231, 290, 306, 345, 346, 351, 357

ЧЕСТНОСТ: Стъпка: 98, 110, 177
ЧОВЕЧЕСТВО: Стъпка: 190, 191, 202

ЩАСТИЕ: Стъпка: 85, 96, 107, 108, 124, 225, 341

Знанието не е включено в горния списък, защото почти всички стъпки в *Стъпки към Знанието* правят важни препратки към него.

ЗА ПРОЦЕСА НА ПРЕВОД

Пратеникът, Маршал Виан Самърс, получава Новото Послание от Бог от 1982 г. Новото Послание от Бог е най-голямото Откровение, дадено някога на човечеството, дадено сега на един грамотен свят, свят, с глобална комуникация и с нарастващо глобално съзнание. То не е дадено само за едно племе, за една нация или за една религия, а за да достигне до целия свят. Това е наложило неговия превод на възможно най-много езици.

Процесът на Откровението сега се разкрива за първи път в историята. В този забележителен процес Присъствието на Бог общува отвъд думите с Ангелското Съсловие, което наблюдава света. След това Съсловието превежда това съобщение на човешки език и всички говорят като един чрез своя Вестител, чийто глас се превръща в средство за този по-голям Глас - Гласът на Откровението. Думите се изговарят на английски език и се записват директно на аудио носител, след това се възпроизвеждат и се предоставят в текстов вариант, и са налични текстово и на аудио запис. По този начин чистотата на Оригиналното Божие Послание е запазена и може да бъде дадена на всички хора.

Има обаче и процес на превод. Тъй като оригиналното Откровение е предадено на английски език, той е основата за всички преводи на много езици на човечеството. Тъй като в нашия свят се говорят много езици, преводите са жизнено необходими, за да донесат Новото Съобщение до хората навсякъде по света. С течение на времето учениците на Новото Съобщение се превърнаха в преводачи-доброволци, за да превеждат Посланието на родните си езици.

В този момент от историята, Общността не може да си позволи да заплаща за преводите на толкова много езици на такова огромно Послание, Послание, което трябва да достигне света с критична спешност. Освен това Общността вярва, че е важно нашите преводачи да са ученици на Новото Съобщение, за да разберат и изпитат, доколкото е възможно, същността на това, което се превежда.

Като се има предвид спешността и необходимостта от споделяне на Новото Съобщение по целия свят, ние приканваме към допълнително съдействие в превода, за да разширим обхвата на Новото Послание в света, като предадем повече от Откровението на езици, на които вече преводът е започнал, както и за включване на нови езици. С времето и ние се стремим да подобряваме качеството на тези преводи. Има все още толкова много да се направи.

ИСТОРИЯТА НА ПРАТЕНИКА

Маршал Виан Самърс е Пратеникът на Новото Съобщение/Послание от Бог. Повече от три десетилетия той е получател на Божествено Откровение, дадено, за да подготви човечеството за големите екологични, социални и икономически промени, които идват на света, и за контакта на човечеството с интелигентния живот във Вселената.

През 1982 г., на 33-годишна възраст, Маршал Виан Самърс е призован в пустините на Американския югозапад, където има пряка среща с Ангелското Съсловие, което го напътства и подготвя за бъдещата му роля и призвание. Тази среща завинаги променя хода на живота му и го насочва към по-дълбока връзка с Ангелското Съсловие, изисквайки от него да предаде живота си на Бог. Това е началото на дълъг и мистериозен процес на получаване на Новото Божие Послание за човечеството.

След това мистериозно посвещение, Маршал получава първите откровения на Новото Послание от Бог. През изминалите десетилетия едно огромно Откровение за човечеството се разгръща, понякога бавно, а понякога в буйни потоци. През тези дълги години Маршал е трябвало да продължи напред само с подкрепата на малък брой хора, без да знае какво ще означава това нарастващо Откровение и докъде ще доведе то в крайна сметка.

Пратеникът е извървял дълъг и труден път, за да получи и представи най-голямото Откровение, давано някога на човешкото семейство. И днес Гласът на Откровението продължава да говори чрез него, докато той е изправен пред голямото предизвикателство да донесе Новото Божие откровение в един проблемен и конфликтен свят.

Прочетете повече за живота и историята на пратеника Маршал Виан Самърс: www.newmessage.org/bg/story-of-marshall-vian-summers

Прочетете и чуйте оригиналното откровение Историята на Пратеника (на английски): www.newmessage.org/bg/story-of-the-messenger

Чуйте и гледайте ученията на Месията по света: www.newmessage.org/bg/messenger

ГЛАСЪТ НА ОТКРОВЕНИЕТО

За пръв път в историята, вие можете да чуете Гласът на Откровението, Глас, който е говорил на пророците и Пратениците от миналото и който сега говори отново чрез нов Пратеник, който е на света днес.

Гласът на Откровението не е гласът на един човек, а на цялата Ангелска Асамблея, която говори заедно, всички като един. Тук Бог комуникира отвъд думите с Ангелската Асамблея, която след това превежда Божието Послание на човешки думи и език, които можем да разберем.

Откровенията на тази книга първоначално бяха изречени по този начин от Гласа на Откровението чрез пратеника Маршал Виан Самърс. Този процес на Божествено Откровение се случва от 1982 г.

Откровението продължава и до днес.

Слушайте оригиналните аудиозаписи на Гласа на Откровението, който е Източникът на текста, съдържащ се в тази книга и в цялото Ново Съобщение: www.newmessage.org/experience

Научете повече за Гласа на Откровението, какво представлява този глас и как говори чрез Пратеника: www.newmessage.org/voiceofrevelation

ЗА ОБЩНОСТТА НА НОВОТО ПОСЛАНИЕ ОТ БОГ

Основана през 1992 г. от Маршал Виан Самърс, Общността на Новото Послание/Съобщение от Бог е независима религиозна организация с нестопанска цел, която се подкрепя предимно от читатели и студенти на Новото Послание, и която не получава спонсорство или приходи от никое правителство или религиозна организация.

Мисията на Общността е да донесе Новото Съобщение от Бог на хората навсякъде, така че човечеството да може да намери общата си основа, да запази Земята, да защити човешката свобода и да развие човешката цивилизация, докато стои на прага на голяма промяна и вселена, пълна с интелигентен живот.

На Маршал Виан Самърс и на Общността е възложена огромната отговорност да донесат Новото Послание на света. Членовете на Общността са малка група от посветени хора, които са се ангажирали да изпълнят тази мисия. За тях е едновременно бреме и голяма благословия да се отдадат с цялото си сърце на тази велика служба на човечеството.

THE SOCIETY FOR THE NEW MESSAGE
Свържете се с нас:
P.O. Box 1724 Boulder,
CO 80306-1724
(303) 938-8401 (800) 938-3891
011 303 938 84 01 (International)
(303) 938-1214 (fax)
society@newmessage.org
www.newmessage.org/bg
www.marshallsummers.com
www.alliesofhumanity.org/bg
www.newknowledgelibrary.org

Свържете се с нас:
www.youtube.com/thenewmessagefromgod
www.youtube.com/c/bg
www.facebook.com/newmessagefromgod
www.facebook.com/marshallsummers
www.facebook.com/bg
www.twitter.com/godsnewmessage

Дарете, за да подкрепите Общността и се присъединете към дарителите, които помагат да се донесе Новото Съобщение на света: www.newmessage.org/donate

ЗА СВЕТОВНАТА ОБЩНОСТ НА НОВОТО ПОСЛАНИЕ ОТ БОГ

Новото Послание от Бог се изучава и практикува от хора по целия свят. За да получи Новото Послание и да подкрепи Пратеника в получаване на Новото Послание от Бог на света се е сформирала световна общност от ученици, която представлява повече от 90 държави и изучава Новото Послание на над 30 езика.

Новото Послание има силата да събуди спящия гений в хората навсякъде и да внесе ново вдъхновение и мъдрост в живота на хора от всички нации и религиозни традиции.

Научете повече за световната общност от хора, които учат и живеят с Новото Послание и предприемат *Стъпките към Знанието* в живота си.

Прочетете и чуйте оригиналното Откровение Световната Общност на Новото Божие Послание: www.newmessage.org/theworldwidecommunity

Присъединете се към безплатния сайт на Световната Общност, където можете да се срещнете с други ученици и да се ангажирате с Пратеника: www.community.newmessage.org

Научете повече за образователните възможности, налични в Световната Общност:

Сайт на общността - www.community.newmessage.org/
Безплатно Училище за Новото Съобщение - www.community.newmessage.org/school
Интернет Предавания на Живо и Международни Събития - www.newmessage.org/events
Онлайн библиотека с Текст и Аудио – www.newmessage.org/the-message

КНИГИ НА НОВОТО ПОСЛАНИЕ ОТ БОГ

God Has Spoken Again (Бог Говори Отново)

The One God (Единственият Бог)

The New Messenger (Новият Месия)

The Greater Community (Великата Общност)

The Journey to a New Life (Пътуването към Нов Живот)

The Power of Knowledge (Силата на Знанието)

The New World (Новият Свят)

The Pure Religion (Чистата Религия)

Preparing for the Greater Community (Подготовка за Великата Общност)

The Worldwide Community of the New Message from God (Световната Общност на Новото Съобщение от Бог)

Steps to Knowledge (Стъпки към Знанието)

Greater Community Spirituality (Духовност от Великата Общност)

The Great Waves of Change (Великите Вълни на Промяната)

Life in the Universe (Животът във Вселената)

Wisdom from the Greater Community I & II (Мъдрост от Великата Общност I и II)

Secrets of Heaven (Тайните на Небето)

Relationships & Higher Purpose (Взаимоотношения и Висша Цел)

Living The Way of Knowledge (Живот по Пътя на Знанието)

www.ingramcontent.com/pod-product-compliance
Lightning Source LLC
Chambersburg PA
CBHW020630230426
43665CB00008B/115